BABYKLAPPE
UND FRAUEN
IN NOT

赤ちゃんポストと緊急下の女性

未完の母子救済プロジェクト

柏木恭典 著 Kashiwagi Yasunori

北大路書房

はじめに

二〇〇六年から二〇〇七年にかけて、日本で強烈なセンセーションを巻き起こした「赤ちゃんポスト」。

だが、その後は、まるで「ブーム」が過ぎ去ったかのように、ほとんど議論されなくなった。年に数回、「今年、赤ちゃんポストに預け入れられた赤ちゃんの数は云々…」という報道がなされる程度である。日々、母親による赤ちゃんの遺棄や殺害が報道され、その母親が警察に捜索されているにもかかわらず、である。

いったいこの「赤ちゃんポスト現象」は何だったのか。あれほど議論を巻き起こしたはずの赤ちゃんポストは、なぜ誰も何も語ることなく、風化してしまったのだろうか。二〇〇九年六月二日に、NHKの『アレ今どうなった?』という番組の第一回に「赤ちゃんポスト」が挙げられ、なぜ風化したのかが議論された。それほどわずか数年の間に、赤ちゃんポストは、いわば「死語」のようになった。なぜ日本の赤ちゃんポストは、われわれの関心から消え去ってしまったのだろうか。

他方、赤ちゃんポスト発祥の地ドイツでは、二〇〇〇年に初の赤ちゃんポストが設置されて以来、増加の一途をたどり、二〇一二年末の時点で、ドイツ全土におおよそ九九もの赤ちゃんポストが存在している。

これまでドイツの赤ちゃんポストを牽引してきたのは、日本とは異なり、医療関係者のみならず、地域の幼稚園・保育園、キリスト教系福祉団体、司祭館、児童養護施設、母子生活支援施設の人々、あるいは児童相談所の人々など、多岐にわたる。彼らは、社会的責任から、各々の判断で——法律上、グレーゾーンであるにもかかわらず——赤ちゃんポストとそれにかかわる新たな取り組みの実施に踏み切った。

当然、多くの人々から、痛烈な批判を浴びることになる。「なぜ自分の勝手で妊娠し、責任を放棄して、赤ちゃんを捨てるような無責任な女性を見逃すのか」、「これは遺棄罪であり、違法行為なのではないか?」、「無垢な赤ん坊を捨てるような女性は、人間として愚かである」、「子どもの権利はどうなるのか」、と。しかし、それでも赤ちゃんポストは増え続けた。そのスピードからして、設置に迷いは感じられなかった。

だが、日本では、赤ちゃんポストがあれほど話題になったにもかかわらず、二〇一二年末の時点で、なおも熊本慈恵病院の「こうのとりのゆりかご」一カ所のみである。赤ちゃんポストを設置しようとする医療施設は一つもない。医療機関以外で赤ちゃんポスト設置が可能な場所においても存在しない。それは、国の違いというよりも、われわれの女性や子どもに対する文化的・思想的な違いによるものかもしれない。あるいは、日本というシステムの構造上の問題によるのかもしれない。なぜ二カ所目の赤ちゃんポストが生まれないのか。まさにそうした問題意識によって書かれたのが、本書である。

ともすれば、赤ちゃんポストは、「子どもを捨てるべきではない」、「赤ちゃんポストというネーミングはよくない」、「匿名性には問題がある」、「子捨てを助長させる」、といった感情的な議論に陥りやすいテーマだけに、その内実を冷静に示すことが必須であろう。

＊　＊　＊

本書のねらいは、赤ちゃんポストのこれまでの議論を包括し、ドイツ語圏の赤ちゃんポストの実態や研究の動向を踏まえながら、今、何が問題なのかを正しく示すことである。それ以前に、赤ちゃんポストの是非を問う前に、そもそも「赤ちゃんポスト」がいったい何なのか、何をしようとしているのかをきちんと示す必要がある。つまり、「赤ちゃんポストの言説」を包括し、議論の基盤をつくることが喫緊の課題なのである。

そして、その解明と共に、本書では「緊急下の女性」という新たな概念を提唱する。この緊急下の女性という最も暗き存在に光を当て、そこから赤ちゃんポストの本質的な課題に迫っていきたい。

ステージⅠでは、あえて赤ちゃんポストについて全く知らない人を想定し、赤ちゃんポストが必要となる状況をありありと描いていく。日常的な男女の恋愛から出発し、妊娠、出産、産後のプロセスを歩み、その中で、どのようにして、どのような過程で、赤ちゃんポストが求められるようになるのか、それを可能な限り具体的に論じる。現在、妊娠・妊婦をめぐる問題が、さまざまなかたちで生じている。今日ほど、妊娠が複雑で難しい営みである時代はかつてなかったのではないか。「人工妊娠中絶」に留まらず、「出生前診断」、「不妊治療」、「代理出産」、「未健診妊婦」といった解決困難な問題も顕在化しつつある。だが、そうした新しい問題の根底に、人類史において常に課題とされてきた過酷な現実がある。まさにその現実から、緊急下の女性とその子どものための「装置」として発明された赤ちゃんポストの機能について見ていきたい。赤ちゃんポストが問いかけるものは、赤ちゃんを捨てたり、殺害したりするその直前にある緊急下の女性をいかにして保護し、守り、そして安心して分娩室で出産してもらうか、という具体的なことであり、また、いかにして産後の母子を守るか、ということである。そして、最後に、実際に赤ちゃんポストに赤ちゃんを預けた母親の言葉や、赤ちゃんポストにかかわる人々の声にも耳を傾けてみたい。こうしたさまざまな観点から論じ、赤ちゃんポストを語る地平を築いていく。

ステージⅡでは、視線をドイツ（そしてその周辺国）に向け、これまでの赤ちゃんポストの変遷をたどる。これまで日本で公刊された赤ちゃんポスト関連の文献では、このドイツの赤ちゃんポストの変遷についてほとんど触れられていない。そこで、本書では、最新のデータも取り入れつつ、ドイツ語圏の赤ちゃんポストのこれまでの取り組みを概観する。すでにドイツ語圏諸国では、数多くの文献が公刊されており、その量は膨大である。これらの文献に基づきながら、赤ちゃんポスト論で重要となる「匿名出産」、「匿名性」、「内密出産」といった主要概念の理解を深める。こうした赤ちゃんポストのこれまでの流れと基本概念を踏まえた上で、実際のドイツの赤ちゃんポストについて論じる。これは本書の中核となる部分である。第一に、ドイツ全土に点在する赤ちゃんポストを可能な限り網羅し、赤ちゃんポストを誰がどこに設置しているのかを概観する。そして、それを踏まえ、第二に、赤ちゃんポストの事例を紹介する。民間教育団体、母子支援施設、児童養護施設、司祭館等、さまざまな設置者の言葉を辿り、どのような人がどのようにして赤ちゃんポストを支えているのかを明らかにする。また、実際に赤ちゃんポストを開発した人物との対話から、赤ちゃんポストがつくられたその背景についても言及する。そして、第三に、再び視点を緊急下の女性に戻し、緊急下の女性研究の可能性について論じる。いったい緊急下の女性とはどのような存在なのか。その存在様式の解明の一端を示す。そして第四に、さまざまな視点から赤ちゃんポスト批判を取り上げ、赤ちゃんポストの問題点や課題や難点を示したい。赤ちゃんポストのいったい何が問題なのか。

ステージⅢでは、これまでの議論を踏まえ、四つの視座から赤ちゃんポストを語る。第一に、「赤ちゃんポストの歴史的地平」である。設置者たちは直接的な影響はないと述べるが、研究書や論文などでは、中世キリスト教の修道院による取り組みに、赤ちゃんポストの萌芽を見いだしている。キリスト教と赤ちゃんポストの関連を捉えることなく、この取り組みの本質を理解することはできない。また、こうした観点からこそ、「なぜ赤ちゃんポストは日本で広まらないのか」、という問いへのアプローチも可能となるだろう。第二に、日本の赤ちゃんポスト「こうのとりのゆりかご」に焦点を合わせ、赤ちゃんポスト問題を論じる。この取り組みを実際に進めた熊本慈恵病院の蓮田太二の言説とその思想的背景から、日本の赤ちゃんポストが、どのようにして生まれ、どのように考えられているのかを明らかにする。第三に、児童福祉、その中の社会的養護という視点から、赤ちゃんポストを捉えなおしていく。顧みれば、日本では依然、主な母子救済システムとして、乳児院、児童養護施設、母子生活支援施設といった「施設養護」が圧倒的多数である。養子縁組制度もあるが、欧米ほどの広まりをみせていない。こうした問題に公的に取り組む児童相談所は悲鳴を上げ続けている。そうした中で、赤ちゃんポストはいかなる役割を果たし得るのか。社会的養護に貢献し得るのか。第四に、ドイツにおいて今日の赤ちゃんポストを生み出した民間教育団体「シュテルニパルク」に光を当て、この団体の目指す教育理念から、赤ちゃんポストの意味を探る。そこには、母子救済に留まらない全く異なる次元の意味が隠されていた。

日本では、未だに赤ちゃんポストをめぐる議論は、スタートラインにも立っていない。ゆえに、本書が赤ちゃんポストの言説の終わりではなく、むしろその始まりであると考えたい。そして、本書が今後の議論を進めるための踏み台となれば幸いである。

目次

ステージⅠ

赤ちゃんポストと出会う

第一章　妊娠と出産、その光と影
――すべての母親が幸せに赤ちゃんを産むわけではない

序――赤ちゃんの誕生

　どんな人間も、かつては赤ちゃんだった。赤ちゃんとして存在していた。それは紛れもない事実である。産婦人科医院の新生児室をのぞくと、そこには生まれたばかりの赤ちゃんがいる。どの赤ちゃんも小さくて丸くて愛おしい存在である。親や母親の腕の中にすっぽりとおさまるその小さな存在は、医師・助産師や看護師など多くの人に守られて、やがてそれぞれの家庭に巣立っていく。希望と未来を感じながら。

　一人ひとりの人間の人生は、こうした無力で弱くて儚い小さな命から始まり、そして、徐々に大きくなり、成長していく。凶悪な犯罪が起こるたびに、テレビや雑誌では、「こうした加害者もかつては赤ん坊であり、かわいい子どもだった」、といった話になり、その犯罪者の生い立ちが述べられていく。たしかに、どんな凶悪犯罪者であっても、かつては無力で弱く愛らしい存在であった。そして、母を求め、乳房を求め、抱っこを求める弱々しい存在であった。だが、この世で生きていく中で、ある人は徐々に善意や信頼を抱くようになり、またある人は、悪意や不信に満ちていく。しかし、どんな人間であっても、かつては小さく、無垢で、愛おしい赤ちゃんだった。

　と、このように書けば、おそらくほとんどの人が納得してくれるだろう。だが、本書では、そうした当たり前の話をしたいわけではない。そうではなく、上の記述の「当たり前」が通用しない場合があり、その「当たり前」の自明性が揺らぐような事態もある、という話をしたいのである。いったいどこがどう「当たり前」なのか。そこが大きな問題となる。もう少しさかのぼって、話を進めていきたいと思う。

　以下の話は全て、本書のテーマである赤ちゃんポストとそれを必要とする女性と赤ちゃんを理解する上で前提となる話である。やや回りくどいかもしれないが、その前提をまず一つずつ確認していこう。恋愛、妊娠、人工妊娠中絶、出生前診断、流産、死産、不妊治療、代理出産、いずれも「母子」にかかわる話であり、胎児をめぐる問題である。

性と妊娠

思春期に入ると、人は「性」と向き合うことになる。男女共に、小学生から中学生にかけて、性に目覚め、異性――ないしは性的対象としての他者――を意識するようになる。学生たちに聴くと、いわゆる「初恋」は、もっぱら小・中学生の頃に起こるようであり、早い子であれば、幼稚園や保育園に通っていた時期に、すでに「初恋」を自覚している。また、まれに「まだ恋をしたことがない」という若者もいるが、性を全く意識していないわけでもなさそうである。神谷美恵子も、若者の「人生本番の関所」として、職業の選択、恋愛、配偶者の選択を挙げており、恋をしたり、恋愛を経験することは、若者の人生にとって、職業の選択と同様に避けて通ることはできない、といっている（神谷 1982：100）。

人間は、大人になる過程において、特定の他者を性的に意識し、恋するこころを抱き、その人を欲する。これもまた、極めて自明のことを述べているつもりである。人は、成長の過程と共に、いわば自然発生的に自分自身の性と向かい合うことになる。それはまた、人が「生き物」であり「ヒト」であることを実感できる数少ない経験かもしれない。

その際に、同時に――意識的にも無意識的にも――問題となるのが、先に述べた出産とかかわる「性」と、それと密接につながる「妊娠」の問題であろう。性行為・性交渉は妊娠と直結した行為である。「恋」の先には、性行為・性交渉の問題が待ち構えており、それを避けて通ることは極めて難しい。

ディー・エルツテ（Die Ärzte）というドイツの人気ロックバンドの大ヒット曲に、「男はみんなブタだ（Männer sind Schweine）」というユニークな曲がある。その歌詞が実に率直に男性の特徴を表している。男は女に近づき、そして、うまいことを言ってくる。そして、夜がやってくる。男は女の服を脱がそうとし、ベッドに押し倒そうとする。そういう時のために、「警告の言葉」を意識しておけ、と歌う。その「警告の言葉」とは、そのタイトルどおり、「男はみんなブタだ」というものであった。サビの部分を読むと、この歌詞が父から娘への歌だということが分かる。そして、「男たちを信じてはならぬ」と警告する。「残念ながら、例外はいない」とまで言い切る。九〇年代末に大人気となった曲だが、そこに男性と性の問題を冷静に描写するがゆえのユニークさとシュールさがあった。

この歌詞を逆に取れば、多くの女性が男性の言葉にだまされ、遊ばれ、性的関係をもってしまう、ともいえるだろう。

だます、だまされるという話ならば、それはなにも「性」に限った話ではないし、また女性が男性をだますということも十分にあり得るはずである。

だが、性的関係は、常に妊娠のリスクを伴っており、だます、だまされるという話を超えている。妊娠という問題にまず直面するのは、女性である。その点で、男女は決して対等ではない。女性たちは口をそろえて、「男性と女性とでは違う。男性は性だけを考えているけれど、女性は性と妊娠の両方を考えなければならない」、と言う。つまり、女性は性的快楽と妊娠を切り離して考えることはできないのだ。男性は性と生を分断して性を求め、女性は性と生のつながりから逃れられない。

もちろん、全ての女性がそう考えているわけではない。人工妊娠中絶件数を見なくとも、男女共に、性とそれによる妊娠のリスクへの注意に欠けていたということはあるだろうし、女性であっても、避妊具を安易に信じたり、性的快楽に没入したりする場合もあるだろう。だが、現事実としては、性的行為は常に「妊娠」という問題と直結しており、「ブタ」である男性と異なり、女性は、常にその可能性と隣り合わせなのである。たとえ避妊具を使用して万全を期していたとしても、その可能性は無くなりはしない。

そこで、女性が直面するのが、予期せぬ妊娠、つまり望まれない妊娠である。

予期せぬ妊娠

妊娠という言葉は、出産や結婚といった一般に肯定的な概念と深くつながっている。妊娠というと、皆が口をそろえて「おめでとう」と言う。「妊娠した」ということは、子どもを出産するということと直結している。子どもを望む既婚女性であれば、まさに「おめでとう」という言葉が最もふさわしいだろう。だが、それが未婚女性だった場合はどうだろうか。この場合、子どもの妊娠は、同時にその子の父との婚姻問題を引き起こす。欧米では、いわゆる「事実婚」や「未婚のシングルマザー」も決して少なくないが、日本では、事実婚や未婚のシングルマザーは未だにそれほど多くはなく、未婚女性の妊娠は、そのまま婚姻問題へと発展する（杉本・森田 2009）。

「でき婚（できちゃった結婚）」という言葉は、まさに「赤ちゃんを妊娠した、だから結婚する」ということを意味している。今日では、結婚して、妊娠して、出産というプロセスの他、妊娠して、出産して、その後に婚姻届を提出し、挙式を行うというプロセスを歩む夫婦も決して珍しくはない。

この「でき婚」に代表される結婚前の予期せぬ妊娠は、同時に男女の間に葛藤状態を引き起こす。産むか、産まぬか。結婚するか、しないか。妊娠期間はそう長くはない。妊娠についても、結婚についても、「どうしよう」と悩める時間は限られている。

予期せぬ妊娠が発覚した際、その後どうするのか、つまり結婚するか否かは、その男女の置かれている状況、その男女の親の価値観や経済的状況、相手の男性の収入や就労状況等、当の本人の精神的状況など、さまざまな観点から判断せざるを得ない。若い女性が妊娠した時、その相手である男性がまだ学生であったり、無職であったり、凶暴な性格の持ち主だったりすれば、その女性は、出産にも結婚にも戸惑い、躊躇し、渋るはずである。また、女性の親が保守的な考えの持ち主であれば、娘の妊娠や出産を容易には認めないであろうし、また信仰上の理由から堕胎を認めない家庭であれば、逆に出産することを強く求めてくるだろう。また当の本人も、この複雑な状況を冷静に見通せる場合もあれば、感情的に我が道を突っ走ってしまう場合もある。親に相談できる若い妊婦もいれば、誰にも相談できずに臨月を迎えてしまう妊婦もいる。

こうしたことは、未婚の男女に限らない。婚姻関係にある夫婦であっても、予期せぬ妊娠はある。次の記述は、ある夫が妻の妊娠についてインターネットのサイト上でこぼした言葉である。

結婚半年になり、妻が妊娠しました。しかし、私は子供がほしいと思っていなかったので、目の前が真っ暗になりました。子供は好きではなく、子供を見てもかわいいと思ったことがありません。できれば妻に出産してほしくないのです。しかしそれは中絶を意味しており、これも極力避けたいと思います。そうなると、自分が決意するしかないのですが、どうしても自分の気持ちが整理できません。(1)

この男性は、妻の妊娠を望んでいないものの、人工妊娠中絶を望んでいるわけでもない。だが、母の胎内にいる胎児は、父親に望まれてはいない。この夫婦は、新婚夫婦で、当面子どもをつくらないでおこうと合意していた。だが、不意に妊娠してしまった。「授かりもの」である命は、人間の手によって完全にコントロールすることはできない。しかし、彼は、中絶は避けたいとも漏らしており、自分の気持ちに整理がつかないことを嘆いている。つまり、葛藤している。

これに対して、このサイトでは、「子供が欲しいとは思っていなかったのに、避妊せずにセックスしたのですから、男のあなたの責任ですよね。これは、私の概念の中では、未婚・既婚に限らず同じだと思います。現在まで、子供が好きでは無いにしても責任をもって産み育てるべきです」、という意見が匿名で出されていた。

ここで、この望まれない妊娠に対して何らかの価値判断を下すことは避けておこう。数的には少ないものの、誰にも望まれない、親の一方(あるいはその双方)が望まない妊娠、出産もあるということ、そして、誰にも望まれず、祝福されないまま、生まれなければならない赤ちゃんもいるということも、事実である。赤ちゃんポストの問題においては、こうした胎児や新生児が問題となる。

祝福と葛藤

以上のことから、妊娠には、望まれる妊娠と望まれない妊娠の二つがある、ということが分かるだろう。それは極めて自明のことではあるが、このようにあえて指摘しないと意識されないことでもある。また、これを子どもに即していえば、「望まれる子」と「望まれない子」となる。赤ちゃんが欲しい、ゆえに性交渉をし、妊娠する。それが、望まれる妊娠である。逆に、赤ちゃんは望んでいない、けれど、性交渉の結果、妊娠してしまった。それが、望まれない妊娠である。

また、望まれる妊娠では、妊婦となった女性は、相手の男性や家族、友人たちから祝福されることになる[2]。だが、望まれない妊娠では、当の妊婦もその相手の男性も困惑し、葛藤することになる。家族や友人たちの祝福もない。さらには、家族や友人に話すことができない場合もある。

ほとんどの人が、皆に望まれる中で赤ちゃんを出産したいと願うだろう。誰も、望まれない妊娠などしたくはないはずである。「望まれない妊娠を望む」、というのは、そもそも無意味である。誰も望んでいないもの、それが「望まれない妊娠」である[3]。唯一、胎児だけが母親の体内で生きようとしている。

赤ちゃんポストの議論の背景には、この望まれない妊娠の問題がある。しかも、望まれない妊娠は、男女の責任に帰され、その男女間で解決されねばならない。すなわち、極めて個人的な男女間の責任問題として問われることになる。さらには、男女の間で、「責任をとってよ」、「責任はとれない」と、その責任の押しつけ合いにまで発展することもある。

だが、身をもって、その望まれない妊娠に悩み、苦しむのは紛れもなく新たに妊婦となった女性である。彼女は、「産むか、それとも中絶するか」、と激しく葛藤する。妊娠した場合、選択肢はこの二つしかない。と同時に、未婚女性であれば、「相手の男性と結婚するか、それともシングルマザーの道を歩むか」、という葛藤も抱える。体内に新しい命を宿しながら、呻吟する。

いずれにせよ、妊婦は、相手の男性と共に、あるいは男性に反発されながら、あるいはその男性に何も告げずに、自身の体内に宿る新たな生命をどうするのか、それを決断しなければならない――とはいえ、人工妊娠中絶の場合、男性の同意が必要となっており、女性のみでその決定を下すことはできない。

より具体的に考えるために、望まれない妊娠の一例を挙げよう。

二二歳のA子は、十代の男性と交際していた。彼女は、会社員だった。彼は無職だったが、真面目で、素朴な普通の男性であった。決して暴力的ではなく、また働く意思もないわけでもなかった。交際する中で、男女の関係となり、その後すぐに妊娠してしまった。だが、A子は、この男性と結婚する気はなく、妊娠も予期せぬことであった。当然、彼の方も想定外のことで、困惑していたが、「結婚して、子どもを育てよう」と申し出た。だが、彼女の中では激しい葛藤があった。「彼はまだ無職。そして、まだ未来の夢を果たせていない。彼のことは愛しているし、子どもも嫌いではないし、中絶したくもない。けれど…」、と。そして、彼女は一人で悩み抜いた果てに中絶することを決めた。そのための費用はすべて彼女が払った。だが、この中絶がきっかけとなって、彼とは決別してしまった。結局のところ、胎児と恋人、その両者を失う結果となってしまった。

これは、それほど例外的ではない人工妊娠中絶の事例であるが、これが互いに未成年であったり、どちらも無職であったりすれば、また状況は一変してくる。恋愛の末の性行為、そして、性行為の末の妊娠、そして、妊娠の末に求められる〈産む／産まない〉という選択。そこには、科学技術では解明しようのない、まさに文化的、社会的、宗教的な人間学的要因が複雑に絡み合っているといえよう。

年間二〇万件を超える人工妊娠中絶

かつての日本が「中絶大国」だったということは意外と知られていない事実かもしれない。かのマザー・テレサも、かつて日本の中絶件数の多さに驚いた、という逸話もあるほどで、とりわけ終戦後の日本の中絶件数は世界的にも突出して多かった。一九五〇年代には、なんと一〇〇万件もの中絶が年間に行われていたほどである。作家、遠藤周作の妻である遠藤順子によれば、マザー・テレサは、このように述べたそうだ。

…日本は経済的に大変豊かな国だと聞いてきたが、よく聞いてみれば一年間になんと百万人もの胎児を堕胎している現実があるのに、国民がそのことについて、大変残念に思っています。この小さき者のいのちを守れなくて、どうして世界の平和が守れるでしょうか。どうか子供への愛を失わないでください。何とも思わない心の貧しい国だと分かって、人間としていと小さき者です。お腹の中の赤子は、

(遠藤 2005：12)

マザー・テレサに「心の貧しい国」と言われた日本の悲しい現実。だが、これは、前代未聞の世界戦争での敗北とそれによる混乱、そして、人工妊娠中絶が法的に認められるよう

になり、誰もが容易に（世界的には低価格で）中絶することが可能となったこと、またそれを禁止する宗教的教義等がなかったこと、避妊手段が一般に浸透していなかったこと等、当時の日本の特殊な背景があってのことであり、そもそも日本が「中絶大国」であったというわけではない。しかし、その理由はどうであれ、年間に一〇〇万件もの堕胎が行われていたことは事実であり、このことを知ることも決して無意味なことではないだろう。日本人にとって、堕胎とは何なのか。そして、胎児はいかなる存在なのか。

それ以前に、そもそも人工妊娠中絶とは一体どのようなことなのだろうか。これもまた一般によく知られたことだと思うが、その内実については、あまり知られていないように思われる。

人工妊娠中絶は、かつて堕胎と呼ばれていた。これは、胎児が母体外で生命を維持できない時期に、人間の手によって人工的に胎児とその付属物[4]を母体外に排出することを指すが、それが可能な期間やその条件は、そのつどの時代背景や社会的条件によって異なっており、客観的・絶対的な基準があるわけではない。この期間については、「厚生事務次官通知」で決められている。一九五三年の通知では、妊娠八カ月とされていた。それが、一九七六年の通知で、妊娠二四週未満となり、さらに一九九一年の通知で、さらに短縮され妊娠二二週未満とされるに至った。また、一九九六年、優生保護法から母体保護法に名称が変更された際に、本人の同意なくして人工妊娠中絶が行える優生学上の理由が削除された。

また、その大前提となることだが、日本では、そもそも刑法第二一二条によって、原則的に堕胎（中絶）は禁止されている。にもかかわらず、人工妊娠中絶は、母体保護法上の理由がある場合には認められる。刑法上では禁止されているが、ある理由によってはこれが認められているのである、ここに人工妊娠中絶の大きな問題が潜んでいる。その「理由」とは、次のとおりである。

一　妊娠の継続又は分娩が身体的又は経済的理由により母体の健康を著しく害するおそれのあるもの
二　暴行若しくは脅迫によって又は抵抗若しくは拒絶することができない間に姦淫されて妊娠したもの

とりわけ（一）にある「経済的理由」の削除が求められている（斎藤 2002：212）。十代の女子の人工妊娠中絶のほとんどが、この経済的理由によって行われているともいわれている。

この人工妊娠中絶は、人工的に、すなわち「人の手」で胎児の生命を奪う行為でもあるので、常にその「倫理的リスク」を背負ってきた（斎藤 2002：11）。つまり、人工妊娠中絶は倫理的に常に問題とされており、この問題を生命倫理の観点から否定することは可能だが、それを生命倫理の観点から肯定し、正当化することは極めて難しいのである。また、当然ながら、この人工妊娠中絶は、女性の身体にかかわるもので、女性にとっての長期的なスティグマ（傷）となる。また、「胎児を殺めた母性愛なき女性」というような偏見の目にさらされる場合もある。少なくとも、本人の中では、「母親失格」という烙印を自らに与えるだろう。(5)

だが、望まない妊娠ゆえに人工妊娠中絶を望む女性たちにとっては、それだけが最後の頼みの綱であり、その行為が禁じられれば、別のかたちで――より古典的で恐ろしい仕方で――何らかの行為が導かれるだろう。映画『パフューム　ある人殺しの物語』の冒頭、闇市で産まれたばかりの赤ちゃんが母親によって生ゴミ同然に捨てられるあのシーンを思い出したい。この映画では、母親は児童遺棄罪に問われて死刑となっている。あの残酷なシーンを思い浮かべずとも、人工妊娠中絶の道が断たれるならば、別の、もっと悲惨な手段で望まれない赤ちゃんが「処分」されるだろう。

その意味で、人工妊娠中絶は、一方で「殺人行為」にたぐり寄せられるが、他方では「女性の保護」、あるいは「女性の権利」とも考えられる。人工妊娠中絶を肯定し擁護したジュディス・トムソン（Judith Thomson）は、レイプによって胎児を宿した女性を例に挙げて、この権利を主張している。この女性の権利は、ひとの生命の権利よりも優先される、とされることだろう。

（江口 1971=2011：185-213）。こうした人工妊娠中絶をめぐる倫理的な議論は、まだまだ発展途上にあり、今後も活発に行われることだろう。

では、具体的に、中絶件数がどのように推移しているのかを確認していこう。

一九四九年に優生保護法が改正され、経済的理由による人工妊娠中絶が認められるようになり、中絶件数は急増する。一九五五年のデータでは、一一七万件もの中絶件数が記録されている。そして、この五五年を境に、徐々に減少している。その後、七〇年代の第二次ベビーブームにより、大量の赤ちゃんが生まれる時期が到来するが、それ以降中絶件数はほぼ上昇していない（図1-1）。

このように、戦後期に人工妊娠中絶という選択肢が法的に与えられ、多くの女性がそれを選択することとなったのである。二〇〇九年には、二二万六八七八件の人工妊娠中絶が行われている。しかし、この数値は厚生労働省に届け出された公の数値である。「薬剤の使用量などから推測すると、ヤミで行われている中絶の実数はさらに多いだろう」、といわれている（江口 2011：I）。

かくして、かつては一〇〇万ともされた中絶件数だが、五〇年代以降、コンドームやピルの普及や日本社会の安定化により、徐々にその件数は減少していった。二〇〇〇年以降は、毎年二〇万～三〇万件ほどとなっており、マザー・テレ

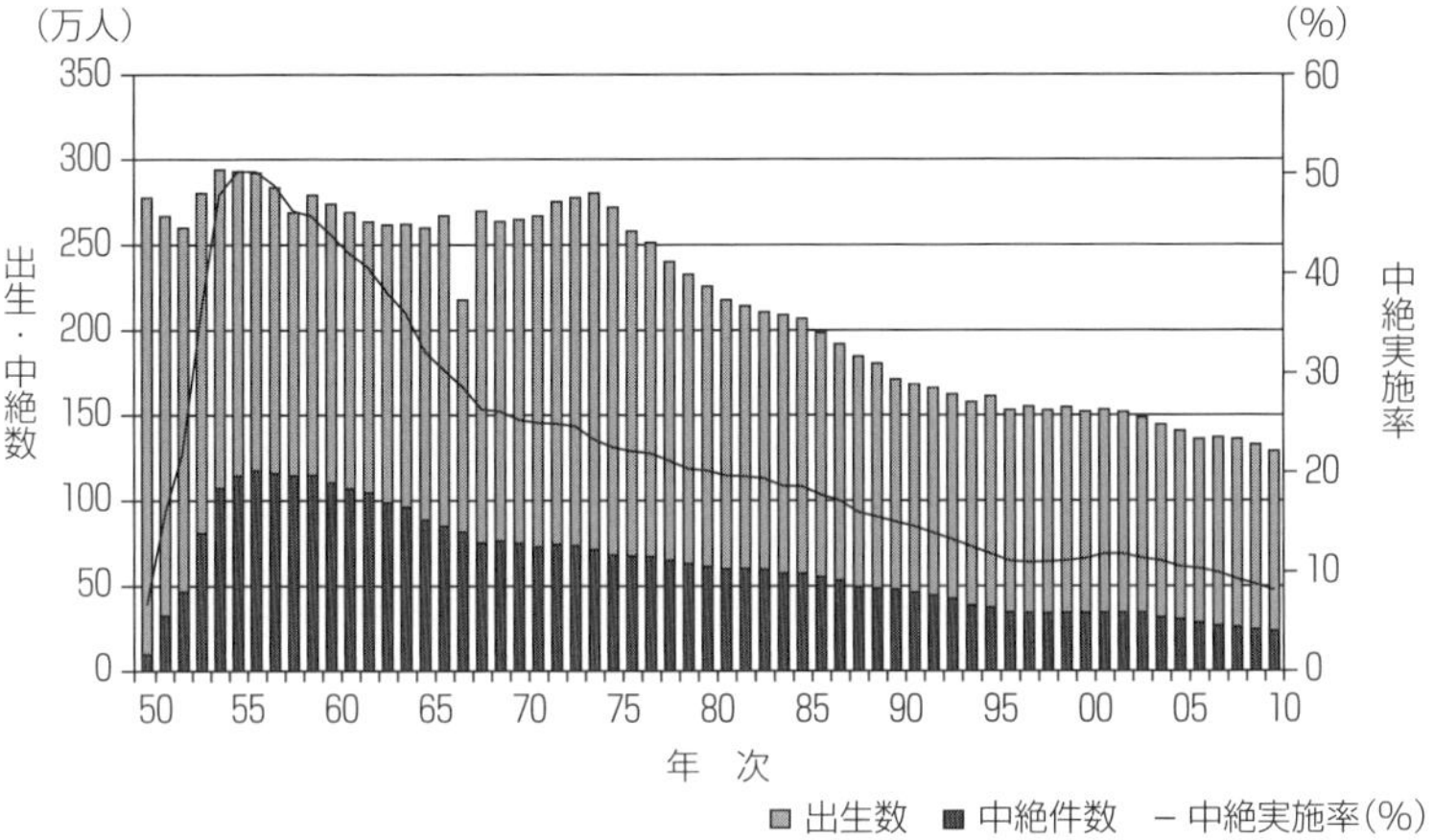

㈳日本家族計画協会家族計画研究センター「2009年母体保護統計」をもとに筆者作成

図1-1　出生数・中絶数・中絶率の長期推移

サが来日した時代と比べれば、数的には確かに減っているとはいえる。国際的に見ても、他の諸国と比べて、突出して中絶件数が多いとはいえない。

だが、日本での中絶件数は減少しているとはいえ、その数は未だなお決して少なくはない。自殺者が三万人、社会的養護を必要としている子どもの数が四万～五万人であり、それに比べるとはるかに多いことが分かるだろう――ちなみに、生活保護受給者数は二〇〇万を超えている。今日、少子高齢化が叫ばれているが、少子化の原因は、婚姻件数や妊娠件数が減っているというだけではなく、さまざまな事情から、赤ちゃんを産めずに堕胎してしまうことにもあるのではないだろうか――中絶件数が減れば、出生率はわずかであってもおのずと上昇する。中絶した女性の内訳は、十代と四〇代が多く、どちらも「育児不可能」という判断が働いているようである。[6]

出生前診断と選択的妊娠中絶

ところで、人工妊娠中絶に関する問題は、現在、決して他人事ではすまされない生命倫理的な問題群の一つとなっている。すなわち、医療検査技術の発展により、答えを見いだせない悩ましい問題が浮かび上がっているのである。それが、「出生前診断」であり、その診断結果による人工妊娠中絶の問題である。

産婦人科医の大野明子は、この出生前診断を二つの意味で捉えている。広義には、「お産に先立って、お腹の中の赤ちゃんの様子を知ること」という意味であり、狭義には、「赤ちゃんに先天的異常があるかどうかを診断すること」という意味である（大野 2003）。問題となるのは、この後者の意味での診断である。さらにもっと限定的にいえば、「常染色体異常の中でも最も頻度の高いダウン症の赤ちゃんを妊娠中に見つけること」とされている。出生前診断は、このダウン症の赤ちゃんをお腹の中にいるうちに発見し、その赤ちゃんを産むか産まないかを親に判断させるためのツールとなっており、もっといえば、このダウン症の赤ちゃんを「出生前診断で見つけるということは、おおむね人工妊娠中絶という結果を選ぶということも、暗に意味している」（大野 2003：3-4）のである。

出生前診断の検査には、最も多く行われている羊水検査の他、超音波検査、絨毛検査、母体血清マーカー検査等がある[7]。羊水検査は、年間一万数千人が受けており、「出生数の一％程度」とされている（大野 2003:64）。さらに（二〇一二年の時点で）臨床研究として、母親からの二〇ccの採血だけでより安全かつ高精度な新型検査も導入されつつある。こうした医療検査技術の向上は原則的に不可避であろう。出生前診断を専門とするクリニックも登場しつつある。そうした専門機関が誕生するほど、今日ではこの出生前検査を望む声が多数あると考えてよいだろう。

当然、この出生前診断は、赤ちゃんポスト同様、賛否両論となっている。賛成派と反対派とに分かれ、互いに相容れないほどに根深い溝がある――本書の主題を超えるが、この出生前診断の是非をめぐる論理と赤ちゃんポストの是非をめぐる論理とには、ある種の共通性があるように思われる。

この出生前診断の結果、「陽性」と診断され、障害をもって産まれてくる可能性のある赤ちゃんを「どうするか」という問題が浮上している。すなわち「命の選択」、「命の決断」である。実際のところ、出生前診断の結果、胎児が障害をもっている可能性があると分かり、そのために中絶を選択する親の数は、目に見えるかたちで増加している。原則論からいえば、胎児の状況を理由に中絶することは、母体保護法によって認められていない。だが、経済的困窮、母体の保護等を挙げ、それを中絶の理由とすることはできる。日本産婦人科医会によれば、胎児の異常が理由と見られる中絶数は、年々急増している（図1-2）。

一九九五年から九九年には三〇〇〇件だったのが、二〇〇五年から〇九年には、その倍の六〇〇〇件に増加している。なお、一九八五年から八九年では、八〇〇件ほどだった。出生前診断で陽性と判断された全ケースのおよそ八割が、人工妊娠中絶を選択しているといわれている。障害児差別は決して認めてはならない。だが、母親として、当事者として、自分の子どもが障害児になり得るということを知ってしまった時、「それでも大丈夫。問題なし。覚悟しておきます」、とためらわずに言える人はどれだけいるだろうか。この診断の結果次第で、赤ちゃんの出産という人生上で最も幸福な経験が、未来への不安と罪責感情と絶望の経験に変わってしまうのである。また、中絶を選んだ父母はその後も深い罪責感情を抱えることになる。「私はなんて酷い親なのだ」、「私が行ったことは殺人なのではないか」、「私は最低な人間である」、と。さらには「お腹の子と一緒に死にたい」、と思う母親もいるだろう。この場合も、人工妊娠中絶と同様、妊婦とそのパートナーは、激しい葛藤を抱えることになる。

　しかし、この出生前診断においても、産むか産まぬかの選択は、当事者である男女に委ねられてしまう。この葛藤に寄り添う専門のカウンセラー[8]は、未だにほとんど存在しない（柘植 2010：117）。

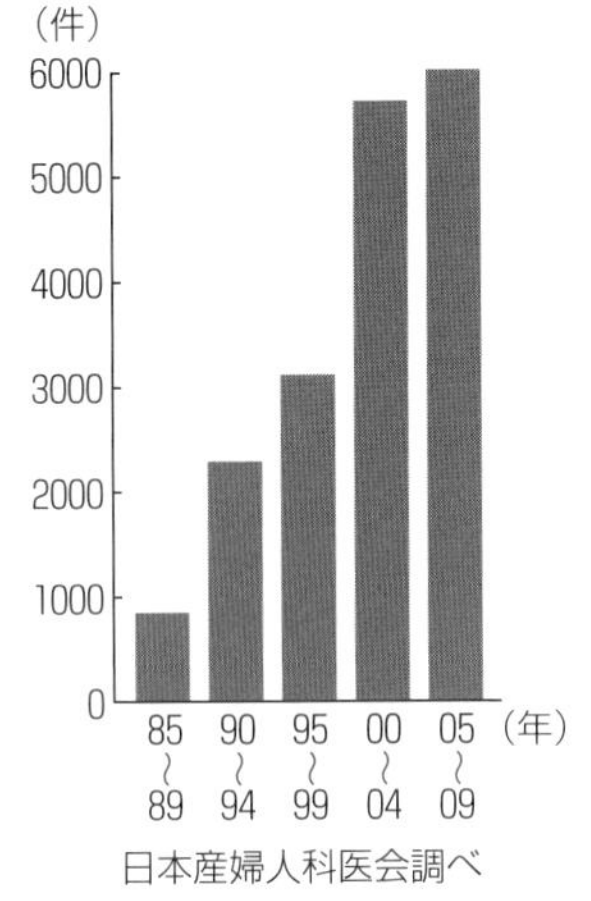

図1-2　胎児の異常が理由と見られる中絶数の変化

　通常、この出生前診断は、人工妊娠中絶が可能な期間に行われる。だが、何らかの事情で二二週以後にこの診断を受けることになった場合はどうなるのであろうか。また、「陽性」と判断されながらも、一度は「中絶しない」と決断した親が、二二週以後にその考えを改めた場合には、どうなるのであろうか。二二週以後に、男女間に何らかの問題が生じ、父親である男性がいなくなってしまったらどうであろうか。こうした場合、母親は出産前に胎児の中絶を行うことはもはや法的に不可能となる。そして、母親は、「中絶はできない。が、しかし、障害をもって生まれる赤ちゃんを育てることもできない」、という葛藤を抱えることになる。ダウン症の子どもの理解に乏しい母親であれば、その葛藤や不安は極めて深刻なものとなるだろう。

　二二週を過ぎている場合、いかなる理由であっても、中絶することはできない。かといって、出産したところで、産んだ子どもを育てられる状態にもない。こうした時に、胎内に子を宿す母親は、誰に相談してよいか分からず、母親とその家族だけで、この問題を背負い込むことになる。それどころか、相手の男性に問題があったり、母親の家庭環境が劣悪であったりすれば、母親一人でこの問題を抱え込まなければならない。このことを友人や知人に打ち明けることも難しい。専門カウンセラーに相談することができればよいが、すでに見たように、日本では未だにそうした専門相談機関は存在しない。

流産や死産の悲しみ

妊娠中の母親に迫る問題は、産むか産まないかという選択の問題だけではない。産む意思があり、わが子の出産を待望していながらも、流産や死産してしまうこともある。特に流産は極めて頻繁に起こっている現象である一方で、あまり他人に語れない現象の一つである。妊娠は可能なのに流産を繰り返す場合、それは「不育症」と呼ばれる。不育症の場合、不妊症と異なり、妊娠はできる。だが、流産してしまうというもので、「習慣流産」ともいわれている。

おそらく流産を経験したことのある人であれば、約四十週、母体に胎児が留まり続けるということ自体が一つの奇跡なのだと強く実感することができるだろう。二度、三度と流産を繰り返す人もいる。何度も流産や死産を繰り返すと、「もう私は赤ちゃんが産めないのだろうか」、と絶望的な気持ちになる。三度流産（妊娠九週、八週、十二週で流産）を繰り返したある女性は、「三人もの赤ちゃんを失い、私の心は壊れていました」、と語る（流産・死産経験者で作るポコズママの会 2007：58）。

また、出産直前になって、生まれてくるはずの赤ちゃんが体内で死亡していたという経験をする妊婦もいる。死産である。[9] この死産は、長い期待の果ての絶望であり、強い自責の念に苦しむことになる。元気に産まれてくるはずの赤ちゃんの心臓が止まっていて、帝王切開で亡くなっている胎児を産まざるを得ない母親の悲しみや苦しみや絶望は、どれほどであろうか。二〇〇一年のデータによれば、死産総数は三万七四六七件である（竹内 2004：62）。この数字はそのまま母親の涙の数となる。決して少ない数字ではない。

こうした流産や死産を経験した母親のための書物は、いくつも出されている。生きて産まれることのできなかった赤ちゃんからの小さな言葉に、多くの女性が慰められている。流産・死産経験者で作るポコズママの会を設立した加藤咲都美は、自らの流産体験について、次のように語っている。

…私は初期流産というかたちで待望の赤ちゃんとお別れしました。「妊娠初期だし、そんなにつらくないだろう」。自分の体験でなければ、私はそのような感想をもったことでしょう。しかし、現実は違いました。妊娠が分かった時、いえ、妊娠したかもしれないとほのかな期待を胸に秘めてから、私はまだ見ぬ新しい命に愛情をもって接していました。毎日、おなかをさすり、声をかけ、元気に産まれてくることを望み、女の子ならこんなことをしたい、男の子ならこんなことをしようと主人と夢を膨らませ、何十年も先の未来までも描いたものでした。その愛すべき対象が、あっという間にいなくなったのです。その悲しみ、絶望は表現しがたいものでした。何よりも、おなかの中に赤ちゃんがいないこと、これから先もあの子を抱きしめることができないという現実は、やむことのない絶望と、命を守れなかった母親としての強烈な自責の念を私に与えました。
（流産・死産経験者で作るポコズママの会 2007：2-3）

「愛すべき対象が、あっという間にいなくなった」というその絶望は、まさに他者の死そのものである。たとえこの世界で実際の母子関係を生きなかったにしても、その母親からすれば、かけがえのない我が子を失う経験に等しいのである。人工妊娠中絶に代表される望まれない妊娠がある一方で、このように望んでも叶わない妊娠、あるいは「望まれていた妊娠」というのもあるのである。かくして、出生前診断の結果、陽性と診断され、人工妊娠中絶の道を歩む親がいる一方で、どんな障害があろうと、とにかく産まれてきてほしいと願う親がいるのである。その善悪の価値的判断はここでは問わない。ただ、妊娠と出産をめぐる問題は、われわれが想像する以上に複雑で難解なのである。

不妊症と不妊治療

また、それ以前に、妊娠それ自体が叶わないという事態もある。すなわち、「不妊症」である。晩婚化に伴い、高齢出産の女性が増えている。また、無精子症など男性不妊も徐々に認知されつつある。そうした中、不妊治療を受ける夫婦の数も増えている。

厚生労働省によれば、現在、不妊治療を受けている患者数は、推定で四六万六〇〇〇人ともいわれており、夫婦・男女の八組に一組が不妊に悩んでいることになる。その治療方法も多岐にわたっており、タイミング法、体外受精、顕微授精等、さまざまな手立てが講じられている。その結果、不妊治療等で生まれた赤ちゃんの数は、二〇〇六年でおよそ一万九〇〇〇人、赤ちゃん全体の一・七％となっている（柘植 2010：232）。

年間二〇～三〇万件もの人工妊娠中絶が行われている一方で、四〇万人以上の人が不妊治療を受けているのである。この現象をわれわれはどのように考えればよいのであろうか。

また、代理出産、卵子・精子提供を用いた生殖補助技術（ART）といったものもあり、妊娠を望む人々の可能性はますます広がるのと同時に、倫理的な課題も新たに生まれてきている。その倫理的課題が顕著に現れるのが、「代理出産」であろう(日比野・榊原 2011)。

代理出産とは、「子どもが欲しい女性が、自分では妊娠・出産できないために、他の女性に妊娠・出産を代わりに担ってもらうこと」である(柘植 2010:173)。この代理出産は、たとえば妊娠できない娘に代わって、その娘の母が娘の子を産むというものである。日本ではそれを認める法律はないが、かといってそれを禁じる法律もなく、まさにグレーゾーンだということになる。この代理出産には、主に二つの方法がある。上の例を用いていえば、出産する女性(娘の母)の体内に代理出産希望男性(娘の夫)の精子を入れ、妊娠させる方法と、代理出産希望の男女(娘と娘の夫)の受精卵を体外受精して出産する女性(娘の母)の子宮に入れて妊娠・出産する方法である(柘植 2010:173-174)。

総括

かくして、妊娠にはさまざまなものがあり、その喜びが大きい分、悲しみも大きい。妊娠し、出産するという行為は、おそらく今も人間の理性というよりも、本能的なものなのであろう。そして、およそ四十週、母胎に留まった胎児だけが、出産へと向かうことができる。

以上の考察から、妊娠し、新しい命が母胎で四十週の間、生き続け、その胎児がこの世に生まれてくること自体が、実は極めて奇跡的なことであるかのように思えてくる。このことは、不妊治療を受けている人やかつて受けていた人であれば、強く共感するはずである。どれほど重度の障害を抱えた子であっても、約四十週母胎の中で生き続け、その母胎に留まったという意味では、実は強い命なのである。健常児/障害児という見方が一般的であるが、そこに「流産児」、「死産児」という言葉を添えると、また違った見方で見つめることができるだろう。

このことは、ある重症心身障害児の母親から教えてもらったことでもある。その母親は、かつて学生であった筆者にこう話してくれた。すなわち、「『重症心身障害児』と呼ばれる子どもは、産まれてきた子どもの中では最も重い障害を抱えていて、最も弱い存在かもしれないけれど、流産したり、死産したりしてしまった胎児を思えば、約四十週胎内に踏みとどまり、耐え抜いた強い命でもあるのです。だから、私はこの子のことを強い子だと思っています」、と。このように、見方を少し変えて胎児全体から考えれば、産まれてきた赤ちゃんは、いかなる状態であれ、それだけで強い命をもつ存在だともいえなくもないのである[10]。

だが、その約四十週という時間の中で、赤ちゃんの出産を待望し、母性と愛情に満ちていく女性がいる一方で、徐々に追いつめられていく女性がいる。しかも、その中には、上述したような流産や死産や不妊といった生理学的な問題とは別に、特殊な環境ゆえに、自身の妊娠を誰にも打ち明けられず、孤独の中、途方に暮れ、さらに自身の妊娠と真摯に向き合うことなく、妊娠中絶を選択することもせず、ただ時間だけが過ぎていき、出産直前になるまでそのことを忘却し、そのことから逃避し、出産間際になって、慌て、狼狽し、混乱する女性がいる。それが、本書の主題である女性たちである。

【文献】

江口聡（編・監訳）　2011　『妊娠中絶の生命倫理』　勁草書房

遠藤順子・他　2005　『手間ひまかける　気を入れる』　女子パウロ会

大野明子（編）　2003　『子どもを選ばないことを選ぶ』　ＭＣメディカ出版

神谷美恵子　1982　『こころの旅』　みすず書房

斎藤有紀子（編）　2002　『母体保護法とわたしたち』　明石書店

杉本貴代栄・森田明美（編）　2009　『シングルマザーの暮らしと福祉政策』　ミネルヴァ書房

竹内正人　2004　『赤ちゃんの死を前にして』　中央法規

田間泰子　2001　『母性愛という制度』　勁草書房

柘植あづみ　2010　『妊娠を考える』　ＮＴＴ出版

日比野由利・榊原良江（編）　2011　『テクノロジーとヘルスケア』　生活書院

流産・死産経験者で作るポコズママの会（編）　2007　ともに生きる　中央法規

【脚注】

（1）http://okwave.jp/qa/q314444.html　参照。（情報取得2012/10/01）

（2）しかし、だからといって、ハッピーエンドというわけではない。流産や死産といった可能性は常にある。妊婦は、妊娠が判明した後も、多くの心配や不安を抱えながら、出産までの期間を生きることになる。

（3）胎児をどのように見なすのかもここで問題となる。キリスト教では、胎児は命ある存在と見なし、人工妊娠中絶を殺人行為と見なす。だが、人工妊娠中絶を合法としている国では、その行為は殺人行為とは見なされない。また、どこで「出生」と見なすかという議論もある。陣痛の開始時か、呼吸の開始時か、胎児の体の一部が露呈する時か、体の全てが露呈した時か、あるいは生存が可能と判断される時か。胎児を命と見なすべきか否か、いつから胎児は人となるのか、答えなき問いは今もある。

（4）付属物とは、胎盤、卵膜、臍帯、羊水のことを指す。

（5）しかし、そうした「烙印」は男性にはほとんど押されない。

（6）なお本書では、こうした問題を田間泰子のように「母性愛」や「母性の欠如」という視点から母親を分析することはしない。母性愛という視点からの中絶や児童遺棄に関しては、彼女の『母性愛という制度』の中で詳しく論じられている。田間は、社会学・女性学・ジェンダー論の立場から、この中絶に潜む諸問題を明らかにしようとしている（田間 2001）。

（7）この中で最もよく知られているのが、羊水検査であろう。この検査は、一九六八年に日本に導入されており、長い歴史をもっている。絨毛検査は、技術的に難しく、羊水検査よりも流産を引き起こす可能性が高いので、日本ではほとんど実施されていない（柘植 2010：78-80）。

（8）このカウンセラーは、「遺伝カウンセラー」と呼ばれる。だが、日本ではそのほとんどが医師であり、専門の遺伝カウンセラーの必要性が叫ばれている。

（9）死産（still birth）は、「妊娠期間にかかわりなく、母体から受胎による生成物が完全に除出、または分娩されるに先立って死亡した場合」のことを指しており、この死産は、妊娠四カ月以後の「死児の出産」とされている（竹内 2004：64）。

（10）しかし、こうした言葉は、障害児をもつ親への慰めの言葉となる一方で、流産や死産を経験した親には辛い言葉となることには注意すべきであろう。

第二章　赤ちゃんを捨てる女性たち

序

前章で見たように、新しい命が母胎で四十週もの間、留まり、生き続けた胎児だけが、その命の誕生を経験することができる。それは決して容易な道ではない。ゆえに、人はその命を「奇跡」と呼んでいる。しかし、それはまた妊婦にとっても同様であり、出産を無事迎えるということ自体、とても険しい道のりなのである。

人間はまた社会的存在でもある。たとえどれほど母子共に身体的に健康であっても、その母子の置かれている状況が悪ければ、人工妊娠中絶することもあるだろう。その決断も、決して容易なものではなかったはずだ。

だが、それ以上に深刻な状況下にある妊婦がいる。いや、前章で論じた状況とは全く異なる状況を生きる妊婦がいるというべきだろう。母子手帳も取得せず、十数回行われる妊婦健診も受けず、自身の妊娠を誰にも打ち明けることもできず、さらには、無事に安全な場所で出産することもできず、母子共に極めて危険な状況下にある妊婦がいるのである。本章では、この特殊で例外的な状況を生きる女性に光を当てて、論じていくことにしたい。そして、まさにそうした女性のために考え出されたのが、赤ちゃんポストであった。

打ち明けられない妊娠

前章でも触れたことだが、日本での人工妊娠中絶は、多くの場合、妊娠十一〜十二週以内に行われている。というのも、十二週を超える場合、あるいは胎児の体重が五〇〇グラムを超える場合には、「死産届」と「死体火葬埋葬許可証」が必要となり、また中絶によるリスクも高まり、その費用も高くなるからである。

十一週までは、主に「掻爬（そうは）」と呼ばれる方法（ないしは吸引法）で、人工妊娠中絶が行われる。この文字から推測できると思うが、文字通り、胎児をハサミ状の器具を用いて「掻き出す」のである。妊娠十二週以降は、陣痛促進剤等を用いて人工的に陣痛を誘発し早産させるという方法が取られる。日本の法律では、二一週六日目まで人工妊娠中絶は可能である（妊娠六カ月の中頃である）。しかし、二二週以降になると、保育器での生存が可能なために、中絶は認められない――だが、先に述べたように、かつては妊娠八カ月までこの中絶が認められていた。

望まない妊娠の場合、多くの男女（ないしはその一方）は、この中絶を決断している。その数は前章で述べたとおりである。

だが、考えねばならない問題はここからである。何らかの理由で中絶できる期間を過ぎた場合、たとえば二二週以降になって出産とそれに続く養育が困難となった場合、妊婦はもはや身動きが取れなくなる。当然、その女性のパートナーである男性も――その男性が父親としての自覚がある限りにおいて――同様であるが、自身の身体の問題としては、やはり女性の苦悩は、男性の苦悩とは比較しがたい。また、後に詳しく述べるが、宗教上、またはそれに類する理由から、中絶することが認められない場合もあり、そうした時に、母親は厳しい状況下に立たされることになる。「産みたくない。けれど、もはや中絶することもできない」、という窮地である。

たとえば、ある妊婦がいる。その妊婦は、父親となる相手の男性に妻子があることを知らされないまま、その相手と男女の関係になった。その後、妊娠が発覚した。それでも、その男性は彼女に妻子の話を切り出すことができなかった。ついには、中絶可能期間を過ぎてしまった。妊娠二二週を過ぎた後に、ようやくそのことを彼から知らされた。

この場合、妊婦は、愛する男性に裏切られながら、もはや中絶することのできない胎児と向き合わなければならない。この場合、男性に裏切られたことから、妊婦は胎児を出産することを断念したいと思う。だが、二二週を過ぎているので、もはや人工妊娠中絶を行うことはできない。しかも、このことはあまりにも深刻すぎる話であるがゆえに、誰にも相談できない。一人で悩み、苦しまなければならない。

あるいは、妊娠二二週以後になって、突然、男性が失踪してしまい、自身の収入もない場合、やはり妊婦はどうすることもできずに、追いつめられることになる。その際、その妊婦の親が理解し、支援してくれる場合には、安全に出産することは可能である。だが、妊婦の親が失業中であったり、厳格な性格の持ち主であったり、世間体に極めて敏感であったり、妊婦の親子関係が絶縁状態で、支援が受けられなかったりする場合には、その妊婦は窮地に立たされることになる。当然、彼女は自身の妊娠を両親に打ち明けられず、一人で悩み、苦しみ、葛藤することになる。

　こうした妊婦は、誰にも相談できぬまま、臨月を迎え、最終的に、そのまま陣痛を迎えてしまい、トイレや自室等で死産してしまう、という可能性を有している。最悪の場合、生まれたばかりの新生児を遺棄して、犯罪者になってしまうこともある。さらに過酷な状況下での児童遺棄というのもある。

　二〇一二年六月、愛知県で二〇歳の女性が逮捕された。彼女は、自室で出産したばかりの男児の遺体をポリ袋に入れて、ゴミ箱に捨てたとされている。その男児の遺体は、身長約二九センチ、体重約五〇〇グラムで、およそ妊娠五〜六カ月と推定された。つまり、死産の可能性が高い。この二〇歳の女性は、（おそらく）医療機関ではない場所で一人で出産しているると思われるが、さらに死産という悲しい現実にも直面していたのである。

　この事件が示すように、妊婦が、誰にも相談できず、一人で妊娠・死産し、その遺体を遺棄するということもあり得るのである。望まない妊娠の結果、こうした女性は、死産という最も悲しい経験をし、その悲しい経験の直後に遺棄し、「犯罪者」となり、ついには「逮捕」となってしまう。

　さらに難しい例を挙げよう。たとえば知的障害をもった女性が、性行為がどのような結果をもたらすかを予測することができない状態で、男性に性的関係を強要されてしまう。だが、そのことを誰にも知らせず、中絶可能な時期を過ぎた後に、妊娠が発覚する、というケースもある。この場合、妊婦となった女性自身に妊娠の自覚がないので、このことに気づくのが、本人ではなく、その親や兄弟姉妹である場合も少なくない。しかも、その女性の相手が誰なのかを特定することが困難である。ゆえに、軽度の知的障害をもった女性の家族らは、そうした本人さえ予期せぬ性交渉や妊娠に対して強い不安を抱いている。

　このように、人工妊娠中絶が不可能となる二二週が過ぎても、自身の妊娠に気づかなかったり、問題が未解決のままであったりすることもある。この時、妊婦やその周囲の人々は、「このお腹の中の赤ちゃんをどうしたらよいのだろうか」、というあてどない問いに支配され、答えのでない重苦しい日々を過ごすことになる。

出産前に追いつめられる妊婦たち

　妊娠してから出産までの短い期間にも、このように、想定し得ない出来事がさまざまな仕方で起こっているのである。

　もちろん、男女の恋愛やそれに伴う性交渉は、本人たちの責任であるし、原則として、それに対して外部の人間や国家権力が介入すべきではない。かつての日本においても、特定の人々に対して強制的な不妊治療（断種手術）を行い、性交渉の可能性を奪った時期があった。だが、性交渉も妊娠も、その判断は根本的には個々人に委ねられるべきであろう。

しかしながら、性交渉や妊娠は、そうした個々の男女の判断やその結果としての責任ではすまされない要素もやはりもち合わせているのではないか。つまり、性交渉の結果による妊娠と出産の諸問題は、単純に個々の男女の責任に還元できないものなのではないだろうか。いわゆる「自己責任論」の立場に立てば、それは男女の個人的な問題であり、親としての責任を父母の双方が全うしなければならない、という帰結となるだろう。だが、出生前診断の例でも想像できるように、父母の責任に帰するがゆえに、その責任をもって何の罪もない胎児が殺されていることもまた事実なのである。

いずれの場合にせよ、妊娠二二週を過ぎつつも、誰にも自身の妊娠を打ち明けられず、医療機関等の診察・診断も受けていない母親は、ゆっくりと確実にお腹が大きくなっていくのと同時に、心理的には徐々に追いつめられていく。「どうしよう」、「どうしたらよいのだろう」という切迫した感情と、「大丈夫だろう」、「なんとかなるだろう」という開き直りの感情が入り乱れて、この問題を「先送り」する女性も少なくない。つまり、問題を先送りし、現実から目をそむけつつも、じわりじわりと出産する時期が迫り寄ってくる、そういった事態が引き起こされるのである。

ある産婦人科医の話によれば、かつてはこんなこともあったそうだ。一九七〇年代の話である。

> B子は〈不義の恋〉の末、出産間近の九カ月になってしまった。もう中絶はできないから、元気な赤ちゃんを産むより仕方がない。そしてそのときは刻々と迫ってくる。しかし、狭い田舎町で、未亡人が〈不義の子〉を産み育てることは世間体や、四人の子供の手前、死ぬよりも辛いことであろう。進退きわまったB子は医師に殺人を依頼したのである。中絶の資格を持った医師はたとえば九カ月で人工的に出産させ、殺害しても、死産証書に、自然死産または七カ月（現在は六カ月）[1]で中絶を行ったと記載すれば合法とされ、誰も文句を言うものはいない。なぜなら、胎児の診断はその医師一人にまかされているからである。
>
> （菊田 1979：208）

この結果、医師はB子の人工妊娠中絶を行ってしまい、両者共に逮捕されてしまった（医師九カ月中絶殺人事件）。現在では想定しにくい事件ではあるが、こうしたことが起こっていないと誰が断言できるだろうか。妊娠九カ月目になって、このように医師のもとを訪れる妊婦もいるのである。

妊婦健診未受診問題——「飛び込み出産」の背景にあるもの

さらに差し迫った問題がある。それは、臨月を迎え、出産直前になって生じる妊婦の問題である。

さまざまな理由から、出産前の妊婦健診を受けず、出産直前になって突然医療機関を訪ね、そこで出産をしようとする女性がいる。この女性の行為は、一般に、「飛び込み出産」または「飛び込み分娩」と呼ばれており、飛び込み出産をする女性のことを、「未受診妊婦」と呼んでいる。また、この未受診妊婦の問題を総じて「妊婦健診未受診問題」と呼ぶこともある。罰則はないが、こうした妊婦の妊婦健診の未受診は、母子保健法に違反している。母子保健法には、「母性は、みずからすすんで、妊娠、出産又は育児についての正しい理解を深め、その健康の保持及び増進に努めなければならない」（第四条一）とあり、妊婦健診は、その「健康の保持」に不可欠なものとされる。

これまでのところ、飛び込み出産や未受診妊婦に関する文献は稀少だが、徐々にこの問題に対する関心は高まってきている。というのも、この特異な現象もまた、われわれの日常の中で起こっているということが知られるようになってきたからである。そのきっかけとなったのが、二〇〇七年八月、奈良県で起こった救急搬送中の妊婦が死産した事件であろう。まず、この事件について振り返っておこう。

二〇〇七年八月二九日午前二時頃、奈良県のスーパーで買い物中に腹痛を訴えた未婚女性（三八）から救急隊に出動依頼があった。女性が妊娠中と判明したため、救急隊が受け入れ可能な産科医療機関を捜したが、奈良県内では収容先が見つからず、最終的に受け入れを受諾した大阪府の病院に搬送が行われた。女性は、午後五時頃受け入れ病院に到着したが、その時点で、妊娠七か月相当の子宮内胎児死亡であったことが確認された。この女性が妊娠を認識していながら未受診であったことも判明した。奈良県ではその前年、分娩中に脳出血を発症した妊婦が、県内で受け入れ先が見つからず、搬送に手間取るという事件が起きたばかりであった（大淀病院事件）。（前田 2008：33）

未受診妊婦問題について文献学的に研究している後藤智子によれば、この事件は、「妊婦にかかりつけ医がいない状況での救急搬送において受け入れ医療機関探しが難航した事案」であり、この事件において、「そのときの受け入れ拒否理由の一つが未受診であったことから、未受診で飛び込み分娩をする妊婦の存在が社会的に問題視されるようになった」（後藤 2010：53）。この事件の後、各地方自治体で、この飛び込み出産の現状調査が行われるようになった。二〇一〇年には、大阪府内でこの未受診妊婦の飛び込み出産のケースが一五二例あったことが判明し、そのことがメディアによって報じられ、議論となった。だが、依然としてこうした未受診妊婦のための具体的な方策は講じられておらず、前田に至っては、「まじめに受診している妊婦達へのシステム作りが最優先であり、彼女達への安全保障なくして未受診妊婦に対するセーフティネット構築はありえない」（前田 2008：39）と述べるほどである。もちろん前田のいうとおりではあるが、「まじめな妊婦」と「未受診妊婦」を同列で論じている点で、筆者と問題の捉え方が本質的に違っている。だが、医師という立場からの見解としては、これが限界であろう。未受診妊婦の問題を医師だけに負わせるのはあまりにも非現実的である。未受診妊婦の問題は、その本質において従来の医療問題ではない――また、同様に本書の主題である赤ちゃんポストや緊急下の女性も、その本質において医療・社会福祉・地域福祉等の問題を超えた問題群の一つなのである。

それは、飛び込み出産の背景を考える上でも同様のことがいえる。通常、この背景として、まずもって産婦人科医の不足、医療機関の満床等が挙げられる。二〇〇七年の先の事件の後、この産婦人科医不足が強く指摘された。この死産した女性は、実に十九か所の医療機関に受け入れを拒否されている。ゆえに、産婦人科医不足が問題だと言及されるに至った。たしかに、産婦人科医不足はそれ自体として深刻な問題の一つではある。だが、そのように考えることで、未受診妊婦の側の隠れた本質が見えなくなるのではないだろうか。ここで問題となるのは、「なぜ未受診妊婦は、定期健康診査を受けないのか。なぜ出産直前まで自身の妊娠を秘匿のままにしておくのか」、ということである。

この未受診妊婦は、出産までの期間、自身の妊娠を隠していた――あるいは隠す結果となってしまった――妊婦である。彼女たちには、かかりつけ医がおらず、定期健康診査も受けておらず、陣痛発来後に、「はじめて」医療機関にやってくる。もちろん「近所に医療機関がない」という物理的・立地的な問題もあるだろう。だが、この未受診妊婦の多くは、それ以外の問題を抱えている。

米山万里枝は、「妊婦健診未受診者の飛び込み出産の現状と支援」という論文の中で、まさにこの問題に取り組んでいる。米山は、二〇〇七年から二〇〇八年にかけて産後一カ月健診に来院した母親三五〇名を調査し、そこから妊婦健診を受診しないことがあった女性（十八名）と受診していなかった女性（三名）の計二一名（全体の六%）を見いだした。その二一名のアンケートから、妊婦健診を受けなかった原因を探っている。その結果、「健診費用がかかる」、「高額の健診費用を請求されるのではないかという不安」、「何か問題が起こることは想定外」、「友人・知人が問題なく妊娠経過を過ごしていた」といった原因を見いだしている。だが、わずか一～二名程度だと思われるが、「望まない妊娠だった（ので、別にどうでもよいと思っていた）」という意見もあったようである（米山 2010：400-401）。まさにこの望まない妊娠、そして「どうでもよい」という考え、これこそが赤ちゃんポストに接続する回答である。

ただし、米山の調査は、産後一カ月健診に来院した母親が対象であり、赤ちゃんを遺棄したり殺害したりする母親とはまた別の存在と考えるべきであろう。それでも、こうした結果を示した米山の研究・調査の意義は大きい。

産まれた直後に乳児を捨てる母親

このように、妊娠にはさまざまな状況が考えられる。妊婦の数だけ、妊娠の物語があるといってもよいだろう。一つとして同じ妊娠はない。だが、出産に関しては、日本ではそのほとんどが医療機関で安全に行われており、新生児の死亡率はおよそ一〇〇〇人に一人、実に〇・一％で、世界中で最も低い水準を保持している。ゆえに、日本の出産事情は極めて優れているといえよう。

だが、その一方で、数値的には少ないにしても、日本においても確実に起こっているのが、一般に子捨てを意味する「児童遺棄（Kindesaussetzung）[2]」と、親による子殺しを意味する「嬰児殺害（Neonatizid）[3]」、「児童殺害（Kindstötung）[4]」である。いずれも、母親によるものが多く、中には未婚の単身女性である場合もある。当然ながら、父親によって遺棄されたり殺害されたりすることもある。父親が同居している場合もあるし、すでに離婚している場合もある。また、日本語では「間引き」という言葉が伝統的に古くから使用されている。間引きと嬰児（児童）殺害は、どちらも行為自体は同じであるが、その言葉のニュアンスはかなり異なっているよう

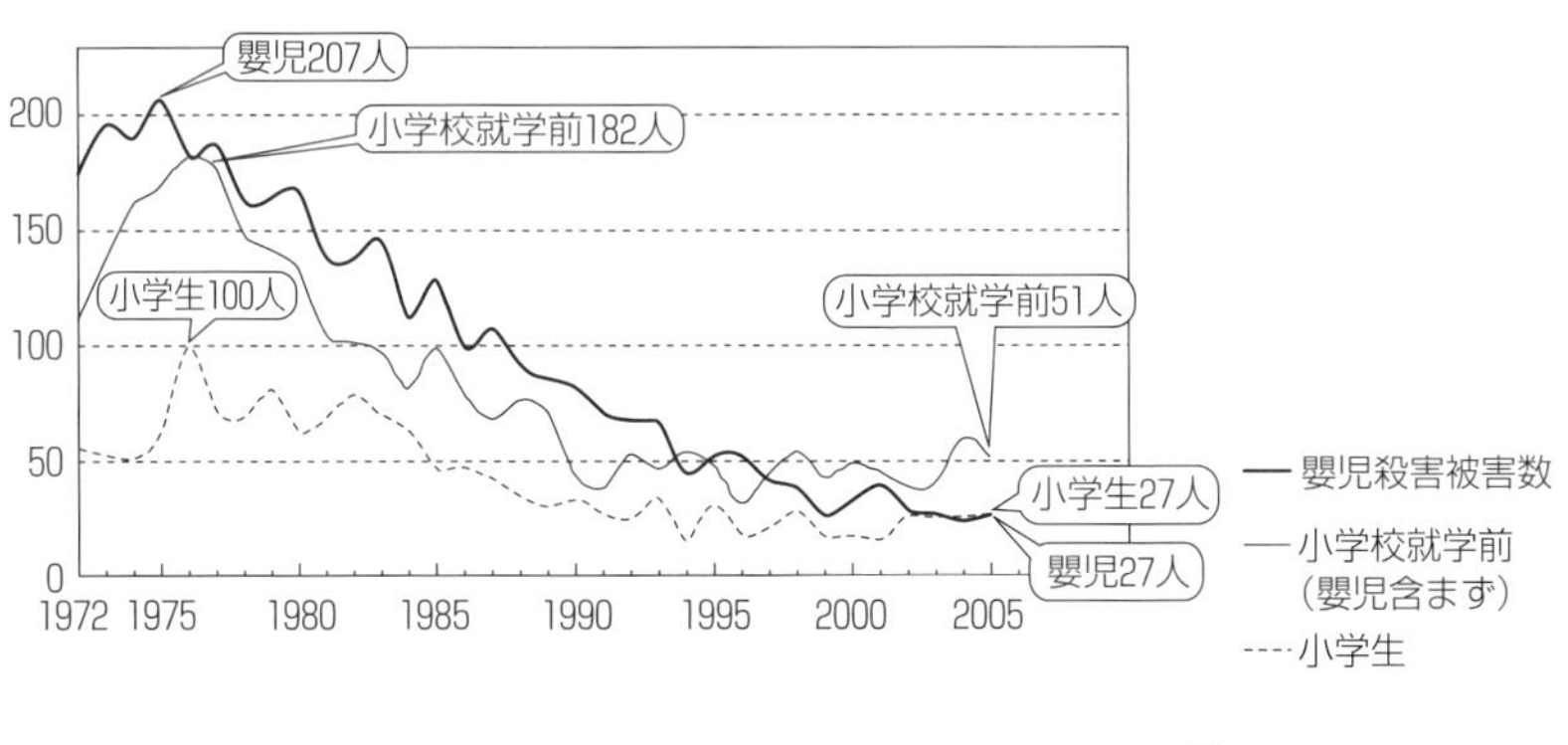

図2-1　嬰児殺害（赤ちゃん殺し）と幼児殺人被害者数[5]

に思われる(6)。

児童遺棄や嬰児殺害の件数を厳密に規定するのは極めて困難である。というのも、そうした遺棄や殺害が発見されないまま、焼却されていたり、山中に埋められていたりするからである。警察庁の犯罪統計書によれば、児童殺害と嬰児殺害件数は図2-1のとおりである。

この数値は、「参考程度」に留めておきたい。また、公になった児童遺棄件数（棄児数）は、一九八七年には一三二人、一九九九年には八一人、二〇〇三年には六七人とされている（沢山 2008：40）。これもまた発見された棄児数と考えるべきだろう。嬰児殺害・児童殺害、児童遺棄の数値の特定は極めて困難である。

では、いつ嬰児殺害や児童殺害は起こっているのか。問い方を変えれば、母親（ないしは父親）はいつ我が子を捨てたり、殺害したりするのか。

法務総合研究所は、未成年女子の嬰児殺しや保護責任者遺棄致死の原因とその時期について究明し、次のように端的にまとめている。「犯行の動機は、全員が、出産したことを周囲に知られたくないことなどから、処置・養育に困って殺害したものであり、犯行は出産直後だった(7)」。本書の主題である赤ちゃんポストもまた、自ら産んだ赤ちゃんを遺棄したり、殺害したりするのは出産直後であるという認識から出発している。赤ちゃんポストは、この妊婦の出産の直前・直後と深くかかわりをもつものである(8)。ただ、この「直後」というのは、やや弾力的に捉える必要がある。日本で初めて赤ちゃんポストを設置した熊本慈恵病院が想定していたのは、「生後四週間以内の新生児」だった。そもそも赤ちゃんポストに使用されている扉は、生まれて間もない赤ちゃんの体形に合わせたものであり、生後すぐから生後数カ月の赤ちゃんが想定されている（四七頁参照）。

「捨て子」の歴史的地平

児童遺棄も嬰児殺害（または児童殺害）も、人類の歴史の中で常に起こり続けてきた現象の一つであり、個々の国の歴史を超えた世界史的な人間の課題となっている。日本人であれば誰もが知っている「桃太郎話」も、岡山県で語り継がれてきた子捨てにかかわる物語であったと考えられている。この問題に取り組む沢山美果子は、桃太郎話には二つの説があるとした上で、次のように述べている。「……この二つの捨て子の桃太郎話は、捨てられた子を拾うことは『ええこと』、子どものいない人にとって捨て子は授かりものという捨て子観、また捨てられた場所は川や家のそば、捨てた人物、捨てられた子どもの着物や捨て子の名付けの由来など、捨て子をめぐるさまざまな事柄が語られている点でも興味深い」（沢山他 2007：47）。また、キリスト教の聖書の「出エジプト記」

に登場するモーセもまた捨てられた子どもであった（一七六頁参照）。児童遺棄において問題となる「捨て子」こそ、赤ちゃんポストの対象である。

では、近年、際立った捨て子事件とその傾向を概観していくことにしよう。そして、この児童遺棄や嬰児殺しが、赤ちゃんポストの問題とどのようにかかわり、また、そうした行為をしてしまう女性たちがどのような状況下にあるのかという視点の下地をつくっておくことにしたい。

コインロッカーベビー事件

まず、この捨て子問題の糸口として、一九七〇年代に相次いで生じた「コインロッカーベビー事件」に光を当ててみよう。このコインロッカーベビー事件は、日本の高度成長期に起こった「影」の側面をよく示した事件である。

児童遺棄と人工妊娠中絶を社会学の立場から研究している田間泰子によれば、コインロッカーへの遺棄の報道は、一九七〇年二月三日朝日新聞夕刊だった（田間 2001）。その後すぐにコインロッカーベビーが話題になったわけではなかったが、徐々に人々の関心を集めるようになった。その後、とりわけ一九七三年に、コインロッカーに赤ちゃんが捨てられる事件が頻発に起こった。この一年で、実に四三人もの赤ちゃんがコインロッカーの中に捨てられたのである（鈴木 2006：170）。

この頃、「コインロッカーベビー」という言葉が流行した。手塚治虫の名作、『ブラックジャック』第四巻に、「赤ちゃんのバラード」という作品がある。この作品は、不良少女がコインロッカーの中で死にかけた「クル病」の赤ちゃんを発見し、その赤ちゃんを不良少女と無免許医師のブラックジャックが助けるという内容であった。この赤ちゃんが救出された時、テレビのアナウンサーは次のように語っている。「駅のロッカーからまた赤ちゃんの捨て子がみつかりました。ところが今回は奇妙なことに、ロッカーの中で、しばらく赤ちゃんを育てた形跡があるのです。だれが世話をしたのか、それはまったくのナゾです」（手塚 1975：160）。この第四巻は、一九七五年に発行されている。

また、作家の村上龍は、一九八〇年、この時代をモチーフにした『コインロッカーベイビーズ』という小説を発表し、大きな関心を集めた。その冒頭では、においまで漂ってきそうなほどリアルに赤ちゃんをコインロッカーに入れる瞬間が克明に描かれている。

…段ボール箱の底にタオルを二枚重ねて敷き、赤ん坊をその中に入れてガムテープを巻き、紐で結んだ。表と横に太い字ででたらめの住所と名前を書いた。……絨毯に垂れた白濁を拭かずにサンダルをつっかけ、赤ん坊の入った段ボール箱を抱えて外に出た。タクシーを拾う時、女はもう少しで完成するレース編みのテーブルクロスのことを思い出して、出来上がったらその上にゼラニウムの鉢を置こうと決めた。
…駅に着くと女は一番奥のコインロッカーに段ボールを押し込み、鍵を生理綿に包んで便所に捨てた。熱と埃で膨らんでいる構内を出てデパートに入り、汗がすっかり乾いてしまうまで休憩室で煙草を吸った。
…暗い箱の中、仮死状態だった赤ん坊は全身に汗を掻き始めた。最初額と胸と腋の下を濡らした汗はしだいに全身を破って赤ん坊の体を冷やした。指がピクリと動き口が開いた。そして、突然に爆発的に泣き出した。（村上 2009：7-8）

このように、コインロッカーに赤ちゃんが入れられるというショッキングな事件は、当時の漫画や小説に反映されるほどであった。それほどこの事件には、ある意味での「新しさ」があった。

田間は、このコインロッカーベビー事件とこれまでの嬰児遺棄の違いを次のように記している。「コインロッカーは多くの人々が集まるところであるため実は人目につきやすい場所であり、特に嬰児が泣き声をたてた場合には嬰児が発見される可能性が高い…。［…］実際、生きたままでの早期発見を意図してわずかに扉を開けたまま遺棄したために、嬰児が助かった例がある」（田間 2001：144）。この「発見の意図」こそ、この時代の児童遺棄の特徴といえよう。

さて、このコインロッカーベビーが話題になった一九七三年、まさにその年に、捨て子問題を世に知らせるもう一つの大事件が起こった。そして、その事件の後、捨て子を取り巻く環境が一変することになる。それが、菊田昇医師によるいわゆる「赤ちゃんあっせん事件」である。

菊田昇と赤ちゃんあっせん事件

この事件を語る前に、まず菊田について述べておこう。彼は、日本で初の赤ちゃんポスト「こうのとりのゆりかご」を設置した熊本慈恵病院の蓮田太二同様、産婦人科医であり、また敬虔なクリスチャンでもあった。菊田は、確実に欧米の思想を自らに取り込んでいた。欧米の児童遺棄と日本の児童遺棄の双方を見越した上で、いわば確信犯的に、その当時違法とされていた医師による赤ちゃんのあっせんを行っていた。

彼は、著書『お母さん、ボクを殺さないで！』の中で、次のように書いている。「欧米では、『出産を隠すことを認めないと子殺しが発生する』は常識であるが、日本でそれを指摘したのは私が最初だから識者もとまどっているのだろう」、と（菊田 1988：187）。彼自身も、自分の考えが欧米の思想に基づくものであり、日本ではなじみのないものであることは意識していたようだ。まだ赤ちゃんポストも匿名出産もない時代だが、「どのようにして児童遺棄、児童殺害を防ぐか」という議論は、欧米においても、日本においてもされていたのである。

この時代の日本の優生保護法では、人工妊娠中絶可能期間は、現行の妊娠二二週六日ではなく、妊娠八カ月まであった。ゆえに、人工妊娠中絶を行っても、命を取り留め、生きて産まれる赤ちゃんもいたという。だが、この時代の「常識」では、そうした赤ちゃんは生かさずに、殺すことが主流であった。次の文章は、一九七三年、「赤ちゃんのあっせん人」として世間から厳しい批判にさらされていた菊田に宛てた、婦人科に勤める助産婦の手紙の一部である。

…私も長い間、助産婦で、婦人科に勤務しておりました。先生の今までなすった行為、身にしみてよくわかります。七カ月、八カ月になって子供のいらない人、大勢おります。中学生で、妊娠を知らずに八カ月までほってあり、親の無知というか、なんというか、そんな時に婦人科の病院はどこでも中絶で、元気でオギャーと泣いて出る子供を、みすみす殺してしまいます。これこそ、まさに殺人罪で問われても致し方のなきこと、あれほどいやなものは、私にはありませんでした。元気に生まれ出る子供を、バケツに一杯水を入れて、その中に入れて殺す。または脱脂綿を口に一杯つめて殺してしまう…。これほどむごいことがありましょうか。（菊田 1979：63-64）

こうした医療施設の現状に対して、胸を痛めたのが菊田であった。彼は次のように述べている。「両親に望まれた胎児の場合なら、母体を助けるために早く産まされても、未熟児保育器に収容されて手厚い看護が受けられる。しかし、母から望まれないまま、中絶により胎外に出された赤ちゃんは、たとえ呼吸して元気でいても死ぬまでに放置され、あるいは積極的に劇薬を注射されたり、水に浸けられて死を与えられるのが実情である。……これは合法の名のもとに許されていた」（菊田 1979：15）。

菊田は、この現状を認めることができなかった。これは、「殺人である」、と確信していた。彼は繰り返し、「七カ月児の中絶は殺人に等しい」と述べている。生きることが可能なすべての胎児の命を守ろうとして、彼は、違法と知りつつ、望まれずに産まれてきた赤ちゃんのあっせん（子どものための養子縁組）を行っていたのである[9]。

そこで、彼は、今日のわれわれには信じがたいことだが、一九七三年四月十七日、十八日の石巻日日新聞、石巻新聞の二紙に、「急告！　産まれたばかりの男の赤ちゃんを、わが子として育てる方を求む　菊田産婦人科」というショッキングな広告を載せたのである（菊田 1979：14）。

このことは、瞬く間に話題になった。当然、メディアにおいても大きな関心事となった。彼のねらいどおりだった。これに対して、多くのメディアがこの菊田の行為を肯定的に評価し、絶賛した。だが、この彼の行為に強く反発したのが、他の産婦人科医たちであった。一九七七年、愛知県産婦人科医会が、彼を、「赤ちゃんあっせん」と「ニセ出生証明書」を書いているとして、仙台地検に告発した。そして、彼には「医業停止六カ月」の処分が下された。だが、その後、彼の行為の正当性が理解され、「医業停止処分の執行停止」が決定された。この一連の流れについては、彼自身の本に詳しく書かれている（菊田 1979）。

この事件を契機として、「特別養子縁組」の制度が完成されたということは、決して忘れてはならないことであろう。この当時、彼は法改正をも想定していた。彼が訴えた以下のメッセージは、今日もなお傾聴に値する。

以下のメッセージは、翌日の新聞社会面トップに彼の名と彼が行ったあっせん例「百件」のことが報道されるというぎりぎりの状況で、同じキリスト教徒である妻に語ったものである。菊田の当時の決意がよく示されている。

> いよいよ来たるべきときが来た。私は〈赤ちゃんあっせん〉は天地に恥じない行為と思っているから、今まで世間にも、従業員にも隠したことはなかった。しかし、このままで、日本の子殺しを一人の医師で救っても限度がある。もしも私の提案する法改正が実現するならば、漏れなく日本の赤ちゃんを救えるであろう。ことによれば、違法者として罰せられるかもしれないし、最悪の場合は、医師免許の停止にまで発展するかも知れない。私はそろそろ五十歳に近く、今後、生きながらえても、この法改正を除いては、世の中に貢献する機会は訪れそうもないから、余生をこの問題に取り組みたい。私が処罰されるかどうかは、多くの不幸な赤ちゃんが救済される道を開くことに比べれば、取るに足りないことなのだ。
>
> （菊田 1979：27）

この彼が言わんとする問題は、赤ちゃんポストの問題と決して無関係ではない。母親に望まれない妊娠の結果として生まれてくる赤ちゃんを、誰が、どう守り、その命を保障するのか。特別養子縁組制度が整っている今日においてもなお、児童遺棄や嬰児殺害はなくなっていない。熊本慈恵病院の蓮田も、彼が菊田を意識しようとしまいと、菊田の精神を受け継ぐ医師である（熊本県立大学 2009）。

ただし、菊田や蓮田の論理自体は、実はドイツの赤ちゃんポストの論理とは少し異なっているところがあり、その部分については後に述べることにしたい（第十一章参照）。結論だけを先取りしていえば、この菊田の「赤ちゃんの救済」ではない別の論理、すなわちわれわれの側が抱えるあらゆる差別、偏見への批判・抵抗＝教育という論理が、ドイツの赤ちゃんポスト実践には横たわっているのである。もっといえば、

「彼らへの救済」ではなく、「われわれへの反省」を導こうとしているのである。

児童遺棄・児童殺害は減少したが…

　菊田の生きた時代は、いわゆる団塊世代の人々が結婚適齢期を迎え、第二次ベビーブームと呼ばれる時代であった。「団塊ジュニア」と呼ばれる赤ちゃんたちが続々と生まれていた時代である[10]。この頃はまだ、いわゆる嬰児殺害、つまり赤ちゃんの殺害が頻繁に起こっていたのだ。一九八〇年には、嬰児殺害は一四三件も起こっていた。

　だが、この嬰児殺害は、数値の上では激減し、今日では年間二〇人～三〇人程度と考えられている――図2-2によれば、二〇〇九年以後、二〇人以下にまで減ってきている――。しかし、これを単純に「のみ」と扱ってよいのだろうか。「未だに二〇件～三〇件もある」、とも表記することもできよう。また、数値の上では激減したとしても、上述してきたように、妊娠、出産、育児の一連の過程で、苦しみ、迷い、追いつめられている女性は今も確かに存在している。その個々の女性は、個々に固有の難しい問題を抱え、よるべない人間関係の中で、ギリギリのところを生きている。その女性自身は、まさにまったなしの状況、緊急下の状況を生きているのである。

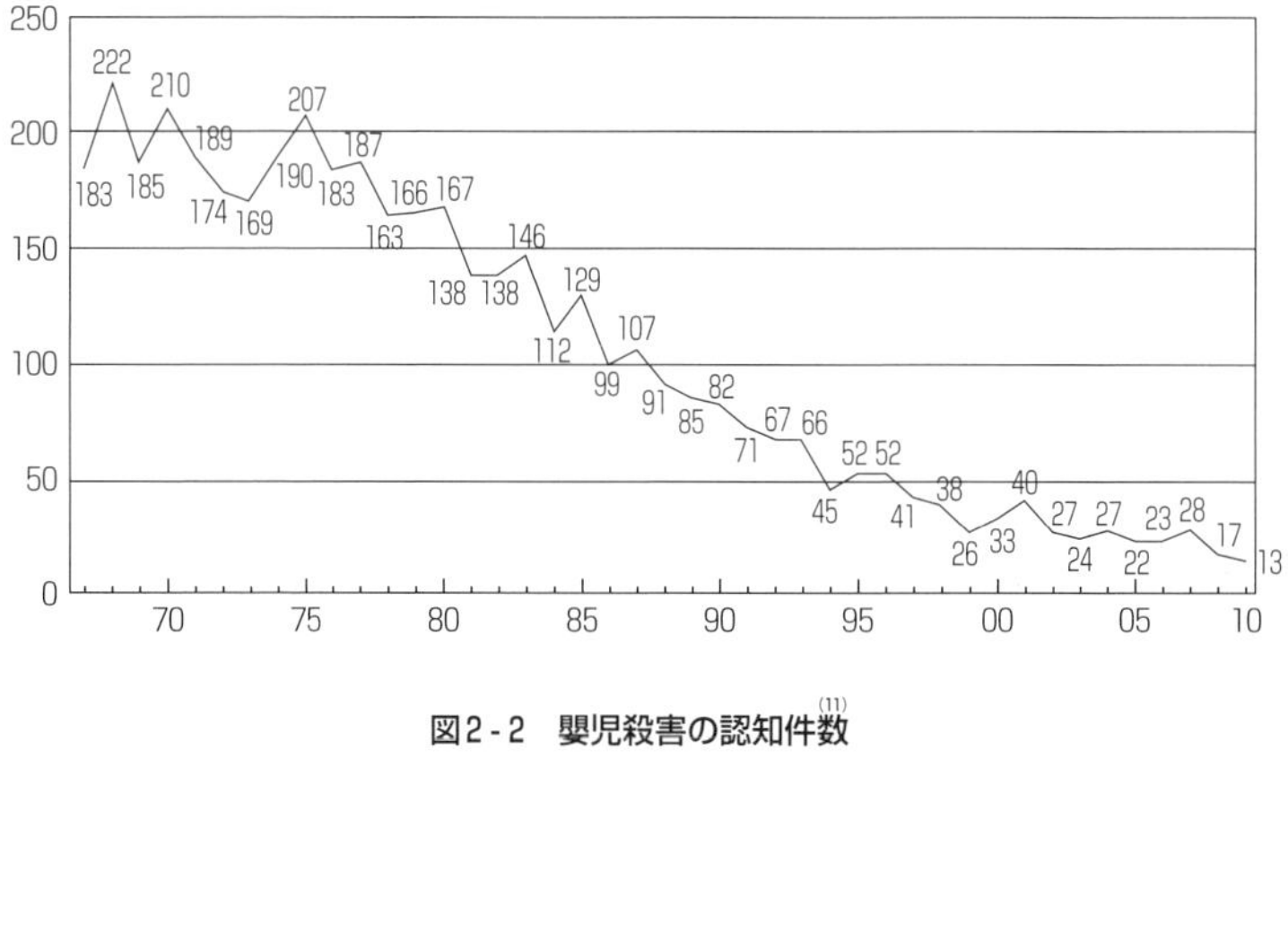

図2-2　嬰児殺害の認知件数[11]

児童遺棄と嬰児殺害の事例

ここで、もう少し具体的にこの児童遺棄と嬰児殺しの内容を見ていくことにしたい。近年に起こったもろもろの児童遺棄と嬰児殺害に関する事件を挙げ、問題の所在を確認していこう。

二〇一二年三月、無職の母（三七）が、生後一カ月の次女を殺害したとして逮捕される事件があった。その母は、「（次女が）あやしても泣きやまないので、強く抱きしめて泣き声が出ないようになればいいと思った。泣きやむなら死んでもいいと思い、腕に力を入れ続けた。一時間くらいで足が冷たくなった」、と述べたという（二〇一二年三月十五日読売新聞）。母は、十三日午後五時頃から十四日午後十時四〇分頃の間、自宅で次女の顔を自分の胸に押し付け、殺害した。母は次女を出産後、育児に悩み、産婦人科の医師らに「眠れない」などと訴え、睡眠薬を飲んでいた。会社員の夫（三五）と長女（四）、そして殺されてしまった次女の四人暮らしだった。

この事件で考えなければならないのは、追いつめられた時、絶望的な時、あるいは「すべてどうなってもいい」と自暴自棄になり、まわりが見えなくなる時、そういう時に、「溺れる者は藁をもつかむ」の「藁」があるのかどうかが問題となる。いざという時に、すがれる場所、包んでもらえる場所、助けてくれる場所があるのかどうか。あるいはそういう知人や友人がいるかどうか。親身になって尽力してくれる友人や知人をもつ人もいれば、全くそうした相談者をもたない人もいる。この事件の場合、後者のケースに該当する。だが、そのことをこの母に問うことはできない。「なぜあなたには友達がいなかったのか」、そう問うことのできる人間はいないだろう。

妻がこれほどまでに追いつめられていたことに、夫はどこまで気づいていただろうか。少なくとも、感覚的には、妻が悩んでいたり不眠で苦しんでいたりすることは知っていただろう。だが、推測に過ぎないが、子育てに追いつめられ、妻が子殺しをしてしまうことまでは想像し得なかったのではなかろうか。ここで重要なのは、一緒に暮らす夫婦であっても、そのパートナーが「必ずしも助けになるわけではない」、ということである。とはいえ、妻の苦しみに夫が気づけなかったということを、われわれは責めることもできない。たとえ一緒に暮らしているからといって、相手の気持ちを完全に正しく汲みとれるというわけではないからである。

続けて、福岡で起こった事件に目を向けてみよう。二〇一二年四月二日、午前六時五分頃、福岡県の古賀市古賀の大根川河口近くの海岸で、すでに死亡していた乳児が発見される、という事件があった。この事件は「死体遺棄事件」、「女児遺棄事件」、「嬰児遺棄事件」として扱われた。この乳児は身長約五〇センチほどだった。全裸で目立った外傷はなく、へその緒が付いていたという。つまり、生後数時間～数日の新生児だった。二〇一三年三月現在、この乳児の母親は未だに判明しておらず、情報提供を呼びかけている。

この事件は、先の事件よりも緊急性が高かった。母親は、医療機関ではない場所で、一人で赤ちゃんを出産し、そのまま遺棄した可能性が高い。この事件の母親こそ、赤ちゃんポスト設置者たちが想定する「利用者」である。常に、いつの時代においても、医療機関等での適切な処置を受けずに、トイレや自室で出産する女性がいる。それは、赤ちゃんポストを創設したドイツにおいても同様である。こうした母親と生まれてきた赤ちゃんをどうにか救えないか、そう考えて生み出されたのが、赤ちゃんポストである。死亡した赤ちゃんは助けられなかったのか。その赤ちゃんが最も愛することになる母親は救えなかったのか。そして、その母と共に赤ちゃんの親である父親に何かを為す術はなかったのか。

こうした事件は、いつの時代でも起こり得る。それを想定した新たな救済システムはつくれないのか。そうした問いが、赤ちゃんポストの背景にはある。蛇足になるが、この事件が生じた古賀市では、二〇〇九年にも似たような事件が起こっている。九州自動車道の古賀パーキングエリア内でへその緒がついたままの新生児が遺棄されているのが発見された。その後、病院に保護され、乳児院に措置された。この事件は、児童遺棄事件ではあるが、殺人事件にはなっていない。この違いは極めて大きいといえるだろう。

いずれにせよ、こうした嬰児殺害や児童遺棄に関する問題は、より根源的に示せば、「孤立した人間やよるべない人間の絶望や失望とどう向き合うか」という問題に収斂されるだろう。上述した母親たちは、誰にも、どこにも相談できないまま、幼い命を奪ってしまった。この事実から目をそらすことはできない。

親子心中

親が子を捨てる、あるいは、子の命を殺めるという行為の他に、日本ではかつてから行われてきた独特の殺害行為がある。それは、「心中」（複数自殺）である。かつては、男女の心中のことを「情死」とも呼んでいたもので、お互いの合意の上で行う心中と、いずれか一人の人間の決断による無理心中とがある。

心中は、これまで述べてきた中絶や児童遺棄や児童殺害と異なり、他殺と自殺という自明性を超え出た行為であり、この行為に対するわれわれの受け止め方もより複雑なものとなる。とりわけ、親子心中は、親が子を殺すのみならず、さらに自らの命をも絶つという最も悲しい殺害＋自殺行為である。この親子心中の他に、一家心中という現象もある。一家心中は、文字通り、家族全員が死んでしまうというものである。児童遺棄や児童殺害よりも、どこか悲しさや共感や同情を呼び起こすものがあるが、そうした感情それ自体、明治時代、大正時代には乏しかった、という見解もある（和田 2005）。

加害者である親は、他者に裁かれる前に、自らを裁き、この世を去るのである。二〇一二年四月にも、子どもを巻き込む心中事件が東京都江戸川区で起こった。A子（二八）とその兄（二九）、そしてA子の実子二人が練炭自殺を遂げたという事件だった。A子の夫は同年一月に自殺を図っており、またA自身も子に対してネグレクト、すなわち育児放棄を行っていたといわれている。

こうした親子心中は、江戸時代まではほとんど見られない現象だった。だが、明治時代以後、急激に増えていったといわれている。「明治以降、欧米先進諸国に追いつくため、わが国は近代化を押し進めていった。これがもたらしたわが国に独特の現象に『親子心中』の激増が挙げられる。親子心中は江戸期には稀だった。これは伝統的社会が備えていた社会が育てる有形無形のシステムが近代化の進行とともに突き崩されてきた帰結と考えられる」（滝川 2008：15）。またその中でも、とりわけ大正時代晩年から昭和初期にかけて、頻繁に起こっていたというデータがある。その具体的な数も明らかにされている（日本帝国統計年鑑：1-53「親子心中数」）。その理由は、大正期に、それまで日本中で日常的に起こっていた児童殺害や児童遺棄が法によって禁止されたことにあった、と考えられている（和田 2005）。

こうした心中行為は、日本独自とはいわないまでも、人形浄瑠璃の主題（曽根崎心中）にもなっており、日本特有の現象の一つともいえよう。なお、岩本によれば、韓国ではこの心中を「同伴自殺」と呼んでおり、韓国においても同様の現象が生じている。また、英語圏では、「a double suicide」「a family suicide」と表記しているが、「情状酌量」とされる日本の心中に比べて、この行為に対する同情心は皆無であり、厳しい批判の対象となっている。

ドイツにおいても、この親子心中が近年、話題になっている。ドイツでは、「拡大自殺（Erweiterter Suizid）」と呼ばれているが、この語が指し示すのは、まさに一家心中である。この一家心中が今日のドイツにおいて問題となっていることは注目すべきであろう。前世紀よりも児童殺害の件数自体は減少傾向にあるが、二〇一二年に入り、再び増加してきている。同年八月は、十三人の子どもが家族心中によって命を落としており、このことがドイツ全土で話題となった。

ここで、ある一つの事件に関する新聞記事を紹介したい。この心中事件では、一家心中と赤ちゃんポストのつながりが示されており、本書の主題に深く関連しているように思われる。

ベルリン：消防隊がベルリン郊外の住宅街ガートー（Gatow）の住居のドアをこじ開けてその中に入った時、惨劇の図絵が消防隊員の目を襲った。木曜日の夕方、二人の子どもと両親が、三階のアパートの部屋に死んで倒れていた。遺体は、夏の暑さもあって、かなり腐敗していた。［…］どうやら六九歳の父が、妻と子どもたちを殺害したようだ。そして、その後、ビニールヒモで首を吊って自害した。彼は、ほぼ一歳になる娘だけは殺さなかった。なぜか？　今のところは謎である。／捜査官は遺書（Abschiedsbrief）を見つけた。産業カウンセラーだった彼は、金銭問題について書いていた。彼は、この殺害行為のいきさつを時系列的に並べて書いている。翌朝、この男は自分の問題が原因で、二八歳の妻、そして三歳、六歳の息子二人を殺害した。近所の住民たちには信じられなかった。「人が別の人間の命をそう簡単に決めるなんて、僕には全くもって理解できない」、と近所の男はこわばった目で語る。／「良き市民の町」、この事件のあったベルリンの西部のこの地域はそう呼ばれている。多くの土地が、ハーフェル川沿いに広がっており、ボートの船着き場として自由に利用できる。そこには、裕福な家族の家もある。そこで、この家族の惨劇が起こったのだった。およそ七年間、この男と、彼より四〇歳以上若い妻がそこに暮らしていた。知人の話によれば、この三人の子の母親は、かつて彼の秘書として働いていたそうだ。／なぜ悲劇が起こったのかという問いについては、近隣の人たちも分からない。「先週、この一家は庭で一番上の子の小学校入学を祝って、パーティーをしていた」、と、川辺沿いの近隣のある高齢の男性が話していた。「その時、その長男はトランポリンで飛び跳ねていた」。この近所の住民は、この家族たちの問題について何も気づかなかった。「前に一度、奥さんが、夫の注文状況の悪さについて追及していた。でも、それくらいしかない」、と、向かいの家に住む四一歳の近所の住人は言う。「よく、庭で、私たちの子どもたちについて話していたわ。心配事については、彼女は一度も話していなかった」。木曜日になって、近所の人が通報した。いつもと違って、家族全員が外で全く目撃されなかったからだ。消防局の隊員と救急車が出動した。救助隊が数分遅れて現地に到着した時には、すでに警察が現場に駆けつけていた。だが、彼らには、この一家を救助するチャンスはなかった。／多くの近隣住民が、この若い母親と土曜日にまた会うことを望んでいた。「私たち、水曜日に長期休暇から戻ってきたんです。その時、彼女も出かけたいと言っていました」、と四一歳の女性は話す。「私たちはちょっと挨拶をしただけでした。その時は、本当にいつもと同じ様子でした」。日曜日、ベルリンでは太陽が燦々と照り、この年の最高気温を記録していた。多くの住民たちが、この日、涼しいハーフェル川の岸辺に座っていた。ただ、この家族だけはいなかった。「ちょっとおかしいと思ったんです。だって、こういう暑い日は必ず、いつもみんなこの川沿いに来ていましたからね」、と三八歳の男は言う。「でも、それ以上のことは考えませんでした」。／まさにこの時、悲劇が始まった。月曜日の夜、父親は一歳の小さな娘を赤ちゃんポストに預けた。

その直前か、その直後に、この六九歳の父親は、妻と二人の息子を絞殺したと思われる。「その少し前に、この男に妻は薬で気絶させられていたように思われる」、と捜査官たちは推測している。／月曜日の午後にはまだ、近所の人たちにその産業カウンセラーの男性は目撃されている。その時すでに、子どもたちと母親の死後、数時間が経過している。「私は、自分が仕事に行く十四時ごろ、彼に挨拶をしました」、四一歳の向かいの家の女性は言う。彼女が、彼を最後に見た人物である。「彼は張りつめた様子でした。でも、いつでも彼は張りつめた感じでした」。

(Lübecker Nachrichten, 23. August 2012)

この事件は、いわゆる一家心中事件である。ただし、従来の心中事件と異なるのが、一歳児の女児が赤ちゃんポストに保護されたという点である。この記事では、「なぜか」と問うているが、まさにこうした危機的状況から赤ちゃんを救出することこそ、赤ちゃんポストの一つの大きな目的であり、機能である。現在のドイツでは、このように日常の中に赤ちゃんポストが埋め込まれているのである。

いずれにせよ、心中においても、男女間、親子間の問題がその根底に含みこまれており、さまざまな事情から、自らの命と最も愛すべき存在の命を共に絶つ、という事件が時代や国を超えて起こっている、ということは注目すべきだろう。ここで注意しておきたいのは、こうした心中事件は感傷的に解釈されやすく、いかにこうした惨劇を防ぐかという問題の本質を捉えがたくさせている、ということである。法務総合研究所は、一九八九年から二〇一〇年までの全殺人・傷害致死事件を調査し、これまで半数以下に留まっていた家庭内殺人の件数が、二〇一〇年に半数を超え、五二・三%に達したということを明らかにした。

それのみならず、親子心中は、まさに日本における赤ちゃんポストの必要性を暗に示そうとする現象ではないだろうか。母親は、追い詰められる先で、愛する子を殺害し、そして自らの命も絶つ。そうした可能性もまた、赤ちゃんポスト問題を考える際に、忘れてはならないことである。

総括

以上のように、最も親密で深いつながりをもつ――と考えられてきた――家族関係の中で、遺棄や殺害といった行為が起こっている。これは、無数にある家族の中のわずかな極限例に過ぎないのか。それとも、それこそが現代の家族の肖像なのだろうか。しかも、赤ちゃんが最も愛し、必要とする母親によって捨てられたり、殺されたりしているのだ。しかも、子どもに怒りが向かう虐待とは異なり、遺棄したり、殺害したりする母親は皆、子どもに対して怒って捨てたり、殺したりしているわけではない。母子の置かれた状況が、その母子を追いつめている。

こうした状況をどうにかして支援できないか。こうした母子をどうにかして救えないのか。そうしたところから考えだされたのが、ドイツで生まれた赤ちゃんポストである。いったい赤ちゃんポストとはどのようなものなのだろうか。

【文献】

菊田昇　1979　『天使よ大空へ翔べ』　恒友出版
菊田昇　1988　『お母さん、ボクを殺さないで！』　暁書房
熊本県立大学（編）　2009　『「こうのとりのゆりかご」を見つめて』　熊本日日新聞社
こうのとりのゆりかご検証会議（編）　2010　『「こうのとりのゆりかご」が問いかけるもの』　明石書店
後藤智子　2010　「『未受診妊婦問題』をめぐる動向についての文献検討」『日本赤十字九州国際看護大学 Intramural Research Report8』　日本赤十字九州国際看護大学
鮫島浩二　2006　『その子を、ください』　アスペクト
沢山美果子・岩上真珠・立山徳子・赤川学・岩本通弥　2007　『「家族」はどこへいく』　青弓社
沢山美果子　2008　『江戸の捨て子たち』　吉川弘文館
鈴木厚　2006　『世界を感動させた日本の医師』　時空出版
滝川一廣　2008　「子どもはどこで育てられるのか」『こころの科学』第137号　日本評論社
田間泰子　2001　『母性愛という制度』　勁草書房
手塚治虫　1975　『ブラックジャック④』　秋田書店
前田津紀夫　2008　「未受診妊婦の実態とその問題点」『母子保健情報』第58号　恩賜財団母子愛育会
村上龍　2009　『新装版　コインロッカーベイビーズ』　講談社
米山万里枝　2010　「妊婦健診未受診者の飛び込み出産の現状と支援」『助産雑誌』第64号　医学書院
和田宗樹　2005　「明治大正期の親子心中の〝増加〟に関する研究」『慶應義塾大学大学院社会学研究科研究紀要』　慶應義塾大学大学院社会学研究科

【脚注】

（1）　この引用文にある「現在は六カ月」というのは、この書が発行された一九七九年で認められていた人工妊娠中絶の期限である。

（2）　本書の趣旨からいえば、この語は、「嬰児遺棄」と表記すべきであろう。だが、本書ではドイツ語との対応を重視するので、ドイツ語の表記に準じて、「児童遺棄」と表記することにする。

（3）　日本では、生後一年未満の赤ちゃんを殺すことを、一般に、ないしは学術的に、「嬰児殺し」あるいは「嬰児殺」と表記している。だが、本書では、児童遺棄とこの嬰児殺しを同列に、また同等で扱いたいので、「嬰児殺害」と表記する。また、そ

う表記することで、「児童殺害」との連続性も生まれるだろう。
（4）ドイツ語では、遺棄は、通常「児童遺棄」としか表記されないが、殺害では、嬰児殺害と児童殺害の二つの表記がある。なお児童殺害（Kindstötung）を示す英語はInfanticide、また嬰児殺し（Neonatizid）を示す英語はneonaticideであり、ドイツ語と英語のいずれも、殺害においては児童と嬰児を区分している。また、赤ちゃんを捨てる行為を示す言葉は、遺棄（Aussetzung）のみで、殺害のような違いはない。本書では、赤ちゃんポストの対象となる赤ちゃんを想定して、以後、児童遺棄と嬰児殺害と主に表記することにする。
（5）http://kangaeru.s59.xrea.com/G-baby.htm　参照。（情報取得2012/10/01）
（6）手元にある辞典で「間引く」を調べてみると、「（封建時代の農民などで）子供が多く養いきれないときに、親がみずから生まれたばかりの子供を殺す」とある（旺文社国語辞典1965=1986）。
（7）http://www.moj.go.jp/housouken/housouken03_00059.html　参照。（情報取得2012/10/01）
（8）だが、次のような記述もある。「捨て子たちは生後すぐではなく、何カ月かたって捨てられる場合が多い」（沢山2008：142）。江戸時代の捨て子について論じている沢山によれば、一八一〇年～一八六〇年の岡山城下の捨て子では、生後一カ月未満の新生児が十七人、そして、生後一カ月以後一年未満の乳児は四三人だった（沢山2008：142）。
（9）この彼の精神を受け継いだのが、「さめじまボンディングクリニック」院長の鮫島浩二であろう。彼の著『その子を、ください』（2006）は、菊田の意思を継ぎながら、人工妊娠中絶ではなく、特別養子縁組を自ら行っている人物である。
（10）あるいは、今日では、「ロスト・ジェネーレーション世代」、略して「ロスジェネ世代」とも呼ばれる。
（11）http://hiroitz.sakura.ne.jp/styled-21/styled-22/index.html　参照。（情報取得2012/10/01）

第二章　緊急下の女性と赤ちゃんポスト

序

これまで、本書の主題である赤ちゃんポストと緊急下の女性のいわば図と地の「地」の部分を辿ってきた。これは、本題に向かうための予備的考察でもあった。

第一章では、妊婦や妊娠にかかわる問題をあらゆる角度から論じてきた。そもそもの始まりは「恋愛」であった[1]。恋愛の先にあるもの、それが妊娠であり、出産である。その出産に至るまでの道筋を辿っていった。そして、第二章では、主に出産直前、直後に焦点を定め、この時期に起こり得る問題を列挙した。そして、児童遺棄、嬰児殺害という人類普遍の課題を示し、それについても論じてきた。いずれの例にしても、常に問題となってきたのは、新たな母子であった。

赤ちゃんポストの取り組みは、こうした女性とその子どもをどうにかして支援できないか、助けられないか、どうしたら援助できるのか、といった問いから出発している。こうした問いは、決して今日忽然と現れたものではなく、古くは、一七八三年にヨハン・ハインリッヒ・ペスタロッチ（Johann Heinrich Pestalozzi）が同様に訴えていた（一八二頁参照）。

そして、前世紀末から今世紀にかけて、ドイツで新たな取り組みが開始された。それが、捨て子をなくす新たな取り組みであり、その中に組み込まれたのが赤ちゃんポストであった。そこで、本章では、そのドイツの新たな取り組みである赤ちゃんポストと、それにかかわる重要な概念である緊急下の女性について語っていきたいと思う。

赤ちゃんポストの正当性や必要性をめぐる議論は、日本においても、ドイツにおいても、また他の国においても、未だに終結していない。是なのか非なのかもまだはっきりとしていない。ただ、一つ皆が共有している問いがある。それは、望まない妊娠をしてしまい、どうすることもできない状況下にある女性を、われわれはどのようにして見いだし、支援していけばよいのだろうか、ということである。孤独に、絶望的な状況下で、誰にも頼ることができないまま、出産を目前にしている女性や、誰の手も借りず、一人で出産してしまい、生んだ赤ちゃんを前に途方に暮れている女性は、いつの時代にも存在する。赤ちゃんポストは、そうした大きな問題に立ち向かうささやかな挑戦なのである。

まず、こうした女性たちの問題を明らかにし、そして、その女性たちへの支援の可能性の一つとして考案された赤ちゃんポストの全体像をつかんでいくことにしよう。

緊急下の女性

今日、ドイツ語圏では、赤ちゃんポストに赤ちゃんを匿名で預けることを望む女性たちのことを、「緊急下の女性(独:Frauen in Not、英:Women in need)」と呼んでいる。また、「緊急下の母親(Mütter in Not)」、「極度に緊急下にある女性(Frauen in extremer Not)」、「ある絶望的な状況下にある女性(Frauen in einer verzweifelten Situation)」、「もろもろの緊急状況下にある妊婦(Schwangere Frauen in Notsituationen)」ともいわれている。さらには「極度に重圧がかかり、自分ではどうすることもできない状況下にある女性(Frauen in extreme belasteten, subjektiv ausweglos erscheinenden Situation)」と表記されることもある。まさに「危機的状況」に立たされている女性を示すのが、この語である。極度の危機的状況下にある女性と考えてよいだろう[2]。以後、この緊急下の女性という言葉は、赤ちゃんポスト論の中枢概念として用いていくことにしたい。

この新たな概念を取り入れることで、これまで議論してきた女性たちを総じて語ることができるようになる。たとえば、すでに見たように、妊娠を誰にも相談できずに一人で自宅や公衆トイレで出産し、生んだ赤ちゃんを遺棄する女性や、出産したものの自分の戸籍に新生児を入れることができずに苦しむ女性や、宗教上の理由から堕胎が禁じられているにもかかわらず、何らかの理由で妊娠してしまった女性や、出産した後に何らかの切迫した問題が発生し、赤ちゃんを育てられなくなってしまった女性たちが、まさにここでいう緊急下の女性である。

さらにいえば、ドイツ語の語感からすれば、「緊急の状態にある女性」という概念は、ある一時的な状況・状態を指し示そうとしている。つまり、inという前置詞からして、出産前、出産直前・直後、出産後の限られた期間内の差し迫った状態の女性のことを示している。また、その状況は、まさに「絶望的状況(Verzweifelt)」であり、この「絶望」は、この緊急下の女性を示す重要なキーワードである。こうした危機的で絶望的な状況下にある女性が、遺棄や殺害といった「短絡的な行為」に向かうことを防ぐことが、赤ちゃんポストの使命である。

具体的な例を挙げよう。以下の例は、前章で挙げた産婦人科医の菊田によるものである。名古屋に住む人物からの電話の内容であった。

十九歳の娘が、男と駆け落ちして、捨てられて帰って来たときは妊娠九カ月になっていた。誰にも知られず、今朝、男の子を産んでしまった。娘の行く末を思えばふびんだが、赤ちゃんを始末しなければならない。…なんとか助けてもらえないか。しかし、あなたがことわるなら、赤ちゃんは殺さなければならない。

（菊田 1979：111）

この十九歳の娘の状況こそ、緊急下の女性であることを示している。「今朝、出産」、「殺さなければならない」という、まさにこのことこそが「緊急下」の状態である。菊田が助けてくれなければ、「殺さなければならない」、それほどに、この相談者である父と娘は追いつめられている。まさに絶望的な状況である。そして、「赤ちゃんを始末する」というのが、先の短絡的な行為である。この短絡的で野蛮な行為に向かわせないための新たなシステムが赤ちゃんポストであり、緊急下の女性への支援ということになる。

この事例では、赤ちゃんを医療機関ではない場所（おそらく自宅）で出産している。この場合、誰にも相談できなければ、捨てるか殺すかしかない。こうした女性のために設置されたのが赤ちゃんポストであった。だが、飛び込み出産の例もあるように、出産直前にＳＯＳの声をあげる妊婦もおり、この事例とはまた違った状況下の女性もいる。この出産直前の女性への支援の道も生まれつつある。それが、また日本を含め未だに非合法である国が多いが、匿名のまま、妊婦が医療機関で出産することのできる「匿名出産（Anonyme Geburt/Anonyme Entbindung）」である。ドイツ語圏では、この匿名出産の費用は、無料であるケースが多く見られる。こうした問題に理解を示す病院では、この匿名出産が現在行われている。また、隣国フランスでは、伝統的にこの匿名出産が行われており、法的にも認められている（高倉 2006：181）。

このように、子どもの出産をめぐって、一時的に、緊急の状況に置かれ、絶望し、追いつめられ、差し迫った状況に立たされている女性が、この緊急下の女性に該当する。児童遺棄や嬰児殺害を行ってしまった女性は、まさにこうした緊急下において、誰の助けも得られず、孤立した環境の中で、犯罪行為、しかも最も悲しい殺人行為に向かってしまった女性たちである。

緊急下の女性は、統計的には決して多くないが、確実に世界各地に存在する。ハンブルクに赤ちゃんポストを設置したシュテルニパルクは、二〇〇〇年十月から二〇〇二年九月までの間に、匿名出産を望む六九人の女性からの相談を受け、病院を手配し、実際に五七人の女性の匿名出産を支援している（Mielitz 2006：19）。匿名出産によって生まれた赤ちゃんは、福祉事務所（Sozialdienst）や児童相談所[3]（Jugendamt）に預けられ、その後、養子縁組や施設入所等、社会的養護の対象とされる。六九人の女性は、誰にも自身の妊娠について打ち明けられず、ギリギリになってかけこみ出産をした女性たちであった。

ドイツ語圏では、この匿名出産や赤ちゃんポストや匿名での預け入れなどを、緊急下の女性を支える新たなプロジェクトとして掲げたが、これらは、いずれも緊急下の女性とその赤ちゃんへの新たなアプローチとして考えられたものである（Mielitz 2006：20）。この点については、ステージⅡで詳しく論じることにしたい。

緊急下の女性のために設置された赤ちゃんポスト

まさに、こうした緊急下の女性とその赤ちゃんのために、児童相談所や福祉事務所といった公的な行政機関によってではなく、福祉、教育、宗教、医療系の公益民間団体によって設置された新生児用の保護装置こそが、赤ちゃんポストである。ドイツの赤ちゃんポストは、主にキリスト教系の公益民間団体の人々によって支えられている。たとえばオスナブリュックの児童福祉施設内に赤ちゃんポストを設置しているカトリック女性福祉協会（Sozialdienst katholischen Frauen: SkF）のコンセプトは、「ここに赤ちゃんがいる、だから命を助けます」、である。

赤ちゃんポストは、あくまでも出産直後の母親と生まれたばかりの新生児のために設けられたものであり、また、医療機関等で出産できなかった女性たちのための特殊な緊急一時装置である。ここで、あえて無機的な「装置」という語を使用しているのは、まさに赤ちゃんポストはそうした近代的な機械技術を駆使したテクノロジーによって支えられているからである。赤ちゃんポストは、新生児にとって完全に安全な保護装置なのである。この装置の使い方については、次節で詳しく述べる。

赤ちゃんポストに預けられた子どもの実数も徐々に明らかになりつつある。二〇一二年に発表された数値でいえば、一九九九年から二〇一〇年の間にドイツ全土で少なくとも二七八人とされている（ステージⅡ第四章参照）。

赤ちゃんポストの名称について

そもそも、ドイツでは、赤ちゃんポストはどう表記されているのだろうか。赤ちゃんポストは、ドイツ語では「Babyklappe」と表記される。Babyは、文字通り、赤ん坊、乳飲み子、乳児、赤ちゃんといった意味である。そして、

Klappeは、①「開閉式の窓」、「ふた」、「(郵便箱やポケットの)垂れぶた、折りぶた、はねぶた」、②(話し言葉で)ベッド、寝台、③(侮蔑の意味で)口、といった意味をもつ女性名詞である。

この言葉は、いわゆる方言であり、ドイツ語を母語としている人であっても、聞き慣れないこともある。DUDENという最も有名なドイツ語辞典によれば、Klappeとは、低地ドイツ語(標準語「高地ドイツ語」ではない)であり、①開け閉めできる可動式の装置、②ベッド、③口、弁才、④内線電話、接続、通話、乗り継ぎ、電話機、電話口、といった意味をもつ言葉である。

また、このKlappeを動詞化させて、klappenにすると、「パタンとなる」、「パタンと開く(閉まる)」、「うまくいく」、「成功する」、「捕まえる」、「捕える」という意味になる。また、Klapperとなると、「カラカラとなる玩具」、「ガラガラ」という意味をもつようになる。また、こうのとりを意味するStorchと合わせてKlapperstorchとすると、「赤ちゃんを運んでくるとされるこうのとり」という名詞になる。たとえば、小学館独和大辞典(第二版)には、「Zu Meyers ist der Klapperstorch gekommen」という例文が挙げられており、その意味は、「マイヤー家に赤ちゃんが生まれる」である。つまり、Klappeという言葉は、それ自体、極めて赤ちゃん存在に近い概念ということである。

このKlappeは、使用するのがとても難しい言葉である。特に日本語に変換するのがとても難しい。だが、赤ちゃんポストの文脈でこの言葉を直訳すると、「赤ちゃんの扉」が最もふさわしい。もっといえば、「赤ちゃんを預かるための専用の扉」こそが、Babyklappeの意味上の訳語となるだろう(その根拠はステージⅡで示す)。

それが、なぜ日本では「赤ちゃんポスト」という訳語になってしまったのか。それは、ステージⅢで詳しく論じるが、ここで簡素にいえば、ドイツの赤ちゃんポストに関心をもった日本のキリスト教系の団体がドイツに視察に行き、その際に、その団体の人々が「ポストのようなもの」という印象を抱き、そこから広がっていったというのが最も有力な説である。

この、「ポストのようなもの」という印象は、その価値判断を止めれば、まさにポストのように軒先に設

図3-1　Klappeと呼ばれる赤ちゃんポスト専用の扉

置されており、また郵便物のように、自分の大切なものを別の誰か（郵便局員）の手で第三者の誰かに届ける機能を果たしている。ゆえに、決して的外れなものではない。とはいえ、「ポスト」という表現の仕方は、かけがえのない命をもった赤ちゃんを保護する場所の名称としては、あまりにも冷たい印象を与えるものであり、ふさわしいともいえないだろう。赤ちゃんは郵便物、つまりモノではない。ゆえに、国内唯一、熊本県熊本市内に設置されている赤ちゃんポスト「こうのとりのゆりかご」は、この「赤ちゃんポスト」という名称の使用を控えている。

かくして、赤ちゃんポストという名称は、Babyklappeを意味する固有名詞としてではなく、通称、俗称、一般用語として理解すべきであろう。

しかし、興味深いことに、ドイツ語圏においても、同じように、Babyklappeはよい表現ではない、という批判がある。Babyklappeの他にも、いろいろな表記の仕方がある。たとえばBabywiege（赤ちゃんのゆりかご）、Babynest（赤ちゃんの巣）、Moseskörbchen（モーセの寝かご）、Lebenspforte（命の門）、Babyfenster（赤ちゃんの窓）、Babykorb（赤ちゃんの籠）といった名称があり、その通称・俗称としてBabyklappeが使用されているに過ぎない（Mielitz 2006）。ウィーン市立ヴィルヘルミーネン病院内の赤ちゃんポスト設置者である医師、アンドレアス・リシュカ（Andreas Lischka）は、「Klappeは、ハンブルク地方の低地ドイツ語と呼ばれる方言なので、他の地域の人間には若干違和感が残ります。とりわけわたしたちウィーン人にとっては、きつい印象を受けるのです。ゆえに、わたしたちは扉（Klappe）という言葉を使用せず、巣（Nest）という語を採用しました」、という。

匿名出産

ドイツ語圏における赤ちゃんポストと先述した匿名出産の動向についても、ここで若干述べておきたい。

赤ちゃんポストの設置とほぼ同時期に、緊急下の女性を支援する目的で開始されたのが、匿名出産である。匿名出産は、その名のとおり、緊急下の状況に置かれた妊婦が医療機関で匿名のまま出産することである。その際に、妊婦は、自分の名前も、住所も、電話番号も伝える必要はない。もちろん、出産費用もかからない。妊婦は、匿名で出産し、子どもを病院に預けたまま、一人で帰宅することができる。いわば、「飛び込み出産の匿名での受け入れ」、といってもよいだろう。この匿名出産は、ドイツにおいても法的に「グレーゾーン」にあるものであり、現在もなお議論され続けている難問の一つである。

匿名出産は、とりわけ戸籍法（ドイツでは身分登録法）に抵触する。ゆえに、日本ではまだこの匿名出産は行われていない。日本の戸籍法には次のような記述がある。

> 第四十九条　出生の届出は、十四日以内（国外で出生があつたときは、三箇月以内）にこれをしなければならない。
> ○2　届書には、次の事項を記載しなければならない。
> 一　子の男女の別及び嫡出子又は嫡出でない子の別
> 二　出生の年月日時分及び場所
> 三　父母の氏名及び本籍、父又は母が外国人であるときは、その氏名及び国籍
> 四　その他法務省令で定める事項
> ○3　医師、助産師又はその他の者が出産に立ち会つた場合には、医師、助産師、その他の者の順序に従つてそのうちの一人が法務省令・厚生労働省令の定めるところによつて作成する出生証明書を届書に添付しなければならない。ただし、やむを得ない事由があるときは、この限りでない。

このように、日本においても、赤ちゃんを出産した者は、十四日以内に届け出を提出しなければならない。その期限は異なるが、ドイツにおいても同様の義務があり、ドイツでは生後七日以内で、「期限が短すぎる」という批判も多い。匿名出産の場合、妊婦やそのパートナーは、この法に掲げられた義務を果たさないということになる。

だが、二〇〇〇年九月、バイエルン州のアンベルク郊外のズルツバッハ・ローゼンベルクで、ドイツ初の匿名出産の取り組みが開始された。そして同年十二月、北ドイツ、ハンブルクのフレンスブルクにおいて匿名出産が行われた。その実施者は、ステージⅡ以降で詳しく述べるシュテルニパルクであった。合法か違法か、まだはっきりと定まらないまま、この匿名出産の取り組みが開始されたのである。

赤ちゃんポスト同様、この匿名出産に対しても、ドイツでは激しい批判や非難が集中した。匿名出産は非合法なのではないか、という批判も当然ながら起こっている。にもかかわらず、ドイツ各地の病院で、この匿名出産が実施されるに至っている。その主な動因は、赤ちゃんポストとほぼ同じであり、緊急下の女性の支援にある。また、ドイツ語圏では、『赤ちゃんポストと匿名出産』というタイトルの本がいくつも出版されており、赤ちゃんポストと匿名出産は切っても切れない関係にある。

赤ちゃんポストの使用法

では、実際にどのように赤ちゃんポストは使用されているのだろうか。赤ちゃんポストがどのような仕組みで、どのようにして女性を救済、支援しようとしているのか。また、その救済、支援は、社会的養護に対していかなる視座を与える

図3-2　ドイツの赤ちゃんポストの風景

ことができるのか。

本節では、筆者自身が実際に訪問し、調査を行った複数の赤ちゃんポストを手本にして、可能な限り具体的に赤ちゃんポストの使用法を描写していこう。

赤ちゃんポストは、独立した場所に設置されているわけではなく、何らかの施設の片隅に設置されている。そのほとんどが医療機関である。公立病院、キリスト教系私立病院、子ども病院等である。だが、医療機関に限定されるわけではない。保育園、母子支援施設、児童福祉施設等にも赤ちゃんポストは設置されている。ゆえに、赤ちゃんポストの設置場所は、医療機関に限定されてはいない。まずこのことを理解しておく必要がある。日本では、「赤ちゃんポスト=病院」というイメージが強くあるが、そもそもドイツ初の赤ちゃんポストは医療機関ではない場所に設置されたのである（六三頁参照）。基本的には、二四時間、常に誰かが働いている場所であることが設置の前提条件となっており、赤ちゃんポストそれ自体は常設の機関ではない。その「付随機能（Ergänzung）」の一つである（Kuhn 2005：123）。

赤ちゃんポストは、主に人目につきにくい場所に設置されている。入口も、正面ではなく裏口や別の場所に用意されている。木など植物の陰になっていることも多い。これは、緊急下の女性への配慮の一つと考えてよいだろう。「知られたくない」、「ばれたくない」、「見られたくない」という彼女たちの不安に配慮している。その際、彼女たちの「匿名性（Anonymität）」を守るということが重要となる。この匿名性をめぐって激しい議論が交わされたが、赤ちゃんポスト設置者たちはこの匿名性を撤回することはなかった。ドイツにおいても、日本においても、また他の諸国においても、匿名性は赤ちゃんポストの実際の使用において欠かすことのできない重要な主要概念となっている——また、この点において、現状の行政機関では為し得なかった新たな支援が可能となったのである。

ドゥイスブルクの病院で実際に使用されている、赤ちゃんポストの使用方法に関する広報用パンフレットの一文を読んでみよう。

私たちはあなたを支援します。あなたも力を貸してください！　以下のような手順となっています。聖ヨハネス病院内の赤ちゃんポストへと向かう標識に従ってください。駐車場に車を止めてください。駐車場から赤ちゃんポストまでは一〇〇歩ほどです。最初に赤ちゃんポストのスイッチを押して、扉を開けてください。そうしたら、ご自分のお子さんをその中に置いてください。この赤ちゃんポストには、お母さん宛の手紙が置いてあります。この手紙は、あなたが後にお子さんを返してもらいたいと思うときに、これが母親であることの証明書となります。あなたは、お子さんの名前を備え付けの用紙に書き残すことができます。ペンは用意してあります。ベッドは、新生児にとってちょうど良い温度の三七度に設定されています。三〇秒後、赤ちゃんポストの扉は完全にロックされます。もう誰も中にいるお子さんを外に連れ出すことはできません。その二分後、集中治療室と病院入り口のシグナルが点灯します。ビデオカメラも二分後に作動し始めます。看護師が赤ちゃんを抱えて、最初の診察にあたります。このこと自体、あなたが母親として、助けを求めつつ、お子さんを安全な場所に預けた、ということなのです。したがって、誰もあなたを批難することはありません。あなたは自分のお子さんの養育の猶予を得たのです。赤ちゃんポストは人生の一つの決定なのです。

(Mielitz 2006：20)

このパンフレットの文章は易しいドイツ語で書かれている。誰でも読めるような平易な文章である。

出産直後の新生児から数カ月の乳児を抱えた緊急下の女性は、赤ちゃんポストと命名された扉をあける。先述したように、この扉こそがドイツ語のKlappeであった。

母への手紙

三〇センチ×七二センチの小さな扉を開けると、そこには、「母への手紙（Brief an die Mutter）」と「朱肉」が置いてある（ただし、全ての赤ちゃんポストが同じように用意しているわけではない）。この母への手紙には、母親に対するメッセージと赤ちゃんポストの説明が記されている。基本的には、「あなたの行為を肯定します」という内容が書かれてあり、赤ちゃんに関するあらゆる情報を残すことを呼びかけている。たとえばシュテルニパルクの母への手紙には、「あなたにとって、赤ちゃんポストに赤ちゃんを預けることは、きっと重い決断だったと思います」と明記しており、「そのことを私たちは理解しています」と受け止めている。まずは、緊急下の女性に対して全面的に肯定するのである。シュテルニパルクの赤ちゃんポストに置かれた母への手紙の内容は次のとおりである。

愛するお母さんへ
どんな人でも助けが必要な状況というのは、いくつもあります。

あなたはご自分のお子さんをわたしたちの手に託したのですす。それは、きっと、あなたにとってたやすい決心ではなかったことでしょう。わたしたちはそのことを理解しています。ですから、わたしたちは、あなたの匿名性と秘密の保持をお約束いたします。

あなたのお子さんは、医療的な診断を受けた後に、八週間、しっかりとした里親家族に預けられ、大切に養育されます。その養育のすべてが極秘（厳密）に行われます。

あなたの方は大丈夫ですか？

わたしたちはあなたを支援できる状態にありますし、また支援したいと思っています。支援が必要な時はいつでも、相談にいらしてください。何も問いませんし、お金もかかりませんし、当然警察に通報することはありません！

ひょっとしたら、あなたには出産後の医療的処置が必要かもしれません。いつでも、わたしたちの助産師が待機しています。また、わたしたちは全国的にさまざまな医療機関と連携しています。あなたの名前を尋ねたりすることはありません。費用もいっさいかかりません。

また、もしかしたら、せめてお子さんのお写真だけでも欲しいとお思いではないでしょうか。その際には、＊＊＊＊-＊＊＊＊-＊＊＊＊＊にお電話ください。

時間はあらゆる苦痛を癒すことはできません。けれども、いくらかは癒せるはずです。


これから八週間以内であれば、いつでも、あなたにはお子さんを引き取る可能性が残されています。わたしたちのところで生活することもできます。それはお一人であっても、お子さんとご一緒でも構いません。もちろん、無料ですし、匿名で構いません。

二四時間、わたしたちはあなたのためにいます。そして、あなたがお望みであれば、一緒に解決の道を探っていきましょう。

あなたの幸せを願っています。そして、多くの力が与えられますように。

二四時間無料電話番号　＊＊＊＊＊-＊＊＊＊-＊＊＊＊＊

そして、この手紙と共に置かれている朱肉は、赤ちゃんの指紋・足紋を母への手紙の表紙の枠に押すためのものである。これは赤ちゃんと母親を一致させるための重要な痕跡である。赤ちゃんポストは、基本的に、「母親は困難を乗り越えて戻ってくる」という信念に基づいて設置されているので、母への手紙に押される指紋・足紋は、母と子を再びつなぎ合わせる上で極めて重要である。シュテルニパルクの母への手紙の表紙の下方には、四角い枠があり、その隣に、「あなたの子どもの指紋あるいは足紋を朱肉で残しませんか？」と書かれてある。これは、緊急下にある女性が一度赤ちゃんから離れ、自身で状況を改善し、再び我が子を引き取りにくるという希望と期待を示している。事実、一度赤ちゃんポストに子を預けた母親が後になって匿名ないしは実名で引き取りに戻ってくるケースも決して少なくない。

もう少し、母への手紙を読んでみることにしよう。スイスの赤ちゃんポストの運営団体は、この母への手紙をインターネット上で公開している。その手紙には、以下のような内容が書かれている。

愛するお母さんへ

あなたはご自分のお子さんをアインズィーデルンの赤ちゃんポストに預けました。あなたは、お子さんが幸せに生きるための新しいチャンスをお子さんに与えたのです。このことを、私たちは心から感謝いたします！

母子のためのスイス支援会は、あなたとお子さんのよき将来を実現できるよう、あなたに財政支援や社会的支援を提供します。よろしければ、もちろん匿名で構いませんので、ご相談ください。私たちはいつでもあなたのためにいます！アインズィーデルン市立病院、母子のためのスイス支援会、アインズィーデルン市の後見課、どちらでも構いませんので、どうぞお申し出ください。あなたのお申し出は、厳格に、かつ内密に扱います。当然、あなたは匿名のままで構いません。

お子さんと一緒に、お子さんの名前を書いた紙を添えてください。また、よろしければ、封をした封筒の中にお子さんの出生に関する情報を入れて残しておいてください。それらは、お子さんにとっても有益となることでしょう。こうした手紙は、後から届けることもできます。もしご希望であれば、あなたからの手紙は、アインズィーデルンの後見課が保管し、お子さんが成人になった後に、お子さんにお渡しいたします。

別れの瞬間

母への手紙に指紋・足紋を押した後、母親は、常時三七度に設定されたベッドの上に赤ちゃんを寝かせて置く。このベッドを使用すれば、たとえいかなる状態であっても、赤ちゃんは凍え死ぬことはない。たとえ生まれたての赤ちゃんであっても、無事に保護できるように、システマティックに制御されている。室内にある二四時間稼働の監視カメラは、母の方には向けられておらず、子どもだけを撮影している。このカメラが、設置組織の内部の人間に通知されるのは、母親が赤ちゃんポストの扉を閉じた後、二、三分ほど経過した後であり、その間に母親は匿名でその場を立ち去ることができる。設置者側からすれば、児童遺棄や嬰児殺害を行う可能性のある母親から子を離し、適切な医療ケアを施し、安全な場所に保護する、ということが目指されるのである。

赤ちゃんポスト内にあるベッドに赤ちゃんを寝かせた後、

母親は扉を閉める。すると、オートロックが作動し、外側からこの扉を開けることができなくなる。母親はもはや躊躇うこともできず、その場を去るしかない。扉を閉めた後に、母親が躊躇うことを回避するのがこのオートロックの役割であろう。また、そうすることで、第三者に赤ちゃんが連れ去られる可能性も回避できる。ベッドの置かれている部屋の入り口（設置者用）には鍵がかかっており、内部の関係者だけがその中に入ることを許される。

預けられた赤ちゃんのその後

母親がこの場を去り、そして、約二分後、赤ちゃんポストに赤ちゃんが預けられたというシグナル・ベルが該当機関の部屋に鳴り響く。設置している場所で働いている医師、看護師、保育士、教諭、教会関係者ら、現場のスタッフたちは、このシグナルを聴き、赤ちゃんのいるベッドに向かう。

彼らはまずその赤ちゃんを保護し、ただちに児童相談所と医療機関に連絡を入れ、診察を受けさせる。医療機関内か、もしくは医療機関の近隣に赤ちゃんポストは設置されているので、すぐに医師による診察が可能となっている。預けられた赤ちゃんの中には、医療機関以外の不適切な場所で産まれたばかりで、適切な医療処置が施されていない場合もある。したがって、人命救助という観点から、その赤ちゃんがいかなる状態にあるのかを正しく把握する必要がある。このように、極めて安全な場所が、この赤ちゃんポストであり、匿名のまま母子双方を支援するための装置なのである。その際、ドイツでは警察等には通報しない。警察に通報しないことが、この取り組みで重要な点である。

この診断の後、赤ちゃんは暫定的に里親のもとに預けられる。日本では、児童相談所を経由して乳児院措置というケースが大多数だが、ドイツ語圏では、一時的に任意のボランティア里親のもとに預けられる。この里親のもとで八週間程度、赤ちゃんは養育されることになる。これは、母親が自身の問題を解決するための猶予期間であり、各赤ちゃんポストによってその期間は多少違っているが、おおよそ八週間が目安である。この八週の間に、赤ちゃんポスト設置者は、二四時間使用可能なホットラインを通じて、母親からの連絡を待つ。当然ながら、何の連絡もなく、八週間後に児童相談所を経由して、養子縁組ないしは施設養護に委ねられることもある。

ホットラインに電話があった場合、匿名性を尊重しながら、母親と接触する機会を探る。そして、担当職員数名でその本人と接触する。もし母親が自分自身の問題を解決していれば、赤ちゃんはただちに母親のもとに返されることになる。この場合、匿名のままでもよいし、実名を明らかにしてもよい。母親が自分で決められるのである。また、もし母親が自分自身の問題を解決することができないのであれば、その母子の支援を提案する。もちろんあらゆるケースを想定して、ソーシャルワーカーやカウンセラーの力を借りて、母親と赤ちゃんが共に健康に、健全に生活していくための道を探ることになる。

赤ちゃんポストの設置主体は、母子支援施設(4)を併設、運営しているケースもあり、母親が望むならば、この施設に入所することも可能である。匿名であっても入所できるところが、日本の母子生活支援施設と異なる部分であろう。赤ちゃんを保護し母親に返すだけでなく、公的機関を通すことなく母子の自立支援をも促そうとしているのである。

このような一連の手続きを通じて、緊急下の女性と赤ちゃんの保護、救済が行われるのである。これが赤ちゃんポストの内実である。赤ちゃんポストが児童遺棄となり得るのかどうか、という問いもあるが、この内実を踏まえれば、従来の社会的養護とは異なるものの、緊急下の女性と社会的養護をつなぐ新たな補完的試みであるといえるだろう。赤ちゃんポストは、あくまでも母子の暫定的保護システムであり、母親から赤ちゃんを一時的に預かる装置であり、赤ちゃんの一時保護救済室といえよう。

だが、赤ちゃんポスト設置者たちは、母親から一時的に赤ちゃんを預かり、短期里親に赤ちゃんを委ね、母親からの連絡を待つ。ゆえに、彼らは、養護の実践を行うのではなくその媒体として機能している。この媒体性こそが、赤ちゃんポスト実践の大きな特徴といえるだろう。

赤ちゃんポストに赤ちゃんを預けたお母さんの手紙

このような仕方で、赤ちゃんポストは機能している。ここで、実際に赤ちゃんポストに赤ちゃんを預けた母親に焦点を合わせ、一人の母親が実際に赤ちゃん宛てに書いた手紙を一葉紹介したい。まさに緊急下の女性の声である。

この「お母さんからの手紙」は、筆者がドイツの赤ちゃんポスト設置者から直接入手したものであり、赤ちゃんポストに赤ちゃんを預け入れた母親の心理やその状況を把握する上で、貴重な資料となるだろう。

愛する小さな天使の君へ

きっといつか、自分は誰から生まれたのか、そして、どうして私と一緒に暮らしていないのか、と尋ねる時が君にも来ると思います。

この状況を、ちゃんと私が伝えたいように伝えられるかは、分かりません。私が妊娠している間、君にとって、そして君のお兄ちゃんにとって、何が一番よいのか、ずっとずっと考えました。

私の今の状況では、特に精神的な面で、君にふさわしいお母さんになれる立場にありません。だから、こうすることにの決めました。

私は自分の人生で何も得られませんでした。私が行ったことで唯一よかったことは、君のお兄ちゃんと君を産んだことです。

今現在、私の人生は本当にめちゃくちゃです。この先、どうなるのか、全く分かりません。

本当に辛い状況にありました。そのことを分かってほしいと思います。私は君を産んだ後、たしかにこの手で君を抱きました。君はお兄ちゃんによく似ていました。君たちは瓜二つでした。私は、君たちにとって一番よい解決策を見つけるために、最善を尽くしました。

私にはもう無理でした。私に育てることはできませんでした。君を手放さなければならないのは、本当に、本当に辛いです。

私は、毎日君のことを考えています。そして、君の人生が幸せであることを願っています。

君のお父さんは、君のことを知りません。また、君のことを知ろうとしませんでした。でも、このお父さんがいなければ、君が生まれてくることもありませんでした。君のお父さんは、決して悪い人ではありません。この時期に、お父さんは別に優先すべきことがただあっただけなのです。

私たちはまだ幼すぎました。そして、こういうかたちで[5]、なんとか苦難を乗り越えました。

本当にごめんなさい。こんなありきたりな言葉で許されるとは思っていません。でも、それ以外の言葉で、私が感じていることを表現することはできません。

この話のすべてを理解することができなかったとしても、それで構いません。本当に、これしか君にとって最善の道はありませんでした。

君にたくさんの愛情を注いでくれて、私にできなかったことの全てをしてくれる両親と共に、君が幸せで素敵な人生を送ることを私は祈っています。

君がいつの日か、この私を許してくれることを願っています。

一生、愛しています。

お母さんより

この手紙を書いた母親こそ、緊急下の女性だった母親であり、赤ちゃんポストを必要とした母親である。この手紙に対する筆者の陳述や解釈は留めておきたい。この手紙を読んだ読者の中には、きっと温かい気持ちになる人もいるだろう。また、逆に、「なんと身勝手な手紙なのだ」、「この子がかわいそう」と思う人もいるかもしれない。ここで今、一つの「結論」を出す必要はない。この手紙の中には、二度、「最善」という言葉が出てきている。この母親にとっては、赤ちゃんポストは、考え得るかぎり最善の道であったことはおそらく間違いない。なお、この母親はその後、赤ちゃんポスト設置者に名乗りでることはなかったそうだ。この子どもが青年、成人になった時、この手紙を読んで何を思うのだろうか。以後、常にこの手紙を想定しながら、本書の赤ちゃんポスト論を展開していくことにしたい。

赤ちゃんポストが設置されている幼稚園の先生より

さて、それでは、ステージⅠの最後に、実際に赤ちゃんポストが設置されている場所で働いている人たちは、この取り組みをどのように捉えているのかということも、若干記しておこう。

二〇〇八年、筆者がドイツ、ハンブルクのゲーテ通りに設置されているシュテルニパルクの赤ちゃんポストを見学した際、赤ちゃんポストの設置場所である幼稚園の教諭に話を聴くことができた。実際に、この幼稚園教諭らが、赤ちゃんポストに預けられた赤ちゃんにまずもって対応することになる。彼女たちは、赤ちゃんポストに対して、どのように思っているのだろうか。次の対話は筆者が幼稚園教諭に直接話を聞いたものである。

筆者：こちらの幼稚園には何人の子どもがいるのですか？
教諭：ここには、一五〇人の子どもがいます。
筆者：そんなに多くの子どもがいるのですか？
教諭：そうですよ。しかも、来年度のリストには、さらに二〇〇人の待機児童がいるそうです。だから、今、この施設を新たに拡大しているところなのです。
筆者：あなたは幼稚園の教諭として働いているのですよね？何年間、学生として勉強したのですか？
教諭：四年間です。その後、英語を話す幼稚園で幼稚園教諭として働き始めました。二年間です。そして、その後こちらの幼稚園にきて、主任をしています。こちらのユリアーネさんが私の補助教諭です。私たち二人です。この大きなフロアを二人で担当しています。
筆者：あなたが学生だった頃、赤ちゃんポストについて知っていましたか？
教諭：いいえ、いいえ。私がここで働き始めて、初めて赤ちゃんポストを知りました。それまで全く知りませんでした。
筆者：知った時、どう思いましたか？
教諭：どう思ったか？　うーん、私は素晴らしいと思いましたよ。というのも、ここに来る子どもたちは、もし赤ちゃんポストがなかったら、お母さんにどうされていたか、分からないでしょう。それに、ここに赤ちゃんを預けることができたら、その後、お母さんたちはじっくり考えることができます。赤ちゃんポストに子どもを預けてよかったのだろうか、と。また、自分の子どもをここに預けたお母さんたちは、もしかしたら別の場所に子どもを置き去りにしていたかもしれない。ゴミ捨て場かもしれないし、もしかしたら死んでしまうほどに凍える場所かもしれない。だから、この場所が最もよいと思いますね。ここは部屋が暖かいでしょう。それにすぐに病院にも行けます。子どもを救うあらゆることができます。だから、赤ちゃんポストはよいものだと思っています。

このように、赤ちゃんポストに実際にかかわる人たちは、赤ちゃんポストを非常にポジティブに捉えている。この幼稚園教諭も、「生命保護の倫理」をきちんとわきまえているのみならず、母親への温かいまなざしも忘れていない。「ここに赤ちゃんを預けることができたら、その後、お母さんたちはじっくり考えることができます」という言葉に、赤ちゃんポストの意味が見てとれるだろう。母親に考える時間を与え、そして、母親がこれからどうするのか決断するのを待つこと、それが赤ちゃんポストの意味なのだろう。

総括

以上のことから、赤ちゃんポストは、間違いなく第二章で考察してきた緊急下の女性たちのためにつくられたものといえるだろう。ドイツにおいても、日本においても、また他国においても、賛否両論となっている赤ちゃんポストだが、これを、緊急下の女性のための装置と考えると、そう安易に否定できるものではないはずである。事実、緊急下の女性は、赤ちゃんを捨てたり、殺したりすることで、犯罪者となる可能性を抱えている。ここで重要なのは、その際に相手の男性側は犯罪者とならないということである。それは、女性の方が男性よりも赤ちゃんを捨てたり殺したりする傾向にあるというわけではなく、女性は身体的に赤ちゃんから逃れられないということに起因している。

緊急下の女性になる可能性は、どんな女性にもある。男女の関係が永遠の謎である以上、自分が恋した男性が、父として、人間として優れているかどうかは分かり得ない。恋愛だけに限っていえば、男女は平等であるべきである。だが、妊娠や出産は女性だけに与えられた特権であり、また同時にリスクでもある。女性にしか分からない神秘、喜びであり、また女性だけにしか訪れない重圧、事故なのである。

以上、ステージⅠでは、赤ちゃんポストと緊急下の女性というドイツ製の新たな概念を、可能な限り具体的に記述してきた。続くステージⅡでは、この赤ちゃんポストと緊急下の女性の問題をより深く検討していくことにしたい。ドイツの赤ちゃんポストはどのようにして議論され、実際に運営されているのか。赤ちゃんポストの理論と実践の両面を捉えていくことにしよう。

【文献】

菊田昇　1979『天使よ大空へ翔べ』恒友出版

Kuhn, Sonja　2005 *Babyklappen und anonyme Geburt*. Bamberger Beiträge zur Sozialpädagogik und Familienforschung, Band 6. Maro Verlag.

高倉正樹　2006『赤ちゃんの値段』講談社

Mielitz, Cornelia　2006 *Anonyme Kindesabgabe*. Nomos(Baden-Baden).

【脚注】

（1）ただし、性行為を強要されて妊娠に達する場合もあるので、必ずしも「恋愛」と「妊娠」が連続しているわけではない。「一般的には」という意味で理解されたい。

（2）なお、この緊急下の女性は、アメリカでは、ホームレスの女性を指す場合もある。

（3）Jugendamtは、通常「青少年局」と訳されている。日本の社会教育についても詳しい社会教育学者のウーヴェ・ウーレンドルフ（Uwe Uhlendorff）に尋ねると、この語の訳としては、「児童相談所」がふさわしいだろうと筆者に助言してくれた。それに従い、本書では、Jugendamtを、「児童相談所」と表記することにする。当然、細かな差異は多くあるが、基本的にはドイツの児童相談所と考えてよいだろう。ゆえに、本書ではこのように表記することにする。

（4）本章では、分かりやすさを重視し、日本で使用されている名称でこのように表記した。ステージⅡ以降は、日本の母子生活支援施設と差異化を図るために、母子支援施設と表記することにする。

（5）「こういうかたちで」というのは、「赤ちゃんポストにわが子を預けるという仕方で」という意味であろう。

ステージⅡ

赤ちゃんポストを議論する

第四章　ドイツの赤ちゃんポストの歩み

序

本章では、ドイツの赤ちゃんポストの背景に焦点を当てて、母子救済を目指す新たな取り組みの全体像を明らかにしていきたい。赤ちゃんポストは、一般にいわれているように「子どもを捨てる場所」として生まれたものなのだろうか。なぜドイツにおいてそうした場所が求められたのか。誰が、何のためにこうしたものをつくろうとしたのか。それに対して、どんな反応があり、どんな展開を見せたのか。また、赤ちゃんポストは、ドイツ語圏を中心に広まった「母子を守る新たな試み」の一つである。ドイツにおいても、日本においても、「赤ちゃんポスト」という言葉だけが世に広まったイメージがあるが、その実際の姿はあまり知られていない。その全容と個々の取り組みを理解することもまた、本章のねらいとなる。

赤ちゃんポストというセンセーショナルな装置の背景には、母子を守ろうとする現代ドイツ人たちの知恵と努力があった。この新たな取り組みの中でも、とりわけ母子救済という公共的な問題に対して、国家主導ではなくいわば草の根的に公益民間団体の間で展開してきたという点が極めて重要である。また、母子救済を民間人の立場から静かにゆっくりと展開してきたこの取り組みの背景には、ドイツならではの事情があった。この点についても論じてみたい。

ドイツ全土に九九カ所も

現在、ドイツには、どれほどの赤ちゃんポストが設置されているのか。ドイツの赤ちゃんポストの場所と、匿名出産が可能な医療機関の所在地、連絡先等の情報は、シュテルニパルクの公式サイト上でリスト化されており、随時更新されている[1]。ドイツの赤ちゃんポスト関連の文献も、その多くがこの団体の情報に基づいて論じられている。

二〇〇〇年に初の赤ちゃんポストが誕生して以来、二〇一二年末の時点で、すでに少なくともドイツ全土に九九カ所の赤ちゃんポスト——あるいはそれに類するもの——が設置されている。二〇一二年二月には、南ドイツのボーデン湖のほとりにある街、フリードリヒスハーフェンに、ドイツで九九番目の赤ちゃんポストが設置されることが報じられた(2)。法制化の動きも定まらぬまま、十数年の間でドイツ全土に広まったというのは、急速に広まったと見なすべきか、それとも自然な広まりと見なすべきか。この広まりの背景にはいったい何があったのか。補足すれば、二〇〇五年の時点ですでに赤ちゃんポストは、ドイツ全土で七六カ所設置されている。ゆえに、赤ちゃんポストは、その誕生以後、五年以内で全国に広まったということになる。

だが、その一方で、設置した赤ちゃんポストを廃止する団体も現れており、その広まりに陰りが見え始めている。たとえばフランクフルトでは、キリスト教系の公益福祉団体であるカトリック女性福祉協会らによって赤ちゃんポストが運営されてきたが、緊急下の女性のより安全な出産を目指すために、赤ちゃんポストの廃止を決めた(3)。しかし、逆に、本書で取り上げるケルンの「アーデルハイドの家」は、今日の激しい赤ちゃんポスト廃止論を受けて、ますますこの取り組みに力を入れることを、ケルンの新聞社「ケルニッシェ・ルントシャウ」の取材の中で表明している(4)。筆者の調査においても、「赤ちゃんポストを廃止するつもりはない」という考えを聴くことができた。とはいえ、この赤ちゃんポスト廃止を求める声は、ドイツ国内においても根強く存在する。「赤ちゃんポスト存続か、あるいは廃止か」という論争は今も途絶えておらず、新たな局面に向かおうとしている(第七章参照)。

預け入れられた赤ちゃんの数

これまでに実際に何人の赤ちゃんが赤ちゃんポストに預け入れられたのか。その実数を把握するのは極めて難しい。

二〇〇七年時点では、ドイツの赤ちゃんポストに預けられた子どもの数は、推定で一〇〇人とも二〇〇人ともいわれており、その数は極めてあいまいなものであった。二〇〇八年のミリヤム-ベアテ・ズィンガー(Mirjam-Beate Singer)の研究では、二〇〇〇年~二〇〇六年で、計五八人の赤ちゃんが預けられているとされたが、これはアンケートによって表に出た数値であって、彼女自身も、この五八人という数値が、赤ちゃんポストに預けられた赤ちゃんの正確な数ではないということを認めていた(Singer 2008)。赤ちゃんポストの設置者たちは匿名性を重視しており、また民間組織による運営形態が多いゆえに、正確な数値を明らかにしにくいという固有の背景があったように思われる——がゆえに、運営管理に関する新たな問題も浮かび上がっている（一六〇頁参照）。赤ちゃんポストや匿名出産の実施者たちは、児童相談所や医療機関とは密に連絡を取り合うが、警察にはまず届け出ることはしない。そうしたことも、この数値のあいまいさの原因といえよう。

しかし、二〇一二年、ドイツ青少年研究所（ＤＪＩ）が、独自に行った調査から、これまで赤ちゃんポストに預け入れられた赤ちゃんの総数を公表した。それによれば、一九九九年から二〇一〇年の間に赤ちゃんポストに匿名で預け入れられた子どもの数は、「少なくとも」二七八人である。また、匿名出産によって産まれた新生児の数は、六五二人に上っている。また、四三人の子どもが実親から匿名で預けられている。これらを合計した九七三人が、捨て子として確認されている。[5] ただし、この研究所の調査に応じなかった団体も全体の二〇％ほどあり、実際にはもう少しその人数は多いと思われる。また、この調査から、赤ちゃんポスト以上に、匿名出産を必要とする緊急下の女性の方が圧倒的に多いことも分かる。つまり、何らかの理由で匿名のまま、飛び込み出産のような仕方で出産している女性が多い、ということがこのデータから読み取れる。かくして、二〇一二年を迎え、ようやく全取り組みにおける数値が明らかにされるまでになった。

他方、日本では、二〇〇七年運用開始から二〇一一年九月までの間に、計八一人が熊本市の慈恵病院内に設置された「こうのとりのゆりかご」に預けられている[6]（二〇一二年五月九日朝日新聞夕刊）。この八一人のうち、実に六四人が生後一カ月未満の新生児だった。また、六七人の親は判明し、一四人の親は不明のままである。特別養子縁組や里親委託で新たな家庭で生活している子は三七人で、児童福祉施設に入所した子は二七人。それ以外の子どもは実親等のもとに戻っている。

これだけの利用があるにもかかわらず、二〇一三年三月時点で、なおも日本の赤ちゃんポストは一カ所のみに留まっている。上のドイツの預け入れ数を踏まえても、五年間で八一人という数は、決して少ない数ではない。また、各メディアも、このことはセンセーショナルに取り上げ、今や、多くの日本人がその名を認知しているほどである。しかし、日本では、赤ちゃんポストはその後普及していない。なぜ赤ちゃんポストは日本で広まらなかったのか。いや、広まらないのか。その原因はどこにあるのか。そのことを明らかにするためにも、今一度、赤ちゃんポストの元となるドイツの赤ちゃんポストに目を向ける必要がある。なぜドイツにおいて、短期間のうちにこれほどまでに広がったのか。

また、日本では、匿名出産は話題にすらならない。ステージⅠで見たように、駆け込み出産／飛び込み出産等が問題になっているにもかかわらず、だ。しかし、客観的数値としてはごくわずかだとしても、われわれは児童遺棄や嬰児殺害に関する報道を見聞きしているし、この匿名出産の必要性がないとは思えない。

では、ドイツではいかなる背景の中で、いかなる理由から、どのような仕方で、赤ちゃんポストが生み出され、匿名出産が行われ、誰の手で、どのように広まっていったのか。話を進めていくことにしよう。

二つのプロジェクトと赤ちゃんポストの誕生

すでに述べたが、ドイツの赤ちゃんポストは、それ自体単独で存在しているわけではない。赤ちゃんポストは、二〇世紀末に端を発する新たな母子救済システム全体の一部として機能しており、その全体が掲げる理念のもとで運用されている。この点がきちんと理解されなければ、赤ちゃんポストの真のねらいが理解されぬまま、「子捨て箱だ」と批判されることになるだろう――そして、現にそう批判されてきた。

そこで、ここでは、ドイツで考案された新しい母子救済プロジェクトの全体像を把握し、そして、その全体的な地平の中の赤ちゃんポストを捉えていくことにしたい。

赤ちゃんポストが生まれるきっかけとなったのは、南ドイツ、バイエルン州のアンベルクの「モーセ・プロジェクト（Moses-Projekt）」と、北ドイツの大都市ハンブルクの団体、シュテルニパルクの「捨て子プロジェクト（Findelbaby-Projekt）」の二つのプロジェクトである。どちらも一九九九年末から二〇〇〇年にかけて企図されたプロジェクトである。

これらのプロジェクトのどちらがドイツ初の赤ちゃんポストを構想したのか、その見解は分かれている。社会教育・家族研究の立場から赤ちゃんポスト研究を行っているゾーニャ・クーン（Sonja Kuhn）は、「ハンブルクのアルトナ地区に第一の現代の赤ちゃんポストを開設したシュテルニパルク」（Kuhn 2005：118）と書いており、シュテルニパルクが赤ちゃんポストを第一としている。シュテルニパルクが赤ちゃんポストを開設したのは、二〇〇〇年四月八日である。そして、彼女によれば、最初に赤ちゃんポストに赤ちゃんが預け入れられたのは、二〇〇〇年四月末から五月初め頃で、「ローニャ（Ronja）」という女児だった。

他方、赤ちゃんポスト研究においては、たびたびその先駆的存在として、アンベルクのカトリック女性福祉協会の名が挙げられる。一九九九年八月に、この団体は匿名出産と「望まれない赤ちゃん」を受け入れるステーションの考えを公表している。この発想を与えたのが、バイエルン州の保守政党であるキリスト教社会同盟（ＣＳＵ）の議員らだった（Swientek 2001：11：Biersack 2008：15）。具体的に名を挙げれば、ハンス・ヴァーグナー（Hans Wagner）である。このヴァーグナーとカトリック女性福祉協会のマリア・ガイスーヴィットマン（Maria Geiss-Wittman）が、望まれない赤ちゃんを匿名で預かる赤ちゃんポストと匿名で出産を受け入れる匿名出産の考えを表明したのである。（七九頁参照）。また、ズィンガーによれば、一九九九年八月一日に、アンベルクにおいて、支援者が母親から匿名で赤ちゃんを引き取る「個別の引き取り（Persönliche Übergabe）」が行われている（Singer 2008：46）。ゆえに、歴史的事実からすれば、一九九九年八月一日、アンベルクにおいてドイツ初の個別の引き取りが行われ、二〇〇〇年四月八日に、ハンブルクのアルトナ地区にドイツ初の赤ちゃんポストが設置された、ということになる。

コルネリア・ミーリッツ（Cornelia Mielitz）は、中立的な立場から次のように述べている。「一九九九年以降、匿名で子どもを引き取るさまざまな手法が実施されている。そのパイオニアは、一九九〇年に設立され、一つのプロジェクトとして二〇〇〇年四月に初の赤ちゃんポストを設置した民間で青少年支援を行うハンブルクの民間団体シュテルニパルク、ならびに、モーセ・プロジェクトの枠内で一九九九年八月に引き取りシステムの道を切り拓いたバイエルンのアンベルクのカトリック女性福祉協会である」（Mielitz 2006：19）(7)。この記述から分かるように、赤ちゃんポストそれ自体を初めて設置したのは、ハンブルクのシュテルニパルクである。もっと厳密にいえば、シュテルニパルクの代表者とその知人であり本書一二九頁で取り上げることになる一人の金属工が「共同」で赤ちゃんポストの「扉」を開発した。この開発のきっかけを与えたのが、アンベルクの個別の引き取りという考えであった。匿名で赤ちゃんを受け入れるという発想は、キリスト教団体から生まれたものであるが、赤ちゃんポストの「扉」を考案したのは、民間教育団体であるシュテルニパルクの代表らだった。つまり、赤ちゃんポストは、宗教と教育の「間」で生まれたのである。

この両者はどちらも独立して行われたものであり、時期については、偶然の一致としかいいようがない。だが、この時期にこうしたプロジェクトが生まれた背景は共通している。さらに遡って、その背景を捉えていくことにしよう。

妊娠葛藤相談論争の末に生まれた新たな道

一八七一年以来、キリスト教国であるドイツは、刑法二一八条において、あらゆる人工妊娠中絶を禁じていた。だが、一九七〇年以降、旧西ドイツにおいてこの人工妊娠中絶を望む声が高まり、一九七四年六月に、妊娠三カ月（一二週）以内の人工妊娠中絶が法的に認められるようになった。当然、法的に人工妊娠中絶が認められるようになれば、中絶手術は多く行われるようになる。それに歯止めをかけるために、人工妊娠中絶を望む妊婦に相談を義務づけつつ、特殊な状況においてのみ人工妊娠中絶を認めようという考えが徐々に生まれてきた。その結果、導入されたのが、「妊娠葛藤相談（Schwangerschaftskonfliktberatung）」である。

その後、この妊娠葛藤相談の法制化が進み、一九九二年七月に、いわゆる「妊娠葛藤相談法（Schwangerschaftskonfliktgesetz）」、すなわち「妊娠葛藤の回避及び克服のための法律（Gesetz zur Vermeidung und Bewältigung von Schwangerschaftskonflikten）が制定され、同年八月に施行された[8]。その後、一九九五年に、刑法の改正によって人工妊娠中絶が再び違法となり、妊娠相談で人工妊娠中絶の許可が下りた場合にのみ、罰せられないという奇妙な法的状況になってしまった。なお、日本においては、小椋宗一郎がこのドイツの妊娠葛藤をめぐる議論をまとめている[9]。

かくして、この妊娠葛藤相談の法制化以降、ドイツで人工妊娠中絶を望む妊婦は、この妊娠葛藤相談を行う相談所で「証明書」をもらい、その証明書を手にした妊婦に対してのみ人工妊娠中絶を行うことが認められた。そのねらいは、人工妊娠中絶を減らすことにあった。熊本県の赤ちゃんポスト「こうのとりのゆりかご」を設置した蓮田も、このことを理解している。「ドイツでは妊娠して子どもを産めないと悩む時には、公的、または私的妊娠葛藤相談所があり、子どもを育てていく上での公的支援制度などの説明を受け、どうしても中絶手術という場合には、そこでの証明書をもらわなければ手術を受けることはできません」（熊本県立大学 2009：94）。これに補足すれば、本人の意思ではなく、第三者の視点から見てどうしても中絶手術が必要な場合にのみ、証明書が発行されることであり、それは畢竟、妊婦は証明書を発行する第三者の意思に従わなければならない、ということであり、これが後に大きな問題を引き起こすことになる。

クリスティアーネ・ビアーザック（Christiane Biersack）によれば、彼女の書が出版された二〇〇八年頃において、この妊娠葛藤相談所は、およそ一六八五カ所あり、そのうちの五一％の相談所が、公益民間団体によって設置されている（Biersack 2008：19）。また、その多くがキリスト教系の団体となっている。

この妊娠葛藤相談によって、妊婦とそのパートナーには、人工妊娠中絶を行うことの意味が問われることになる。すなわち、「未出生児には独自の生存権があり、人工妊娠中絶は、――胎児の出産によって母体が犠牲となる限界を超えてしまうという――例外的状況においてしか実施することはできない、ということを妊婦たちは意識化させられることになる」（Kuhn 2005：35）。つまり、出産することが母体にとって危険であると相談所のカウンセラーに判断される例外的状況においてしか、人工妊娠中絶は認められないという説明を受けることが、この妊娠葛藤相談のねらいなのである[10]。

だが、この妊娠葛藤相談は、キリスト教カトリック会に大きな波紋を引き起こした。人工妊娠中絶を認めないカトリックが、自らの相談所で中絶を認めるお墨付きを与えているのだ。これは、矛盾以外の何ものでもなかった。そこで、一九九八年、当時のローマ教皇ヨハネ・パウロ二世が異議を申し立て、カトリック系の教会や団体に対して、妊娠葛藤相談から手を引くように要請したのである。それと同時に、司教らに「キリスト教系の妊娠相談所における相談証明書の発行に代わる別の策（オルタナティブ）」を見いだすよう、求めた（Biersack 2008：18）。そして、一九九九年、かのローマ教皇は、ドイツのカトリック妊娠葛藤相談所に対して、相談証明書の発行を禁じたのである。この禁止に、赤ちゃんポストと匿名出産の誕生の萌芽を見いだしているのが、クリスティーネ・シュヴィーンテク（Chrstine Swientek）である。

> 一九九九年の中頃、ローマ教皇はドイツのカトリック妊娠葛藤相談所に対して、「証明書」の発行を禁止し、母親になる女性に対しては、人工妊娠中絶の前提となる、国家によって定められた相談を受けることを推奨した。これにより、カトリックのカリタス会（Caritas-Verband）[11]、その中でもとりわけカトリック女性福祉協会内で運営されている相談所は、多くの労働領域を奪われることになった。妊娠相談は平均して全相談のうちの六〇%から八〇%であり、証明書の発行を伴う葛藤相談はその中のたった二〇%から四〇%しかなかったが…。この時期に、承認する価値のある問題解決策として、一つの新たな考え、一つのさらなる課題、そして遂には一つの新たな肯定的イメージが生まれたのである。
>
> （Swientek 2001：12）

その新たな課題、そして新たな肯定的イメージこそが、赤ちゃんポストであり、匿名出産であった。

教皇ヨハネ・パウロ二世は、特に人工妊娠中絶に強く否定的だった。彼が一九九五年に公刊した書には、次のように書かれている。

> 生命に対してなされるあらゆる犯罪の中でも、人工妊娠中絶行為はとりわけ深刻で嘆かわしいものであるという特徴があります。第二バチカン公会議は、生まれたばかりの子どもを殺すことともに人工妊娠中絶を「恐るべき犯罪」であると明言しました。［…］そこで抹殺されるのは、生命のごく初期にある人間です。このようないのちほど、罪のないものはないと考えなければなりません。
>
> （教皇ヨハネ・パウロ二世 1995=2008：130-131）

このように、かのローマ教皇は強く人工妊娠中絶に反対していた。こうした理由から、ローマ教皇はカトリック女性福祉協会に対して証明書の発行を禁じたのである。彼は、この時期、人工妊娠中絶が未だにはっきりと問題化されていないことに対して危機感を抱いていた。人工妊娠中絶が容認されている今の時代を「道徳感覚が極端なまでに危機的状況にある」と見なしていた。阪本恭子は、このローマ教皇のメッセージを、「中絶を回避しなさい。子供を産んでも育てられないというのなら私たちに預けなさい」（阪本 2008：24）という意味で解釈している[12]。

そして、新たな道としてキリスト教系妊娠葛藤相談所が見いだしたのが、匿名で新生児を預かるシステムだった。このシステムに批判的なレグラ・ボット（Regula Bott）は、皮肉を交えて次のように述べている。「カトリック系の相談所が妊娠葛藤相談から手を引かねばならず、その相談所に勤めている相談員たちは、新たな存在理由と職場の正当性を求めなければならなかった」（Bott 2001：8）。このボットの指摘がどこまで的を射ているは分からない。だが、その新しい道を探るべく、ローマ教皇が「禁止令」を出したその同年八月に、アンベルクのカトリック女性福祉協会が匿名での預け入れの考えを発表している。ここに歴史的な矛盾はない。そして、二〇〇〇年以降、赤ちゃんポストと匿名出産は瞬く間にドイツ全土に広がっていく。

現在では、妊娠葛藤相談を受けた女性は、匿名出産が可能な医療機関において、自身の個人情報を告げることなく出産することができ、さらに出産した赤ちゃんを引き取らずに退院することができる（Biersack 2008：8）。このシステムであれば、胎児の命は守られ、かつ望まない妊娠に苦しむ女性も救われる。だが、これには反対意見も多く、法律的にもグレーゾーンにあり、今後どうなるかは未だに見通せていない。

この妊娠葛藤相談の議論の末に浮かび上がってきたのが、望まない妊娠に苦しむ緊急下の女性の存在であった。誰にも相談できずに一人で苦しむ妊婦たちをどのようにして支援すべきか。さらには、その末に一人で医療機関以外の場所で出産し、遺棄、殺害する女性をどのように支援すべきか。あるいは、そうした遺棄や殺害をどのように予防するのか。そうした問いから、この二つのプロジェクトが生まれたと考えてよいだろう。ゆえに、赤ちゃんポストは突如として生まれたものではなく、九〇年代の妊娠葛藤相談をめぐる議論の末に生まれてきたという事実を踏まえておかねばならない。

新たな母子救済プロジェクト

さて、それではこのプロジェクトの内実を追っていくことにしよう。このプロジェクトの主な内容は以下のとおりである。

新たな母子救済プロジェクト
✓二十四時間ホットライン
✓匿名出産（Anonyme Geburt）

✓赤ちゃんの匿名での預け入れ（Anonyme Abgabe）
✓赤ちゃんの個別の引き取り（Persönliche Übergabe）
✓母子支援施設事業

第一に、母子救済プロジェクトが求めたのは、「二十四時間ホットライン」の設置であった。つまり、緊急下の女性のための緊急連絡先となる電話番号の確保と公開であった。これは、緊急下の女性たちとのパイプラインをつくるために欠かせないものである。事実、現在のところ、赤ちゃんポストを設置している団体の公式サイトを閲覧すると、どのサイトにもその緊急連絡先が公開されている。このホットラインでは、匿名のまま相談をすることができ、匿名のままで適切な支援を受けるための方法や手段を知ることができる。緊急下の女性は、ステージIでも述べたように、緊急の状態、困窮の状態、貧苦の状態にある女性を意味し、広義かつ多義的な概念である。

第二に、母子救済プロジェクトが強く求めたのが、ステージIでも述べた匿名出産である。これは、匿名の分娩を実現しようという試みで、ヨーロッパ各地で実現されつつある。フランスやルクセンブルクにおいては、養子縁組を条件に匿名出産を行うことが法的に認められている[13]。ドイツでは、二〇〇〇年九月、バイエルン州ズルツバッハ＝ローゼンベルクの聖アンナ病院が匿名出産による緊急下の女性支援を開始しており、同年一二月ハンブルクのフレンスブルク病院でドイツ初の匿名出産が行なわれている。ズィンガーによれば、母子の生命保護に加え、匿名出産には二つのチャンスがある。その一つは、匿名出産が中絶（堕胎）の回避につながるという点であり、もう一つは、妊婦と何度もコンタクトをとることで、さらなる支援・相談・ケアを提供することができるようになるという点である（Singer 2008）。

日本においては、分娩の際、健康保険証や母子手帳が必要であり、また産後十四日以内に出生届を提出しなければならない。当然、出産した日にちや母に関する情報は医療機関等が把握し、出生したことを証明する「出生証明書」を地方自治体に通達する義務も負っている[14]。ゆえに、緊急下の女性のように身元を他人に知られたくない女性は、意識的にせよ無意識的にせよ、医療機関での出産を回避しようとする。出産直後の児童遺棄や嬰児殺害においては、こうした感情的な背景を抱えている場合が多い。出産後に児童遺棄しようとする母親の心理を考慮すると、子どものみならず、妊婦の救済という意味でも、匿名出産は非常に重要となる。とりわけ、匿名出産を求める声の背景にある母体への配慮は、極めて重要な意味をもつ。自分の身元を人に知られたくない妊婦は、精神衛生的にも大きな負担やストレスを抱えていることが多い。

こうした負担やストレスに加え、帝王切開や吸引分娩や鉗子分娩など、特別な治療を要する出産となる可能性もある（Singer 2008）。医療施設以外の場所で、何の医療的支援もないまま、一人で出産するのは極めて危険である。その危険を回避するために、考えだされたのが匿名出産である。

第三に、赤ちゃんポストの発想を与えることになる赤ちゃんの匿名での預け入れである。あまり知られていないことだが、新しい母子救済システムとして重要なのは、赤ちゃんポストそれ自体よりも、その赤ちゃんポストへの匿名での預け入れの方であった。この匿名での預け入れの発想こそが、母子救済プロジェクトの実施者にとって欠かせないものであり、この発想を具現化したものが赤ちゃんポストだった。さらにいえば、匿名性こそがこのプロジェクト最大の発見であった。「この支援構想の中心的要素は、常に匿名性である」（Mielitz 2006：20）。つまり、緊急下の女性が混乱し、遺棄や殺害に向かわぬために、そして赤ちゃんの命を保護するために、母親の名前や身元の確認、子の出産後の住民登録など、これまで〈常識〉と思われていたことを問わず、匿名で赤ちゃんを預かろうと考えたわけである。それは斬新でありつつ、また実に今日のヨーロッパらしい発想であった。実際、モーセ・プロジェクトにおいても、「遺棄の代わりに預け入れを（Abgeben statt aussetzen）」というスローガンが掲げられている[15]。

このことからも分かるように、緊急下の女性たちから一時的に新生児を預かることが、この取り組みの根本的なねらいである。「緊急下の女性が出産した赤ちゃんを一時的に保護し、預かるということが、赤ちゃんポストの本質的な機能である」、ということを忘れてはならない。

第四に、直接母親から赤ちゃんを匿名で引き取る「赤ちゃんの個別の引き取り」である。この個別の引き取りという概念が、上の「匿名での預け入れ」と異なるのは、母親と接触する点にある。「母親とのわずかな接触が、個別の対話や相談を行う機会を保証する」（Singer 2008：46）。その際に、母親は自分にはまだ色々な可能性があるのだということを知る。たいていの場合、約八週間、個別に母親から赤ちゃんを引き取り、母親に時間を与えるというものである。匿名で子どもを預けた女性は、この間に落ち着きを取り戻し、自身の問題を自ら解決することができる――あるいは、落ち着いて熟考し、養子縁組を決意する。そうした機会を与えるのである。その期間、匿名で赤ちゃんを預かり、匿名のまま――ないしは匿名性を後に破棄して――母親に代わって赤ちゃんの養護を行う。もちろん、母親が望むならば、その後の相談にのることも可能であるし、母子の支援を継続することもできる。

そして、第五に、「母子支援施設事業」との連携、ないしは接続である。捨て子プロジェクトを独自に展開するシュテルニパルクでは、現在、母子の自立生活を支援するさまざまな事業に力を注いでいる。第四のプロジェクトとも関連するが、赤ちゃんポストを設置して分かったことは、赤ちゃんを預かるだけでは問題の根本的な解決には至らない、子どもと共に女性も継続的に支援しなければならない、ということであった。事実、シュテルニパルクでは、幼稚園事業から出発し、赤ちゃんポスト設置を経て、母子支援施設事業へと向かっている。これについては、また後に詳しく述べることになるだろう（第十一章参照）。

ドイツでは、常にこれら全体の中で、赤ちゃんポストを考えている。ドイツにおいても、赤ちゃんポストという画期的な近代装置がセンセーショナルに報じられたが、これはあくまでも「母子救済プロジェクト」の全体の一部でしかない。それは、ドイツ国内のみならず、近隣諸国においても同様であり、この全体的なパースペクティブから、赤ちゃんポストは考えられなければならない。また、こうしたプロジェクトが、国家主導によるものではなく、幼稚園を運営する団体やキリスト教系団体によって導かれてきた、という点にも目を向ける必要がある。

愛と現代テクノロジーの融合システムとしての赤ちゃんポスト

では、母子救済プロジェクトの一つである赤ちゃんポストは、こうした全体の中で、実際にどのように機能しているのだろうか。これまでの考察を踏まえて、ここでは、赤ちゃんポストを「愛と現代テクノロジーの融合システム」と見立て、さらに論じていこう。赤ちゃんポストは、新生児とその母親への人道主義的・キリスト教的博愛主義的な精神に基づきながらも、そのシステムそのものは現代的なテクノロジーによって無機的に統制されている。これは、筆者自身がドイツやオーストリアの赤ちゃんポストを実際に見たときの印象でもあり、また、そうした二律背反的な独特のシステムに基づいている。

赤ちゃんポストをドイツ国内に初めて設置したシュテルニパルクで打ち出した「捨て子プロジェクト」の当時の主任、ハイディ・ローゼンフェルト（Heidi Rosenfeld）は、赤ちゃんポスト開設五年目の二〇〇五年四月一二日に、次のように回想している。

五年前に赤ちゃんポストを設置した当初、私たちは、「もし来年のいつか、一人の子どもだけでも預けられるとしたら、すでに赤ちゃんポストの意味はあった」、と言いました。それから五年後の今、この赤ちゃんポストがかつてよりもよりその意味を増してきた、ということは周知のことと思います。ここゲーテ通りの赤ちゃんポストだけを見ても、二〇〇〇年四月以来、実に一九人の子どもたちが預けられてきました。また、直接母親たちとお会いし、さらに三人の子どもがわたしたちに託されました。ヴィルヘルムブルクにもわたしたちの赤ちゃんポストがありますが、そこにも赤ちゃんが預け入れられました。合計二五人の赤ちゃんが救われました。(16)

この回想から分かるように、赤ちゃんポストの実質的な意義は、主に母親から子どもを匿名で預かるということであった。しかし、なぜローゼンフェルトは赤ちゃんポストという装置を設置しようと考えたのだろうか。そこにどんな背景があり、どのような思いがあり、どのようなきっかけで赤ちゃんポストを設置したのだろうか。

ローゼンフェルトは、「一九九九年、ハンブルクでは、一年間で三人の乳児が遺体となって発見されました。赤ちゃんポストが設置されてからのこの五年間でも、残念ながらやはり遺体となって発見された乳児が三人いますが、一年間ではなく五年の間に三人です。統計的には、八〇％の減少ということになります」、と説明している。この言葉が示すとおり、ハンブルク市内で起こった児童遺棄事件が直接的なきっかけだったのである。日本においても似たような児童遺棄は多くの場所で生じており、児童遺棄や嬰児殺害に関する報道も日々耳にする。ドイツにおいても同じように、児童遺棄・嬰児殺害に対する問題関心から赤ちゃんポストが生まれた、ということである。

では、具体的に赤ちゃんポストとはどのような装置なのだろうか。ローゼンフェルトは次のように説明する。

わたしたちの最初の赤ちゃんポストは、ゲーテ通り二七番地にある建物の中にあります。高さ三〇センチ、横七二センチの鉄製の扉があり、その奥に、常時三七度に保たれた温かい小さなベッドがあります。新生児を預けたいと思っている母親はその扉を開き、赤ちゃんをそのベッドに寝かせ、母親宛ての手紙を取って帰ります。母親が望むならば、その赤ちゃんの指紋や足紋を取ります。扉は一度閉じると、もう誰も開けることはできません。ベッドに向けたビデオカメラを通じて、医療施設（Wachdienst）に連絡が入ります。そして後援機関（Hintergrunddienst）にも連絡します。愛情深く赤ちゃんを出迎え、その子の状態を整えます。医療施設は、赤ちゃんポストからわずか数分のところにあります。母親には、八週間の時間を与え、自分の行為を振り返り、自分の子へと向かう一つの道を見いだしてもらいます。この期間、赤ちゃんは、愛情のある里親家族に預けられます。

赤ちゃんポストについて語る際、適温に保たれた小さなベッド、ビデオカメラ、自動ロックがかかる「扉」は欠かすことができない。ビデオカメラは、赤ちゃんポストの内部だけに向けられており、その様子が記録される。この様子は、非常に機械的で、システマティックである。「緊急下の女性が出産した赤ちゃんを救う」というヒューマニズム――ないしはキリスト教的博愛主義――とは裏腹に、冷静で合理的なシステムになっているのである。それを考案したのが、キリスト教団体ではなく、民間教育団体の代表というのは実に興味深い。

ドイツ国内外を問わず、赤ちゃんポストのシステムはほぼ同様のものと考えてよいだろう。また、いずれの赤ちゃんポストにも共通しているのは、赤ちゃんを預けた母親と子どもの関係を明白にしようとしている点である。預かった赤ちゃんを、可能な限り預けた母親に引き渡す、というのがこの赤ちゃんポストの使命ともいえる。そのため、赤ちゃんを正確に実の母親に引き渡せるように、指紋や足紋をとること、赤ちゃんポストの機能を説明する母への手紙を置いておくことなど、細かい配慮がなされている（四七頁参照）。

その母への手紙からもうかがえるように、赤ちゃんポストのシステムでは、実の母と実の子を結びつけようとする工夫がみられる。孤立する母親への気遣いもあり、また子どもに関する情報も求めている。たとえ母親が再び実の赤ちゃんを引き取りにこなくても、母親との結びつきを残してもらえるようにと、情報の提示を求めているのである。それは、母子共に与えられる「チャンス」だと考えられている。赤ちゃんポストは、児童遺棄を助長するものだという批判もあり、暗いイメージが付きまとうが、実際の赤ちゃんポスト自体は希望と肯定感情で満ち溢れている。

また、赤ちゃんポストを語る際に重要なことは、単に母子を救済するという人道主義的な精神だけにはとどまらない、という点である。むしろ、教育福祉を担う公益民間団体によって、安全で、確実で、現代的な支援体制を整えたということである。直接的には、中世の「ターンボックス」（修道院内に設置された子捨て箱：ステージⅢ参照）から影響を受けたわけではないにしても、児童救済の長い歴史の中で考え抜かれた最も高度な児童救済システムといえるだろう。日本では赤ちゃんポストに対して消極的な意見が多く集まったが、それらには、中世から脈々と続くヨーロッパの民間人たちの自由意思に基づく児童救済活動の理解が抜け落ちているようにも思われる。このヨーロッパの伝統は、赤ちゃんポスト設置者たちにはきちんと共有されている（一八五頁参照）。

赤ちゃんポストは、赤ちゃんを無事に保護することを目指しているが、同時に、母親の救済という視点も反映されているということも忘れてはならない。預かり期間である八週の間に、母親は自分の問題を解決させ、必ず再び我が子を引き取りにやってくる。いや、引き取りに戻ってくることを、赤ちゃんポストの設置者や運営者たちは信じているのである。

私たちは、「自分の子どもを赤ちゃんポストに預けた母親は、八週の間に自分の考えを改める」、ということを目のあたりにしてきました。これまで合計七人の子どもたちが、再び自分の母親のところに戻りました。…他の子どもたちは、新たな養父母に引き取られました。また、稀なケースもありました。ロッタです。彼女は、脳に先天的な重度の障害がありました。しかし、母親に引き渡す時点で、母親はその脳障害に気づいていませんでした。もう一人います。ラスムスです。彼は、生まれた時に、手術で摘出せねばならない小さなイボがありました。彼は今、とても健康な子どもです。他の赤ちゃんポストに置かれた子どもたちは健康でしっかりと育っていました。母親となる女性が安全に出産できることを願って、私たちは赤ちゃんポストの道を歩んでいる、ということを理解していただきたいのです。これが、われわれが医療施設で匿名出産を行い、そして後に赤ちゃんポストを設置する病院が増えた理由の一つなのです。(17)

この記述からも、赤ちゃんポストが単に子どもを預かるということだけでなく、母親の安全にも配慮しているということが確認できるだろう。この点については、ズィンガーも、「すべての出産の一〇～三〇%で、もろもろの合併症(Komplikationen)が生じており、誰にも知らせずに家で出産することのリスクは、母子共に、極めて高い」と述べており、赤ちゃんポストの意義を母体のケアに見いだしている。合併症のリスクは、妊婦のストレスやサポートの欠如などによって高まるとして、彼女は、「強いストレスによる重圧と社会的サポートの乏しさの二つは、自分の妊娠を隠し、ごまかそうとする女性たちにぴったりと当てはまる」、と結論づけている。

以上のことから、「女性が安心して出産できること」を実現するために、赤ちゃんポストが存在している、といえるだろう。実際、児童遺棄や嬰児殺害の道を歩んでしまう女性は、われわれの想像を絶する状況を生きている。「出産」という人間の人生の中で最も幸福であるはずの営みを絶望的な状況の中で一人孤独に行わなければならない女性もいるということを決して忘れてはならない。この点についても、ローゼンフェルトは言及している。

こうした母親の問題をよりよく理解してもらうために、もう一つ付け加えて述べておきたいことがあります。昨年、自分の子どもを死なせてしまったハンブルクの女性がいました。この事件の後、私はこの女性の支援を行いました。彼女は罰せられました。しかし、裁判所は、彼女の刑の判決の際に、「彼女自身が緊急下にあった」、ということを認めたのです。現在、彼女は健康な一児の良き母として生きています。その当時は時期が悪かったのです。そして、彼女を取り巻く状況が悪かったのです。

当たり前のことかもしれないが、すべての女性がよい環境の中で出産するわけではない。中には、望まれない出産、あるいは、周囲の人々の冷たいまなざしの中での出産、あるいは、自分自身が最も望まない出産というのもある。彼女の言葉でいえば、「取り巻く環境の悪さ」ゆえに、追いつめられる女性も少なからず存在するのである。そうした女性に対する国家的・行政的な支援には、どうしても限界がある。

この点については、設置主体を考えることでいっそう理解が深まるであろう。次章で詳しく述べるが、ドイツ語圏の赤ちゃんポストの主な設置主体は、国や地方自治体ではない。そうではなく、たとえば地域民間団体（Verein）、カトリック女性福祉協会やディアコニー事業団といった公益民間福祉団体、児童養護施設や母子支援施設といった福祉施設、キリスト教系医療機関等、修道院、地域の民間団体・慈善組織などが、赤ちゃんポストの設置主体となっている（Biersack 2008 : 9）。「匿名性」を保障するという原則は、国や地方自治体といった「公共事業」には馴染まないのであろう。当然、国や地方自治体の支援を受けること自体に対して否定的ではないが、取り組もうとしていることが、極めて個人レベルのことであり、極めてデリケートな問題であり、法秩序を――侵さないまでも――超える問題をうちに含んでいることは間違いない。

赤ちゃんポストの運営資金について

赤ちゃんポスト等の運営資金はどうなっているのだろうか。シュテルニパルクの場合、開設した二〇〇〇年から自治体の一部助成金を受け取ることができたが、二〇〇三年以降は、助成金なしで運営しているようである。ローゼンフェルトは次のように述べている。

> 二〇〇〇年から二〇〇二年まで、このプロジェクトは、ハンブルク市から助成を受けていました。当初は年間五万マルクの助成金でしたが、その後、四万ユーロにまで増えました[18]。しかし二〇〇三年以降は、完全に寄付金で運営していかねばなりませんでした。明らかに人間の命を守ってきたし、今も守り続けているこの施設が、なぜ支援を受けられないのでしょうか。私には理解できません。いずれにせよ、われわれは、赤ちゃんポスト創設以前にハンブルクでたびたび発見されたひどく恐ろしい発見物［遺棄児の亡骸］をハンブルクの警察官や消防士に見つけさせせぬように努めてきたのです。（［　］内筆者）

このことからも、市から助成金を得ることの難しさが浮かび上がってくる。「なぜ支援を受けられないのでしょうか」という彼女の言葉には、現実と理想のギャップがあることを窺わせる。母子救済プロジェクトは、国や地方自治体に対して、助成金を求めていないわけではない。しかし、現実的には助成金はなかなか得にくいのが、ドイツの現状であると言わざるを得ない。赤ちゃんポストを設置している病院、社会福祉施設、幼稚園、母子支援施設、いずれの場所においても、助成金を期待しつつも、実際には助成金を得られないまま、赤ちゃんポスト事業を展開していると考えてよさそうである。むろん、そうした助成金を全く求めていない団体もある（一〇五頁参照）。いずれにしても、いわゆる公的資金はほぼ使われておらず、主に寄付金で運営されている。「設置者の大部分は、匿名による赤ちゃんの預け入れにかかる費用をもっぱら寄付金から捻出している」（Mielitz 2006：23）。

クーンもまた同様にこの運営資金について言及している。このクーンに従えば、赤ちゃんポストの運営資金の内訳は、次のとおりである。すなわち、運営者が負担するケースは全体の二六％、寄付金・スポンサーによるものは一五％、公的資金によるものは八％、運営者負担と寄付金・スポンサーを併用しているものは三六％、運営者負担と公的資金を併用しているものは四％、寄付金とその他の財源を併用しているものは一一％である。なお、匿名出産の場合、病院の全額負担が三九％、協賛者負担が九％、寄付金とスポンサー資金によるものが七％、公的資金が五％、その他財団法人などによるものが一六％、そして病院と協賛者によるものが九％、病院と寄付とスポンサーによるものがやはり九％、協賛者と寄付金によるものが四％、協賛者と公的資金によるものが二％とされている。

預けられた赤ちゃんを再び母親のもとへ、もしくは養子縁組へ

これまで、主に赤ちゃんポストの実際の機能について論じてきた。では、赤ちゃんポストに赤ちゃんが預けられた後、設置団体はどのような対応にあたり、またどのような手順で何をするのだろうか。

まず、預け入れられた赤ちゃんは、すぐに医療施設に連れていかれ、診察や検査を受ける。その後、その地域のボランティアの養父母のもとに預けられる。シュテルニパルクの内部資料には、以下のような記述がある。「養父母家族の方たちが赤ちゃんを自宅で預かってくれます。そして赤ちゃんを抱きしめ、守ってくれます。彼らは捨て子プロジェクトのために無給で働いてくれています。その努力は言葉にできないほどです」[19]。

その一方で、すべての赤ちゃんポストないしは母子救済プロジェクトの実施者は、赤ちゃんポストに預けた後の母親との接触、母親との対話の可能性を探る。赤ちゃんが預けられた後、最も重要となるのが、先に述べた「二十四時間ホットライン」である。スタッフは、母親からの連絡を待つ。ここ

で重要なことは、その母親と接触する機会を得るということである。とはいえ、匿名で赤ちゃんを預かっている以上、預かった支援者たちは母親からの連絡をただ待つしかない。

母親からの連絡が入ると、支援団体の職員が、母親との面会の場所と時間を取り決める。基本的には、母親のいる場所の周辺にスタッフが出向く、というケースが多い。スタッフの車で、数人が一チームで取り決められた場所に向かう。

そして、母親と面会する。その際、当然ながら、その母親の名前も住所も聞くことはない――母親の方から名乗る場合もある。なぜ捨てたかも問わない。責めることは絶対にしない。そして、母親との対話、相談や支援の糸口を探るのである。母親が子どもを育てられないと判断したら、職員は、養子縁組の手続きを説明したり、母子支援施設への入所を薦めたりする。母親が子どもを引き取ることを希望したら、母親がきちんと子どもを養育できるように、相談援助や必要な支援を行なったりする。いずれにしても、母親との関係を保ち、後の母子が共に健全に生活できるように配慮するのである。ただし、この（名乗り出た）母親に赤ちゃんを差し戻す手続きに関して、無責任だという強い反発も起こっている（一五九頁参照）。

ここで、ドイツの養子縁組について概観しておこう。統計的にみると、ドイツの養子縁組数は減少している。二〇〇一年、ドイツでは合計五九〇九人の子どもが養子となっている。そのうち、四一二〇人（全体の約七〇％）の子どもたちがドイツ国籍を取得している。外国籍を取得した子どもは一七八九人だったが、その約半分弱（四八％）の子どもが、養子縁組の際に、養父母の国に連れていかれる。五九〇九人の養子の中で外国人に引き取られた養子は、二二二六人であった。

養子に出された子どもの親の状況は、次のとおりである。二七七六人の子どもの親が、「独身」だった。四〇五人の子どもの親は「結婚」、又は「同居中」だった。一五四人の子どもの親は結婚しているが「別居中」だった。二〇三四人の子どもの親が「離婚」していた。二三六人の子どもの親は「未亡人」だった。八九人の子が孤児（Waisen）だった。そして、二一五人の子どもの家族状況は不明であった（Kuhn 2005 : 94-95）。

実父母の大多数（九三％）が承諾書で自分の子どもの養子委譲に自ら同意している。司法上、四二四件の同意表明書が取り交わされた。そのうち一九七件（四六％）が未婚の親／未婚の母だった（Kuhn 2005 : 94-95）。

また、ドイツの養子縁組制度には、匿名養子縁組（Inkognito-Adoption）、半分開かれた養子縁組（Halb offene Adoption）、開かれた養子縁組（Offene Adoption）の三種の養子縁組が存在する（Biersack 2008 : 9）。匿名養子縁組は、実父母と養父母が互いに全く知らぬ状態の養子縁組である。

半分開かれた養子縁組は、実父母と養父母が互いに名字を除いた名前を知っており、児童相談所を通じて手紙や写真のやり取りを行うことができる養子縁組である。開かれた養子縁組は、実父母と養父母が互いにフルネームや住所を知っており、その双方間の交流が可能な養子縁組である。

生命保護の思想とその倫理的正当性

赤ちゃんポストにおける匿名性は、容認され得るものなのだろうか。そして、その倫理的課題はどうあるのか。アレクサンデル・トイベル（Alexander Teubel）も指摘しているように、「赤ちゃんポストと匿名の出産は、ドイツにおいてこれまで基準として定められていない」（Teubel 2009：25）。この言葉が示すように、二〇〇九年時点で、赤ちゃんポストも匿名出産も、法的に未整備で、法的根拠がない。非合法とはいえないまでも、合法でもない――二〇一二年一〇月の時点でも同様である。が、今後どう動くかは不透明である。にもかかわらず、ドイツ各地にすでにおよそ九九もの赤ちゃんポストが存在するのはいったいなぜなのだろうか。そして、なぜこれほど多くの赤ちゃんポストがドイツや近隣諸国で設置されるに至ったのだろうか。この問いは、次章で再び論じることになるが、ここでは、先行研究を踏まえながら、このプロジェクトの今日的課題として簡素に論じていくことにしよう。

バンベルク大学で赤ちゃんポストと匿名出産をテーマに学位を取得し、赤ちゃんポスト論の礎を築いたクーンによれば、「設置者と支持者たちは、最初から赤ちゃんポストの設置を、生命保護の思想と結びつけていた」。つまり、赤ちゃんポストの広がりは、生命保護の倫理と密接に関連し合っていたのである。児童遺棄と嬰児殺害という人類史上未解決のままであった難題への再挑戦といってもよいかもしれない。クーンも、「赤ちゃんポストは乳児の遺棄と殺害に対する答えを出さなければならない」（Kuhn 2005：123）と訴えている。

ズィンガーの調査によれば、これまで一度も赤ちゃんが預けられていない赤ちゃんポストの数は、アンケート回答の実に三四％もあったのだ。赤ちゃんポストを設置しても、常に赤ちゃんが預けられるわけではなく、年に一人、ないしは二人の赤ちゃんが預けられるというのが、ドイツの赤ちゃんポストの傾向である。ゆえに、常時、誰かが赤ちゃんポストのために待機しているわけではなく、緊急時に誰かが補完的にサポートするだけでよい。幼稚園や病院や母子支援施設の一角に赤ちゃんポストが設置される場合がほとんどであり、二十四時間誰かがいる場所であれば、赤ちゃんポストは設置可能なのである。

上述したクーンは、赤ちゃんポストの合法化問題に対して、二つの根拠を見いだそうとしている。赤ちゃんポスト設置の根拠の一つ目は、ドイツでは、年間の児童遺棄と嬰児殺害の数が合計約二〇～五〇人に達している、という事実である。だが、実際にはそれよりもはるかに多く、その四〇倍の数に達する潜在的数値（Dunkelziffer）が算出されており、それを減らすことは最重要課題だとクーンは主張する（Kuhn 2005:123）。そして、赤ちゃんポスト設置の根拠の二つ目は、「遺棄されたり殺されたりした新生児が、計画されている赤ちゃんポストやすでに設置された赤ちゃんポストと地理的に近い周囲で発見されている」という事実である。この二つの事実から、彼は、「赤ちゃんポストの直接的な必要性が明白になった」、としている。実際、シュテルニパルクのあるハンブルクでは、児童遺棄や嬰児殺害が頻発していた。赤ちゃんポストは、極めて現実的で実際的な人道的支援の具体的方策だ、と彼は主張しているのである。

ドイツ国内での波紋

とはいえ、二〇〇〇年の赤ちゃんポスト開設当初は、ドイツ国内外で大きな波紋を呼んだ。それと同時に、多くの疑問や批判や非難の声が上がった。

第一に、匿名で子どもを預けた母親の行為は、養育・扶養義務の放棄に当たらないのかという問いである。匿名で赤ちゃんを預かるということは、そのまま母親が消え去っても、その母親は罪に問われないということである。赤ちゃんポストを合法化した場合、こうした親を法的に認めることにつながらないのか。

第二に、これも極めて悩ましい問いであるが、「母親の意思で預けたのか」、あるいは「第三者の意思で預けられたのか」という問いである。もし母親自身の意思で、母親の手によって赤ちゃんが預けられたのならば、それは、これまで述べてきたとおり、赤ちゃんポストの本来の意義に合致する。だが、もし母親以外の第三者によって、赤ちゃんを赤ちゃんポストに置いてくるように指示されたり命令されたりしていた場合、その第三者を特定したり、罰したりすることは可能なのか。たとえば、赤ちゃんの出産を望まない父親が、出産したばかりの母親に対して、強制的に手放すように指示した場合、その父親に対して、何らかの罰を与えることができるのか、というケースもあり得ないとはいえない。

第三に、「親を知る権利」と「生きる権利」という二律背反の問題をいかに解決するか、という問題である。本章で述べてきた母子救済プロジェクトが掲げる「匿名性」が保持されると、匿名で預けられた赤ちゃんは後に自分の親を知ることができない。

第四に、先のクーンの主張を認めたとしても、赤ちゃんポストが嬰児殺害数を減らすことに役立っているという根拠は、現在までのところ、厳密には示されていないという反論にどう答えるのか、という問題である。すでに示したとおり、赤ちゃんポストの設置者たちは、児童遺棄や嬰児殺害をなくすために、赤ちゃんポストを含む母子救済プロジェクトを企図している。だが、このプロジェクトが実際に児童遺棄数や嬰児殺害数の減少に貢献しているのかどうかはまだはっきりとは分かっていないのである。

　こうした問題を克服しなければ、赤ちゃんポストの合法化は困難だといわざるを得ない。赤ちゃんポストの合法化は、今なお、政治的に議論されているテーマなのである。この議論については、再びこのステージの第七章、一五九頁以降で触れることにする。

赤ちゃんポスト創設以後のメディアの反応

　当然ながら、メディアの反応もさまざまであった。赤ちゃんポストを論じる文献の中で、最も多く引き合いに出されているのが、二〇〇〇年一〇月一六日のシュピーゲル誌(Der Spiegel) 第四二号に掲載された「ある勇敢な女性 (Eine Frau mit Mut)」という記事である。[20] ドイツの赤ちゃんポスト論において重要な役割を果たしているシュヴィーンテクも、彼女の代表作であり、また赤ちゃんポストの先駆的文献でもある『恥辱の再発見――赤ちゃんポストと匿名出産』の中で、この記事を抜粋して引用している。ゆえに、この記事は、ドイツの赤ちゃんポストの背景や当時の世論等を詳しく述べた貴重な資料と考えてよいだろう。

　二〇〇〇年当時の赤ちゃんポストをめぐるドイツの状況を捉える上で、このシュピーゲル誌の記事は、重要な資料として扱われねばならないものであり、長くなるが、その全文をここで引用しておきたい。この時期に、ドイツのメディアはこの赤ちゃんポストの誕生をどのように語り、それに対して世論はどう反応したのだろうか。この記事から、当時の赤ちゃんポストや匿名出産の厳しい状況が浮かび上がってくる。

ある勇敢な女性

バイエルン州のある病院で、緊急下の妊婦たちは匿名のまま自分の子を産むことができる。カトリック系の支援者たちが行うドイツ全土で唯一のこのプロジェクトは、現在も非合法である。意外にも、保守的なCSU[21]が今、この非合法を変えようとしている。

　子どもは生きて産まれるべきであろう。とある若い母が絶望の果てにバイエルンのアンベルクの女性緊急ダイヤルに問い合わせてきた時、彼女は、あと少しで産まれてくる自分の望まれない赤ちゃん (ungewolltes Baby) の宿泊所を求めていた。その赤ちゃんを知る人は誰もいなかった。彼女の名前を知る人もいなかった。しかし、子どもの状態は良好だと言う。「分かりました。会いましょう」と、緊急ダイヤルの女性スタッフが急いで答えた。「あなたの赤ちゃんを私たちに預けてください。名前を言う必要はありません。十分に配慮します」。

だが、この電話をかけてきた母親は全く支援されていない状態にあった。陣痛が始まった時に、彼女が駆け込める場所はなかった。自宅で出産（陣痛）に気づき、病院に問い合わせることになるだろう。彼女は、「いったい私はどこに行けばいいの？」と泣きついてきた。ソーシャルワーカーの女性は、長い間沈黙し、「私はあなたを支援することはできません。どこか水のある場所に行ってください。一番よいのはトイレです」、と答えた。

いつしか、六六歳のマリア・ガイスーヴィットマンは、もはやこうしたことすべてに耐えられなくなっていた。オーバープファルツ区のアンベルクにあるカトリック女性福祉協会の会長であるヴィットマンは、このやり取りの後、「えも言われぬ苦しみ」を感じた。このように公衆トイレや離れ小屋や地下室で秘密裏に出産することに、彼女は不安を覚えた。とりわけその出産の際に母と子に何が起こり得るのかということに不安を感じていた。新生児は出産後に突然泣き出すわけだが、［母親が］パニック状態にあると、その多くの新生児が毛布などを顔に押し付けられているのである。

たしかにドイツでは、ますます新生児を匿名で置き去ることのできるいわゆる「赤ちゃんポスト」が開設されている。だが、新生児を赤ちゃんポストに置き去る前の数時間の間に起こることを、公的に救護してくれる人はいない。「われわれの国では、こうした女性たちのための社会政治的なイノベーションが必要なのです」、とマリア・ガイスーヴィットマンは語る。

それゆえに今、ヴィットマンは長年夢に描いていた一つのプロジェクトを実行しているのである。つまり、妊婦たちに、匿名で医師や助産師らの手を借りて出産する、ドイツ全土で唯一の機会を与えるプロジェクトである。難点はただ一つ、この取り組みが非合法であるという点である。現行法に従えば、出産にかかわる人［医師や助産師ら］は、七日以内に、この出産について申し出ねばならない。そのように、身分登録法(Personenstandsgesetz)で規定されているのだ[22]。この法に違反する者には、厳しい違反金が課せられる。医療機関の代表も訴えられることになる。

事もあろうに、性的問題に極めて保守的なCSUが、これを変えようとしているのである。CSUの州代表、ミヒャエル・グロス（Michael Glos）は、来週、ミュンヘン州議会からの要請により、連邦議会に住民登録義務の期間を延長する法案を提出するといわれている。バイエルン州の厚生大臣バルバラ・シュタム（Barbara Stamm）を中心とするCSUの女性議員らは、匿名の赤ちゃんの住民登録の手続きのために、一〇週間という時間を設けようとしている。そこで前提となっているのが、母親が国に認められた公的な妊娠相談所の保護下にいるということである。この一〇週の間に、子どもの養父母を見つけることができ、また、その新生児も来たるべき家族の名で住民登録することができるのである。

SPD[23]がこの法案に同意するかどうかは不明だ。SPDの家族政策担当議員のマルゴート・フォン・レネーセ（Margot von Renesse）は、「子どものためになることにはすべて、私たちも賛同する」、と語る。しかし、現行の住民登録の期限は、赤ちゃんあっせん業者らから新生児を守るものでもある。レネーセは、「親方国家（Vater Staat）が出生について何も把握していないとなれば、子どもはさらに容易に姿を消すことになるだろう」、と語る。

これに関して、社会科学の専門家と産婦人科医らの見解は、「出産する女性を医学的にケアできれば、望まれない子どもたちの多くを救うことができる」、ということで一致している。キール大学で性医学を研究しているマティアス・バウアーマイスター（Matthias Bauermeister）は、一九九四年、ドイツで分娩後数時間のうちに死亡してしまった新生児たちの原因を究明した。その研究で明らかになったのは、その新生児は誰ひとりとして、病院で産まれていないということだった。

孤立している母親は、誰にも妊娠のことを打ち明けず、妊娠から目をそむけた後、出産直前になって慌てふためくのだが、そういう母親たちは、ほとんどの場合、正気を失っている。毎年四〇人ほどの子どもたちが遺棄されているが、幸いにもぎりぎりのところで、誰かに助けられている子どもも少なくない。だが、死なずに生き延びたのは、そのうちの半分に過ぎない。

ドイツでは、毎年、およそ二四人の新生児が遺体で発見されている。水槽の中に入れられる子ども、食品冷凍庫に置かれる子ども、洗濯かごの中に捨てられる子ども、あるいは、ニュルンベルクやハンブルクであったようにゴミ再利用の区分箱に入れられる子どもなどがいた。分娩後に、首を絞めて窒息させられ、殴り殺され、溺死させられている。このように新生児の死体が発見されるというのは、たまたまである場合が多い。ゆえに、捜査員たちは、殺された新生児の潜在的数値を、少なくとも年間四〇人は超えると見ている。

目下のところ、ドイツの近隣諸国では、匿名出産の合法化が活発に議論されている。オーストリアでは、数週間前に初めて、審議委員会が法改正に着手した。オーストリアでは、昨年の夏、短期間の内にありえないほど多くの遺棄児が発見された。

他方、チェコの母親たちは、一九九七年以降、匿名のまま病院で出産することが可能である。母親は自分の身分証明書を前もって提示する必要はあるが、その個人情報が医師から警察に伝わることは認められていない。チェコでは、とりわけ貧困地域の売春ツアー(Sextourismus)が原因で、望まれない子どもの数が劇的に増加している。

逆に、ベルギーの絶望した妊婦たちはより深刻である。ベルギーでは、届け出のない出産は犯罪であり、罰せられることになる。ベルギーのそうした女性たちの多くが、フランスのリールやルクセンブルクに逃亡している。というのも、そこであれば彼女らは合法的に自分の身を病院に預けられるからである。

バイエルン州アンベルクのマリア・ガイス－ヴィットマンは、「女性の計り知れない緊急性に関する」知見に基づいて、現行のドイツ法を変えようとしている。[二〇〇〇年]九月以降、たとえば暴力父や暴力夫に対し、自分の妊娠を隠さなければならない女性は、ズルツバッハ＝ローゼンベルクの聖アンナ病院の産婦人科に行くことが可能となる。匿名出産を望むことが記載されているカトリック女性福祉協会の簡素な用紙をもってくれば、それで可能なのである。この病院では誰も何も問わない。

出産後、体調がよければ母は帰宅することができる。子どもは医療機関に留まり、診察を受け、その後、どこかの家庭での予備的養護に委ねられる。母には八週間の時間が与えられ、その期間内に、アンベルクの緊急ダイヤルに問い合わせ、自分の赤ちゃんを引きとることができる。この期間が過ぎると、カトリック女性福祉協会が養子縁組の手続きを開始する。そして、その段階になって初めて、子どもの新しい家族の名で、子どもの住民登録が行われる。ガイス－ヴィットマンは「そうすることで、こうした赤ちゃんは一度も捨て子になることがなくなるのです。子どもが後に捨て子と住民登録簿に記載されないよう、子どもたちを守らなければならないのです」。

この女性は勇敢である。それでもなおドイツでは法律改正が起こっていない。また未だに、ガイス－ヴィットマンのみならず、医療機関も、匿名出産を行っているとして訴追されている。これまで彼女たちはどれほど多くの出産を支えてきたのか、そのことについてなぜゆえに皆、頑なに沈黙してしまうのだろうか。

マリア・ガイス－ヴィットマンは自ら、このプロジェクト全部の責任を負っており、罰金のリスクも背負おうとしている。「やはり私は、私のこのプロジェクトの仲間たちを違法の世界（Illegalität）に巻き込みたくありません。また、もしそうなってしまったら、私は病院の前に立って自らの身で守ります」。［…］

その間、アンベルクのカトリック女性福祉協会の女性たちは、激しい議論となっている妊婦相談法（Schwangerenberatungsgesetz）の評価について学んできた。すなわち、この法は、女性に極めて強固な権利を与えてくれるのだと学んだのである。この法に従えば、妊婦たちは相談の間、匿名のままでいることが許されるのである。ガイス＝ヴィットマンは、「私たちはこれを出産のために利用しなければならない」と語る。子どもが生まれてようやく相談は終結するのである。

また、ガイス＝ヴィットマンは、自分の意見が多くのクリスチャンと一致していることも自覚している。「ある一人の緊急下の女性がそれでも自分の子どもを出産しようと決めた時には、それを否定してはなりません。そうではなく、尊重しなければならないのです。この女性は得体の知れない化け物と対峙しているのです。それに私は心からの敬意を表します」。

アンベルク＝ズルツバッハの区議会もまた、こうした緊急下の母親たちに敬意を表している。CSUのハンス・ヴァーグナーは、いわゆる捨て子の住民登録に関する権限をカトリック女性福祉協会に与えた。通常、身分登録に従えば、この権限は行政機関が有している。ヴァーグナーは、この権限を与えるのと同時に、自身の区内にある聖アンナ病院に匿名出産を行う権限を与え、ズルツバッハの主任産婦人科医イェルグ＝ディートリッヒ・ドーデンヘフト（Jörg-Dietrich Dodenhöft）に、病院に登録されていない女性患者の受け入れ許可を与えた。

児童遺棄の統計を注意深く追跡してきたドーデンヘフトは、はっきりと次のように言う。「それはすぐに頭に浮かびました。私たちはそれをずっと前から望んでいました。私たちは女性を助け、命を守りたいのです。その際、私たちが関心をもつのは、医療的側面であって、母の名前ではないのです。言いかえれば、私たちは医師の守秘義務を守りたいのです」。

産婦人科医であるドーデンヘフトは、匿名の母親の多くはしっかりと保護された出産の後に、自分の赤ちゃんを育てることができる、と確信している。「妊娠、出産、産後の入院期間、これらは女性の人生における特殊な状況です。そのため、女性は非理性的な決定の抑圧下に置かれているのです。後々にそれらのことを冷静に考えるようにはなるのですが、その時は自分の状況をよく理解することができないのです」。

生命保護の領域で格闘する先駆者のガイス＝ヴィット

マンには経験がある。一九九九年八月、彼女は、「モーセ・プロジェクト」で、ドイツ国内で最初の新生児を匿名で預け入れる可能性を切り拓いた。他の多くの赤ちゃんポストは、当初極めて論争的だったこのモデルに準じてつくられたものであった。

たとえば、ベルリン郊外にあるブランデンブルクのシェノウでは、フランシスコ会のシスター・モニカ(Franziskanerschwester Monika)が、自身が施設長を務める児童福祉施設「子どもの家ひまわり(Kinderhaus Sonnenblume)」を、絶望下にある母親たちに開放した。この施設では、母親たちは単に望まれない赤ちゃんを預け入れられるだけでなく、そこで出産することもできる——ただし、匿名ではない。

そうこうしているうちに、ドイツ全土で四つの「扉(Klappe)」が設置された。さらに、親の会(Elterninitiativen)や社会福祉団体(sozialen Verbänden)が設置計画を立てている。ハンブルクの青少年支援団体シュテルニパルクは、影響力のある女性たちの力を借りて、ドイツの法改正キャンペーンに着手した。五〇人以上の署名と共に、法務大臣のヘルタ・ドイブラー・グメリン(Herta Däubler-Gmelin)宛てに手紙を送り、医療機関における匿名出産の可能性を要望した。その署名の中には、俳優のハイディ・カーベル(Heidi Kabel)、ウシ・グラス(Uschi Glas)、ジェニー・エルヴァース(Jenny Elvers)、アンケ・エンゲルケ(Anke Engelke)、メレート・ベッカー(Meret Becker)らがいた。

アメリカでは、デビ・フェリス(Debi Faris)が望まない妊婦に対する多大な寛容さを求めている。児童遺棄によって亡くなって発見された乳児の墓地である「天使の庭(Garden of Angels)」の設立者であるフェリスは成果を上げている。カルフォルニアでは、二〇〇一年一月一日に、「赤ちゃん救済法(Save a baby low)」が施行されるといわれている。それが施行されると、子どもたちを出産後七十二時間以内に医療機関等に預けることができるようになる。

「モーセ」のカウンセラーたちは、赤ちゃんポストだけを考えることを常に拒絶してきた。彼女たちは、母親との面会期日を取り決め、新生児を抱きしめる。ガイスーヴィットマンは、「その女性は、子どもがしっかりと育っていることを知るでしょう。これ自体、治療の一部なのです」、と語る。「モーセ」を通じて、抱きあげられた赤ちゃんの母親は後々に、自分の子どもがどの家族のもとで暮らしているか知ることができ、またその子どもを訪問することも可能である。というのも、カトリック女性福祉協会が、いわゆる開かれた養子縁組に同意する両親だけを紹介しているからである。「私たちは、両親のための子どもを求めているのではなく、子どものための両親を求めているのです。ここに嘘偽りはありません」。

（CONNY NEUMANN, DER SPIEGEL 42/2000）[24]

総括

本章は、赤ちゃんポストの取り組みを、「母子救済プロジェクト」の全体から、捉えなおすことを試みた。その中でも、とりわけ「匿名出産」、「匿名での預け入れ」、「個別の引き取り」という概念は、未だ日本では周知されていないものと思われる。だが、知らないではすまされない現実もある。二〇一〇年九月一四日には、世田谷区のごみ収集車の中から生後間もない男児の遺体が見つかった。死体遺棄容疑で逮捕されたのは、一八歳の女子高校生だった。同年九月二四日には、水戸市で一歳程度の女児の遺体が遺棄された。二五歳になる女児の母親は行方不明だと報じられた。同年一一月には、東京都北区で乳児の遺体が発見され、三五歳の女性が死体遺棄容疑で逮捕された。二〇一一年一月には、東大阪市の民家敷地内の汚水槽に、生まれたばかりの女児の遺体が浮かんでいるのが発見された。二〇一二年九月には、神戸市の住宅街のごみ置き場に、へその緒がついた産まれたばかりの乳児の遺体が神戸市指定の可燃ごみ袋に入れられ、捨てられていた。それでもなお、これらは氷山の一角に過ぎない。日本にも、追いつめられた母子は常にどこかに必ず存在しているのである。今も、こうした遺棄や殺害の一歩手前にいる「緊急下の女性」がいるはずである。もしそうした女性のために、上述したさまざまな支援策が用意されているならば、おそらくその後の展開は変わり得るだろう。

法的根拠がないから赤ちゃんポストがつくれない、というレトリックではなく、法的根拠がなくとも、必要だから設置するというレトリックを、われわれは獲得することができるのだろうか。われわれがドイツから学ばなければならないのは、赤ちゃんポストのシステムではなく、まずもって母子を救おうとする市民の力なのではないだろうか。次章では、そうした市民の力の部分に光を当てていこうと思う。

【文献】

教皇ヨハネ・パウロ二世　2008『いのちの福音』ペトロ文庫

Kuhn, Sonja　2005　*Babyklappen und anonyme Geburt Bamberger Beiträge zur Sozialpädagogik und Familienforschung Band 6*. Maro Verlag.

熊本県立大学（編） 2009 『「こうのとりのゆりかご」を見つめて』 熊本日日新聞社
阪本恭子 2008 「ドイツと日本における『赤ちゃんポスト』の現状と課題」『医学哲学医学倫理』第26号
阪本恭子 2011 「赤ちゃんポストをめぐって」『世界の出産』 勉誠出版
Singer, Mirjam-Beate 2008 *Babyklappen und anonyme Geburt*. Rabenstück Verlag.
Swientek, Christine 2001 *Die Wiederentdeckung der Schande Babyklappen und anonyme Geburt*. Lambertus Verlag.
Teubel, Alexander 2009 *Geboren und Weggegeben Rechtliche Analyse der Babyklappen und anonymen Geburt*. Duncker & Humblot・Berlin.
Biersack, Christiane 2008 *Babyklappe und anonyme Geburten*. VDM Verlag.
Bott, Regula 2001 *Einige kritische Anmerkungen zum Themonkomplex: Babyklappe, Findelkind, anonyme Geburt, Adoption*. Hamburg.
Mielitz, Cornelia 2006 *Anonyme Kindesabgabe*. Nomos(Baden-Baden).
吉田久一 1960 『日本社会事業の歴史』 勁草書房

【脚注】

（1）http://www.sternipark.de/fileadmin/user_upload/PDF/Babyklappenliste.pdf 参照。（情報取得2012/10/01） また、ドイツ国内の赤ちゃんポストの設置場所のリストは他のさまざまなウェブサイトで情報化されている。たとえば、http://www.manis-in-not.de/babyklappen.htm 参照。（情報取得2012/10/01） http://www.baby-fenster.de/adressen.htm 参照。（情報取得2012/10/01）

（2）http://www.youtube.com/watch?v=bU2Er-WEAhE 参照。（情報取得2012/10/01）

（3）http://www.skf-frankfurt.de/html/__-aktion_moses.html 参照。（情報取得2012/10/01）

（4）http://www.rundschau-online.de/lokales/ministerium-plant-abschaffung-koelner-babyklappe-bleibt-vorerst-offen,15185494,16275306.html 参照。（情報取得2012/10/01）

（5）http://www.stern.de/tv/sterntv/studie-zieht-verheerende-bilanz-sind-babyklappen-sinnvoll-1798855.html 参照。（情報取得2012/10/01）

（6）二〇一〇年三月までに、計五七人が預け入れられた（読売新聞、二〇一一年一月六日）。二〇一一年九月時点で八一人なので、この一年半の間に、二八人が預け入れられたということになる。

（7）ゆえに、阪本の「一九九九年に、ドイツで最初に赤ちゃんポストを設置したのは、南部の町アンベルクのカトリック系女性支援団体（Donum Vitae in Bayern e.V）である」（阪本 2011：247）という記述は誤りである。赤ちゃんポストを設置したのではなく、匿名での個別の引き取りを行ったのである。

（8）http://www.gesetze-im-internet.de/beratungsg/BJNR113980992.html 参照。（情報取得2012/10/01）

（9）たとえば「ドイツにおける「妊娠葛藤相談」について――義務づけられた相談をめぐる諸問題――」（日本生命倫理学会「生命倫理」vol. 17(1), pp. 207-215）など。また一橋大学に提出した学位論文「妊娠をめぐる葛藤――ドイツにおける妊娠中絶に関する法、社会実践と生命環境倫理」（二〇一三年三月現在未公刊）においても同問題について論じている。

（10）こうした一連のやり取りは、日本においてもないわけではない。埼玉県熊谷市の「さめじまボンディングクリニック」では、ドイツの妊娠葛藤相談とは異なるが、院長の鮫島が一人ひとりの妊婦と対話をし、人工妊娠中絶ではなく出産を薦め、特別養子縁組に子を託す取り組みを行っている。ゆえに、特別な理由がある場合をのぞき、このクリニックでは人工妊娠中絶を行っていない。

（11）カリタスとは、「至福の共有にもとづく神と人間の間に成立する友愛」を意味する言葉である。これは、カトリック福祉の基本理念である。この言葉は、「アウグスティヌス（354-430）の、アガペーとエロースの統合によって成就された」と考えられている（吉田久一 1960：26）。この理念に基づいて組織されている福祉事業団体が、カリタス会である。

（12）阪本は、日本における赤ちゃんポスト研究の第一人者である。ゆえに、本書においても彼女の議論は常に念頭に置かれている。

（13）http://www.antennefrance.com/?p=1795 参照。（情報取得2012/10/01）

（14）戸籍法第四十九条に、「医師、助産師又はその他の者が出産に立ち会つた場合には、医師、助産師、その他の者の順序に従つてそのうちの一人が法務省令・厚生労働省令の定めるところによつて作成する出生証明書を届書に添付しなければならない。ただし、やむを得ない事由があるときは、この限りでない」、とある。

（15）そもそもヨーロッパでは、「殺害よりも遺棄を」という思想がその根底にある、という指摘もある（ジャン・シャザル 1960）。緊急下の女性は、新生児を殺害するか、遺棄するかという判断を意識的に行っているわけではない。遺棄されたにもかかわらず、たまたま誰かに発見されて命を取り留めたというケースは多々あるが、それとて偶然であろう。であれば、殺害よりも遺棄の方が子どもの命という点ではまだよい、そうしたロジックが各キリスト教国の根底にある。それは捨て子であったモーセに端を発しているのかもしれない。

（16）この原文の文書は、かつてシュテルニパルクの公式サイトで閲覧することができた。だが、現在、この文書は公開されておらず、原文コピーしか手元にない。けれども、この文書は当時のシュテルニパルクの様子が赤裸々に記述されており、文献としての価値が高いと判断し、引用することにした。

（17）この文章もローゼンフェルトの文章である。注（16）参照。

（18）大まかにみると、マルクからユーロに移行した際に、一ユーロが二マルク程度であった。そう考えると、五万マルク（あるいは二万五千ユーロ）からおよそ八万マルク（あるいは四万ユーロ）に増えたといえよう。

（19）シュテルニパルク広報用資料「Das Projekt Findelbaby」より引用。

（20）http://www.spiegel.de/spiegel/print/d-17596421.html　参照。（情報取得2012/10/01）

（21）キリスト教社会同盟（Christlich-Sozial Union）の意。バイエルン州の保守政党であり、キリスト教民主同盟（Christlich-Demokratische Union）の姉妹政党といわれている。バイエルン州にはＣＤＵ組織はなく、このＣＳＵがその役割を担っている。

（22）身分登録法（Personenstandsgesetz: PStG）、第一八条「届出」では、次のように規定されている。すなわち「子の出生は、出生子の管轄区内の役所に、1．第一九条一項に定められる人物によって口頭にて、あるいは、2．第二十条一項及び二項で定められる諸機関によって〔出生証明〕文書にて一週間〔七日〕以内に届出されねばならない（Die Geburt eines Kindes muss dem Standesamt, in dessen Zuständigkeitsbereich es geboren ist, 1.von den in § 19 Satz 1 genannten Personen mündlich oder 2.von den in § 20 Satz 1 und 2 genannten Einrichtungen schriftlich binnen einer Woche angezeigt werden）」。

（23）ドイツ社会民主党（Sozialdemokratische Partei Deutschland）の意。

（24）なお、この記事は以下のサイトで閲覧することができる。http://www.spiegel.de/spiegel/print/d-17596421.html　参照。（情報取得2012/10/01）

第五章　ドイツ語圏の赤ちゃんポストの現実

序

前章でも述べたように、現在、ドイツ全土には、おおよそ九九カ所の赤ちゃんポストが設置されている——二〇一二年二月の時点で、九九カ所とされている。さらに、同じドイツ語圏であるオーストリアやスイスにもいくつもの赤ちゃんポストが設置されている。公表されていない赤ちゃんポストもあるので、この設置数を正式に事実に基づいて特定することは困難であるが、相当数の赤ちゃんポストが存在していることは間違いない。

日本では、唯一、熊本慈恵病院に設置されている。その唯一の赤ちゃんポストが病院に設置されていることから、「赤ちゃんポスト＝医療機関」という先入観がわれわれに与えられているように思われる。だが、その先入観は果たして妥当なものなのだろうか。このことも検証する必要がある。

そこで、本章では、発祥の地、ドイツ、そして同じドイツ語圏のスイスやオーストリアの赤ちゃんポストが誰の手によって、どのようにして設置されているのか、そして、その意図は何で、何のために設置したのかを、筆者の調査やインタビューを通じて、明らかにしていきたい。この取り組みにおける最も重要な問題である、母子救済の責任の所在、児童遺棄・嬰児殺害防止の責任の所在、またその当事者である緊急下の女性支援や捨て子支援の担い手等について述べていく。

なお、匿名出産の設置者と設置場所については、赤ちゃんポストほどのバリエーションはない。当然ながら、出産や分娩は医療行為であり、その可能性は医療機関等に限定される。二〇〇八年の時点で匿名出産を行う医療機関等の数は一三〇とされている[1]。ここでは、赤ちゃんポストに限定して話を進めていくことにしよう。

赤ちゃんポストは誰が設置しているのか

赤ちゃんポストは、いったい誰が設置しているのだろうか、その設置者らはいかなる組織や団体に属しており、どのように運営されているのだろうか。そうした設置者がいかなる人物で、いかなる関連の中にあるのか。公的機関なのか、それとも民間団体なのか。あるいは、宗教団体なのか。また、その運営資金はどこから得ており、どのように具体的に運営されているのか。ステージIでも触れたが、より詳細に見ていこう。これを知ることで、ドイツの赤ちゃんポストがこれほど短期間のうちに全土に広まった背景が見えてくるだろう。

ドイツにおいて、赤ちゃんポスト設置や匿名出産の構想を最初に描いたのは、前章で述べたように、ミュンヘン郊外のアンベルクのカトリック女性福祉協会であり、その構想をいち早く実現したのはハンブルクの民間教育福祉団体であるシュテルニパルクであった。ここに示されているように、赤ちゃんポストのルーツには、一方で、キリスト教の教えに基づく社会福祉・母子支援団体があり、他方では、教育や福祉実践をその基幹にする団体があった。そして、この両者の取り組みが、主にカトリック系の公益福祉団体であるカリタス会やそのカリタス会に属するカトリック女性福祉協会、同様にプロテスタント系の公益福祉団体であるディアコニー事業団(Diakonisches Werk)、あるいはキリスト教系の医療施設等によって引き継がれ、これほどの規模になった。

ゆえに、この赤ちゃんポストという発想は、おそらく日本人がイメージしている医療機関従事者から発せられたものではなく、宗教的実践や教育福祉実践から生まれたものであるといってよいだろう。

この二団体による赤ちゃんポスト設置以後、ドイツでは、急速に赤ちゃんポストが広まっていく。この頃、ドイツ全土で、「赤ちゃんポストブーム(Babyklappen Boom)」が起こった、といわれるほどであった(Biersack 2008 : 8)。九九カ所に設置されている赤ちゃんポストの運営主体はどのような団体であり、どのように運営されているのだろうか。また、その運営主体はどのような考えや思想のもとで、この赤ちゃんポストの運営を担っているのだろうか。そこに、どんな動機や理由があるのだろうか。

次の文章を読むと、この設置者と設置場所への問いはますます興味深いものとなるだろう。

…赤ちゃんポストは、病院、または慈善活動を行う教会組織や民間組織によって創設されており、その数は増えています。現在では、多くの都市で広範囲にわたって、この赤ちゃんポストが設置されています。また、いわゆる「匿名出産」を実施している病院もあります。これは、先の見えない緊急の状況下にあり、子どもを手放さざるを得ない母親たちのためのものです。赤ちゃんポストは、多くの人に受け入れられている一つのオルタナティブ（もう一つの選択肢）なのです。
(http://www.mamis-in-not.de/babyklappen.htm)

赤ちゃんポストは、病院等、医療機関だけではなく、教会組織や民間組織によって運営されている。それは、いったいどのような人々であり、どのような団体であり、どのような組織なのだろうか。赤ちゃんポストを担うのは、どのような人々なのか。

筆者は、数年来、この赤ちゃんポストを運営している人々と対話を重ねてきた。その対話に基づきながら、こうした問いについて可能な限り応えてみたいと思う。

赤ちゃんポストはドイツのどこにあるのか

誰が、どこに、どのような理由で、どうした根拠をもって、赤ちゃんポストを設置しているのか。この問いは、赤ちゃんポストの存在理由を理解する上で、極めて重要である。だが、赤ちゃんポストのすべての背景を捉えることは困難である。この設備そのものの特性から、赤ちゃんポストの設置自体を秘密裏に行っている団体もないとはいえず、また地方自治基盤の強いドイツという国の特質から、国がこうした市民運動を管理し、全てを把握することはできない。

そこで、ここでは、その全てを列挙することはできないが、網羅的に、ドイツ全土、そして隣国であるスイスとオーストリアの赤ちゃんポストを列挙してみよう。[2] そうすることで、赤ちゃんポストの設置場所の全体的なイメージがつかめるはずである。そして、それに続いて、筆者が行った調査とインタビューを挙げ、具体的な内容について論じていくことにしよう。

バーデン＝ヴュルテンブルク州：カールスルーエの赤ちゃんポストの設置主体は、病院ではなく、ディアコニー事業団と呼ばれるプロテスタント系の公益福祉団体、そしてプロテスタント信用金庫カールスルーエ（Evangelische Kreditgenossenschaft Karlsruhe）である。「カールスルーエ捨て子プロジェクト」の取り組みの一環として、赤ちゃんポストを設置した。シュトゥットガルトとカールスルーエの中間に位置するプフォルツハイムの赤ちゃんポストは、いわゆる「両親学校（Elternschule）」の中に設置されている。この赤ちゃんポストの設置者は市と病院である。この設置者たちは、自身のサイト上で、赤ちゃんポストへの匿名での預け入れは刑法第二二一条に従い児童遺棄には当たらないと説明している。フィリンゲン＝シュヴェニンゲンの赤ちゃんポストの設置者は、貧困児童の昼食支援を行っているプロキッズ基金という民間団体である。[3] 当団体代表のヨアヒム・シュピッツ（Joachim Spitz）はシュヴェニンゲンのビジネスマンだった。二〇一二年に赤ちゃんポスト設置後最初の赤ちゃんが預け入れられた。[4] 同年、ドイツの最南にあるボーデン湖畔の町、フリードリヒスハーフェンで、九九番目の赤ちゃんポストとなる「Babyfenster」が同町の病院の母子センターに設置された。[5] 医療主任のオリヴァー・シェーンマン（Oliver Schoenman）によるものだった。こちらの赤ちゃんポストは、児童相談所が後見人（Vormundschaft）として介入しており、児童相談所と病院の協働によって成り立っている。また、ボーデン湖近くの町であるズィンゲンの赤ちゃんポストは、二〇一二年一月、新生児が入れられていたことで話題になった。[6] この赤ちゃんポストに入れられた赤ちゃんは二人目。無事に保護されたが、医療機関で出産してはいなかった。このズィンゲンにある赤ちゃんポストは、二〇一〇年シャフハウザー通りに設置されたばかりの新しい赤ちゃんポストである。この赤ちゃんポストの隣には、総合病院（HBH Klinikum）がある。ズィンゲンの赤ちゃんポストの設置主体は、「地域の子どもを守るヴィトマン（Widman hilft Kindern in der Region e.V.）」という民間団体（Verein）であり、この地域の子どもたちのとりわけ食にかかわる支援を行っている団体である。

バイエルン州[7]**：**南ドイツ・バイエルン州の赤ちゃんポストの場合、そのほとんどが、医療施設に設置されている。ヴィルヘルム病院、マインブルク社会病院、アウクスブルク子ども病院、ショーンガウ病院、ロス社会病院、シュヴァビンク病院、ケルハイム社会病院、ランズフート聖マリエン子ども病院、レーゲンスブルク聖ヘドヴィッヒス病院等である。ヘドヴィヒス病院の赤ちゃんポストは、アンベルクの赤ちゃんポスト設置団体との協働によってつくられたものであり、ドイツで三番目となる院内赤ちゃんポストとして知られている。また、バイエルンにおいても、医療施設以外の場所に設置された赤ちゃんポストがないわけではない。「命の門扉（Lebenspforte）」というキリスト教系社会福祉団体が、聖ガブリエル修道院の外壁に赤ちゃんポストを設置している。この団体は、ハンブルクの赤ちゃんポストをモデルにしていることを自身のサイトで明らかにしている。[8] この団体は保育園や母子支援施設、さらには美容院なども運営している。[9]

ベルリン市：二〇一二年四月時点で、ベルリンには四カ所に赤ちゃんポストが設置されている。いずれも医療施設である。最も有名なのが、ヴァルトフリーデ病院の赤ちゃんポストだろう。「こうのとりのゆりかご」を設置した蓮田もこの病院を訪れている。院内赤ちゃんポストとしては最も古い。表記はBabyklappeではなく、Babywiege（赤ちゃんのゆりかご）である。さらに、ベルリン＝ノイケルン病院・子ども女性クリニック、ヴィファンテス病院、聖ヨゼフ病院小児棟、ベルリン＝シュパンダウ・ヴァルト病院に設置されている。ヴァルト病院内の赤ちゃんポストはBabynest（赤ちゃんの巣）と表記されている。

ハンブルク市：自由ハンザ都市ブレーメン同様、「自由ハンザ都市ハンブルク」ともいう。ハンブルクには、ドイツで初となる赤ちゃんポストがあり、赤ちゃんポスト＝ハンブルクというイメージも根強い。ハンブルクには二カ所に赤ちゃんポストが設置されているが、いずれもシュテルニパルクの運営する幼稚園・保育園に設置されている（ケース1）。特にハンブルク＝アルトナ地区にあるゲーテ通りの赤ちゃんポストは、第一の赤ちゃんポストとして知られており、全世界から見学者が集まっている（ステージⅡ、九七頁、ステージⅢ、第十一章参照）。また、ハンブルク市内の南に位置するシェーネンフェルダー通りにも、同団体による赤ちゃんポストが保育園内に設置されている。

ヘッセン州：中心都市はフランクフルト（Frankfurt am Main）である。ヘッセン州の赤ちゃんポストの多くが医療施設内に設置されている。ハーナウ・聖フィンツェンツ病院、フルダ・ヘルツ－イエズ病院、カッセル・マリエン病院等である。ハーナウのフィンツェンツ病院に設置されている赤ちゃんポストの運営主体は、カトリック女性福祉協会であり、モーセ・アクツィオン（Aktion Moses）というプロジェクトの一環として赤ちゃんポストが設置されている。ギーセンにおいてもまた同様に、カトリック女性福祉協会によるモーセ・アクツィオンが展開されているが、赤ちゃんポストは設置されていない。その代わりに「匿名での預け入れ」を行っている。ギーセンでは、二十四時間ホットラインが用意されており、いつでも匿名で妊娠や出産の相談をすることができる。フランクフルトにおいても同様に、キリスト教女性協会によるモーセ・アクツィオンが展開されており、赤ちゃんポストも設置・運営していた。だが、現在、赤ちゃんポストは断念し、緊急下の女性の支援と相談に特化している。すなわち、匿名での電話相談、匿名での面接、出産前の宿泊施設の紹介、匿名での預け入れ、医療施設での内密出産[10]（Vertrauliche Geburt）等で、赤ちゃんポスト以後に生まれた緊急下の女性支援プロジェクトを実施している（内密出産については一六一頁参照）。

ニーダーザクセン州：ハノーファーが州都である。ニーダーザクセン州においても、やはり医療施設に設置された赤ちゃんポストが多い。ハノーファーの赤ちゃんポストは、フリーデリケ基金女性クリニックに設置されている。設置主体はディアコニー・ハノーファーである。したがって、プロテスタント団体と医療施設との協働で運営されていることになる。こちらにおいても、二十四時間ホットラインが設置されており、常に母子を受け入れる体制を整えている。ブラウンシュヴァイクにおいても、マリエン宗教財団病院に赤ちゃんポストが設置されている。オランダ国境沿いの町のノルドホルンでは、カトリック女性福祉協会によるモーセ・プロジェクトが実施されており、同協会の施設内に赤ちゃんポストが設置されている。キリスト教の思想を背景に、緊急下の女性を救うことがその目的とされている。オスナブリュックの赤ちゃんポストは、医療施設内ではなく、児童養護施設に設置されている。設置主体はやはりキリスト教女性協会で、同時に保育園運営も行っている。こちらでも、モーセ・アクツィオンという名のプロジェクトのもとで赤ちゃんポストが運営されている。ここでもまた、妊娠相談、緊急保護を目的とした居場所の提供、匿名での預け入れ、内密出産の紹介なども行っている。[11] 内密出産はカトリック女性福祉協会と提携しているマリエン病院で行うことができる。

ノルトライン=ヴェストファーレン州：旧西ドイツの中心であり、現在もなおドイツの経済の中心となっている州である。この州は、最も人口が多く、ヨーロッパを代表する工業地帯としてもよく知られている。また、エッセン、ケルン、ドゥイスブルク、ドルトムント、ボーフム、ボンなど、中・大都市が隣接する地域とあって、人口も多く、赤ちゃんポストの数も突出して多い。州都は日本と深いつながりのあるデュッセルドルフである。赤ちゃんポストの所在地の地理的状況を踏まえてみると、その多くが、このノルトライン=ヴェストファーレン州を中心に広く設置されていることが確認できよう。この州には、医療施設内の赤ちゃんポストのみならず、さまざまな場所に赤ちゃんポストが設置されている。後述するゲルゼンキルヒェン・ユッケンドルフの赤ちゃんポスト（ケース4）は、カリタス会が運営する児童養護施設の壁面に設置されている。カリタス会の職員と児童養護施設の施設長が共同で赤ちゃんポストを運営している。ミンデンの赤ちゃんポストは、ディアコニー事業団によって運営されており、同事業団の建物に設置されている。ボーフムの赤ちゃんポスト（Babyfenster：赤ちゃんの窓）はボーフム大学総合こども病院内に設置されている。エッセンでは、エリザベト病院の「ナツァレトの家（Haus Nazareth）」に、赤ちゃんポスト（Babyfenster）が設置されている。ナツァレトの家では、妊娠相談、緊急下の妊婦の住居提供、青少年・家庭支援、養子縁組支援、Teen + Babyという若年層妊婦支援等が行われている。この家の目的は、全ての親が自分の子どもと一緒に暮らすことを実現することである。[12] このエッセンの赤ちゃんポストは、エッセン中部カトリック女性福祉協会とエッセン司教区修道女事業団の協同プロジェクトの一つである。[13] ギュータースロー=ブランケンハーゲンの赤ちゃんポスト（ケース5）は、修道院の司祭館の壁面に設置されている。運営主体も司祭館である。人口一〇〇万を超える同州最大の都市ケルンの赤ちゃんポスト（ケース3）は、母子支援施設内に設置されている。設置主体は、「アーデルハイドの家」

である。これらの赤ちゃんポストについても後に詳しく述べる。さらに、レックリングハウゼン、デューレン、アーヘン、デュイスブルク、ミュンスター、オーバーハウゼンなどでは、医療施設に赤ちゃんポストが設置されている。

ラインラント＝プファルツ州：ドイツ南西部に位置しており、州都はマインツ。トリーアの赤ちゃんポスト（Babyfenster）は、ルーレンダーホフ児童養護施設に設置されている。この赤ちゃんポストは、医療施設、カトリック女性福祉協会、トリーア市が共同で運営にあたっている。[14] また、ヴォルムス、ルートヴィヒスハーフェンの病院にも、赤ちゃんポスト（どちらもBabykorb：赤ちゃんの籠）が設置されている。

ザールラント州：ラインラント＝プファルツ州とフランスのロレーヌ地方に挟まれたドイツで最も小さな州。州都はザールブリュッケン。この小さな州にも、一つだけ赤ちゃんポスト（Babyfenster）がある。ノインキルヒェンの聖ヨゼフコールホフ・マリエンハウス病院に設置されている。こちらの赤ちゃんポストは、旧聖ヨゼフ病院とカトリック女性福祉協会によって二〇〇一年四月に設置された。

ザクセン自由州：ドイツの東、チェコとポーランドに接した州都ドレスデンにある赤ちゃんポストの設置主体は、超宗派のキリスト教団体「カレブ・ドレスデン（Kaleb Dresden）」である。[15] この団体のねらいは、胎児の生命の保護と妊婦の支援である。ケムニッツの婦人病院やライプツィヒ＝オイトリッチュの聖ゲオルク市立病院にも赤ちゃんポストが設置されている。

ザクセン＝アンハルト州：州都マグデブルクの赤ちゃんポスト（Babynest）は、聖マリエン宗教財団マルデブルク病院に設置されている。ハレの赤ちゃんポストは、聖エリザベト・聖バルバラ病院に設置されている。この病院では匿名出産も行っている。デッサウ＝ロスラウの赤ちゃんポスト（Babynest）は、医療ケアセンターに設置されている。

シュレスビッヒ＝ホルシュタイン州：ドイツ最北に位置する州で、州都はキールである。そのキールにある赤ちゃんポストは、市立こども病院内に設置されている。そして、リューベックの赤ちゃんポストは、後のケース2で詳しく紹介するが、ドイツ国内第二の赤ちゃんポストであり、母子支援施設に設置されている。ピンネベルクの赤ちゃんポストはピンネベルク地方診療所に、ラインベックの赤ちゃんポストは聖アドルフ宗教財団に、サトルプの赤ちゃんポストは母子支援施設に設置されている。なお、このサトルプの赤ちゃんポストは、シュテルニパルクが設置主体である。

テューリンゲン州：州都エアフルトの赤ちゃんポストは、ヘリオス出産病院に設置されている。アイゼンナッハの赤ちゃんポストもザールフェルトの赤ちゃんポストも、どちらも医療施設内に設置されている。

スイスの赤ちゃんポスト

ドイツ語を母語の一つとしているスイスにも、赤ちゃんポストが設置されている。チューリッヒ近くの町、アインズィーデルンの医療施設に赤ちゃんポスト（Babyfenster）が設置されており、二〇一二年六月の時点で七人の赤ちゃんが預けられている[16]。

この病院内に設置された赤ちゃんポストは、この病院と「母子のためのスイス支援会（Schweizerische Hilfe für Mutter und Kind：以下、ＳＨＭＫと表記）」が共同運営しているものである。この支援団体も、国家や政府には属さない公益社会福祉団体である。ＳＨＭＫのサイトでは、「社会福祉慈善支援事業団（Ein sozial-karitatives Hilfswerk）」と説明されており、この慈善（karitativ）という言葉から、この団体がキリスト教系の組織であることが分かる。ＳＨＭＫは、マンマ（MAMMA）というキリスト教系の公益民間団体（Verein）によって設立されている。ゆえに、スイスの赤ちゃんポスト設置主体はドイツの設置主体とほぼ同じと考えてよいだろう。この団体は、緊急下に置かれた女性、夫婦やカップル、家族の相談援助や実際の支援を行っており、妊娠、出産、堕胎等、あらゆる妊婦の相談に総合的に応じる専門機関である。

このアインズィーデルン病院の赤ちゃんポスト設置以後、スイスではほとんど赤ちゃんポストが広まることはなかった。だが、二〇一二年、世界経済フォーラムの開催地として知られるダボスの医療施設に、スイス第二の赤ちゃんポスト（Babyfenster）が設置された[17][18]。この赤ちゃんポストは、上述したＳＨＭＫとダボス病院の協働によって実現した。

オーストリアの赤ちゃんポスト

同じくドイツ語圏であるオーストリアにおいても、二〇〇〇年以後、赤ちゃんポストは設置されるようになった。当然、この赤ちゃんポストや匿名出産の議論も活発に行われた。二〇〇〇年九月には、オーストリア国民議会で赤ちゃんポストと匿名出産についての調査が実施され、二〇〇一年三月には、刑法改正が行われた。これにより、ドイツやスイスと異なり、赤ちゃんポストと匿名出産は「違法」ではなくなった。

このことと赤ちゃんポストの設置場所は密接に結びついている。オーストリアの赤ちゃんポストはいずれも医療施設内に設置されており、その設置者もドイツとは異なり、医療従事者が主である。

主な設置場所は以下のとおりである。首都ウィーンには、一カ所のみ、以下（ケース6）で詳しく述べることになるヴィルヘルミーネン病院に赤ちゃんポストが設置されている。ニーダーエスターライヒ州には、ヴィーナーノイシュタット州立病院、ザンクト・ペルテン州立病院の二カ所に設置されている。ケルンテン州には四カ所、すべて公立の医療施設内に設置されている。すなわち、クラーゲンフルト州立病院、バルムヘルツィゲ・ブルーダー州立病院、ヒィラッハ州立病院、ヴォルフスベルク州立病院である。シュタイアーマルク州には一カ所のみ、グラーツ大学病院に設置されている。ザルツブルクには、聖ヨハン病院、ザルツブルク医療施設（Salzburg Krankenanstalten GMbH）の二カ所。チロル州には、リエンツにある州立病院に一カ所のみ。オーバーエスターライヒ州には、リンツ婦人＝子ども地域病院、ヴェルス・グリースキルヒェン病院、ヴェックルアブリュック病院等に設置されている。

以上のように、オーストリアでは、いずれも医療施設に設置されており、法的にも保障されている。

赤ちゃんポスト設置者たちとの対話

このように、ドイツ語圏の赤ちゃんポストを網羅的に捉えることで、設置者への関心が高まっていく。いったいどのような人の手によって、赤ちゃんポストはつくられ、運営されているのだろうか、と。

そこで、筆者が実際に行った調査とインタビューから、赤ちゃんポスト設置者たちの存在に光を当てていくことにしよう。赤ちゃんポストをつくり、それを守り、置き続けている実践者たちは何を思い、何を願い、どのような気持ちで赤ちゃんポストを見つめているのだろうか。オーストリアは例外として、ドイツでは今もなお、激しい批判の声が上がっている。その中で、それにもかかわらず赤ちゃんポストを運営し続けているのはなぜなのだろうか。その赤ちゃんポストはどのような場所で、どのような仕方で、緊急下の女性たちのために存在しているのだろうか。

ケース1　ハンブルクの「シュテルニパルク」の赤ちゃんポスト

二〇〇八年一〇月と二〇一二年八月に、筆者はハンブルクにある赤ちゃんポストを訪問し、二度にわたって、設置主体であるシュテルニパルクの職員にインタビューを行った。その時の内容をここで掲載しよう。また、本書二三七頁に「シュテルニパルクとの対話」、同団体職員ユディト・シュティース（Judith Stieß）とのインタビューの全容を掲載しているので、同時に参照されたい(19)。

〈幼稚園・保育園の運営団体としてのシュテルニパルク〉

シュテルニパルクは、ドイツで初となる赤ちゃんポストを設置した民間の青少年支援団体として知られている。この団体は、そもそも幼稚園や保育園を運営する民間教育団体であった[20]。

二度の訪問で、赤ちゃんポストのみならず、シュテルニパルクの運営する幼稚園と保育園とを見学し、シュテルニパルクの主たる事業は、保育園運営にあるということを確認した。筆者自身、近所の住民らにシュテルニパルクについて尋ねてみたが、「幼稚園や保育園を運営している団体」という認識をもつ人が圧倒的に多かった。ゆえに、少し遠回りになるが、このシュテルニパルクの幼稚園と保育園のことから語ってみたい。

図 5-1　ユダヤ人の歴史を有するヴォーラース・アルレー保育園

筆者がまず訪れたのが、赤ちゃんポストが設置されているゲーテ通りにある幼稚園だった。そして、二度目の訪問では、かつてユダヤ人市民の家（当時のユダヤ人の保育施設＝Jüdische Volksheim）として使われていたヴォーラース・アルレー保育園に向かった。このヴォーラース・アルレーは、シュテルニパルクの思想や哲学を理解する上で極めて重要な場所である（この点については、第十一章で詳しく論じる）。ただし、どちらも特別変わった施設ではなく、街のいたるところにありそうな幼稚園と保育園であった。

この幼稚園や保育園の周辺は、「アルトナ地区」と呼ばれている。シュテルニパルクは主に、このアルトナ地区の民間教育福祉団体である。アルトナ地区はかつて、一九世紀頃はハンブルク（ドイツ領）ではなく、オランダ領であった。ゆえにハンブルクの中心部に位置しながら、国際色豊かな場所として機能してきた。そうした背景もあって、二〇世紀になっても、ユダヤ人が多く集まる場所であり、ユダヤ人共同体（Gemeinde）も構成されていた。一九三九年まで、このアルトナは自治区であり、自由に溢れた場所だった。そんなアルトナ地区のヴォーラース・アルレーの集合住宅の一角を、シュテルニパルクはたまたま購入し、そこに保育園を設置したのだった（SterniPark 2008）。

だが、現在、シュテルニパルクをも困惑させる状況が生じている。幼保一元化が問題となっている日本と同様に、ドイツにおいても、幼稚園が今、問われているのである。「もはや幼稚園の時代ではない」、と聞く。それは、幼稚園の教育内容が時代遅れになったというわけではなく、子どもを預かる保育時間の短さと、三歳からという年齢制限ゆえに、社会のニーズが幼稚園から保育園へと変わってきているということだ。保育園の数が足りず、社会問題にさえなっている。シュテルニパルクにおいても、その影響が見られ、保育園運営が中心となってきており、さらに現在も新たな保育園をいくつも計画しているという。〇歳から六歳までの子どもが通っており、それぞれの年齢に応じたクラスがある。[21] これが、シュテルニパルクのいわば「本業」である教育・保育活動である。

〈シュテルニパルク――ゲーテ通りの赤ちゃんポスト〉

ドイツで初めて設置された赤ちゃんポストは、小さな幼稚園の入り口の傍らにあった。アルトナ駅から徒歩六分程度の場所にある幼稚園だ。大通りから一本入り、住宅が連なる比較的静かな通り沿いにある。

この幼稚園は、アルトナ区の街中の「団地」に似た大きな集合住宅の一角にある。人通りは多くはないが、生活の匂いを感じる場所の只中であった。幼稚園の玄関口は、建物中央の目立つ場所にある。玄関口に立って、辺りを見まわしても赤ちゃんポストらしきものは見当たらない。赤ちゃんポストは、玄関口から七メートル程離れた建物の脇にひっそりと設置されている。植物が視界を塞いでおり、その一帯の見通しが悪くなっているが、確かに幼稚園内に設置されていた。なお二〇〇八年の段階ではまだなかったが、二〇一二年の訪問では、プライバシーに配慮して赤ちゃんポストのほぼ全体が

図 5-2　シュテルニパルクの赤ちゃんポスト

図 5-3　赤ちゃんポストの内側からの風景

ベビーカーを置くスペースを囲繞《いじょう》するボードで仕切られていた。

赤ちゃんポストの中に置かれているベッドには、水色の服を着たクマのぬいぐるみが二つ置いてある。カーテンや壁はピンク色。とても母親が子どもを置き去るための施設には見えない。明るく、清潔で、快適な空間がそこにあり、その周囲では子どもたちの元気な声が響く。この園には約一五〇人の子どもたちが通っている。教諭たちは、この園に来て初めてポストの存在を知ったそうだ。「毎日子どもと接している私たちだからこそ、今はこの地区の子どもたち全体の幸せを考え

たい」」、そんな思いがあると語る。

街中の集合住宅の一角にある、ごく普通の幼稚園の片隅に設置されている赤ちゃんポスト。このポストの利用頻度は極めて低い。年に一、二度使用されるかどうかである。にもかかわらず、常に清潔に保ち、いかなる新生児が置かれてもよいように、その準備を整えている。そんな赤ちゃんポストを支えているのは、ごく普通の幼稚園教諭たちであった。

このように、他の赤ちゃんポスト設置団体とは異なり、シュテルニパルクは、キリスト教団体ではなく、キリスト教系の公益団体でもなく、また医療機関でもなく、あえて言えば「ごく普通の私立教育団体」なのである（第十一章参照）。ゆえに、このシュテルニパルクは、「赤ちゃんポストのパイオニア」でありながら、赤ちゃんポストの設置主体としては「異端」と考えてよいだろう。

〈ヴォルペルトとの対話〉

二〇一二年八月、筆者はシュテルニパルクに勤務している犯罪学者シュテファニー・ヴォルペルト（Stefani Wolpert）と対談を行った[22]。彼女は、政治学を専攻し、犯罪学で修士号を取得している犯罪学のエキスパートであり、緑の党所属の女性でもある。

五年前から、彼女はこのシュテルニパルクに学術研究員（Wissenschaftliche Mitarbeiterin）として勤務している。彼女は、学生時代にとりわけ赤ちゃんポストについて学んだわけではなく、シュテルニパルクに勤め始めてからこの問題に向かい始めたという。その基本姿勢は、赤ちゃんポストの法的擁護である。「私は、赤ちゃんポストにシンパシーを感じています。そうでなければ、このシュテルニパルクで勤務することはありません。反対派はいますが、私は賛成派の立場にあります」。

図 5-4　シュテファニー・ヴォルペルト氏（ヴォーラース・アルレー保育園前にて）

こうした女性を研究員として雇用していることからも、シュテルニパルクが単なる赤ちゃんポスト設置団体でも、また単なる幼稚園・保育園運営団体ではないことが分かるだろう。教育学、児童福祉、母子福祉、社会福祉を総合的に実践し、研究する民間団体なのである。また、こうした問題に対して、ある種、理論的にも積極介入していこうとしている。ヴォルペルトは、「赤ちゃんポストの実践は、感情的に動いてきた側面が強くあります。が、法政治学的側面、あるいはもう少し理論的側面からきちんと考えていく必要が出てきています」、と語る。

また、彼女は赤ちゃんポストが学問的に未熟な段階にあると指摘し、学問的な成熟を求めている。「私たちはもっと学問的に赤ちゃんポストを議論しなければなりません。ですから、学術的な関心をもつ人たちとは積極的に対話に臨もうと思っています」。


〈シュテルニパルクの教育実践とその思想〉


一九九三年、シュテルニパルクはヴォーラース・アルレーの建物を購入し、そこに保育園を設置した。現在、こちらの保育園には六〇名ほどの子どもが預けられている。〇歳児クラスには、五人の赤ちゃんがおり、二人の保育者がいた。通常は、五人～六人の子どもに対し、一名以上の保育者が担当しているということだった。外国人の多い地区とあって、英語やスペイン語で日々の保育を行う保育者もいる。部屋自体はやはり古い建物ではあるが、清潔に保たれており、カラフルに装飾されていた。このように内部からシュテルニパルクの保育園を眺めてみると、他の保育園と変わらない日常が流れていることに気づく。ヴォルペルトは、「シュテルニパルクは、こうした幼稚園、保育園の運営がその大きな柱となっています」、と説明する。

シュテルニパルクは、このヴォーラース・アルレーの建物を購入した後、独自にこの建物の歴史を調査した。その調査から、一冊の本とビデオ映画が生まれている。保育園運営の傍らで、この建物の歴史を学び、ユダヤ人の「子どもの家」を知り、そこで起こっていたことをまとめ上げた(SterniPark 2008)。そこで明らかになったことは、シュテルニパルクの教育にとって極めて重要な初等教育の段階での「ホロコースト」の教育であり、反戦教育である。事実、シュテルニパルクの代表であるユルゲン・モイズィッヒ（Jürgen Moysich）は、一九九八年にホロコーストは幼稚園の教育テーマになるかというテーマで書物を出版している。[23] この建物の歴史として残されていたユダヤ人たちの知恵が、この保育園の教育内容に反映されていた。たとえば歌である。こちらの保育園の保育場面を実際に見せてもらったが、そこで歌われていたのは、かつての「子どもの家」で歌われていた歌であった。ここでは、専属の音楽教諭が、十数カ所ある幼稚園、保育園を定期的に訪問している。その音楽教諭は、ユダヤ人子どもの家の実践を取り入れており、遊びを通じながら、子どもを過去と向き合わせようとしている。子どもたちは、ユダヤ伝統の子どもの歌に触れており、またそれを通じて、過去を学んでいたのである。

このように、過去と現代をつなげる視点こそ、シュテルニパルクの独自性でもある。なお、このヴォーラース・アルレーの建物の他に、もう一つ、ユダヤ人の住居を購入している。

その住居も現在、保育園として使用されており、その地下室は、当時のユダヤ人の隠れ家でもあった。

こうした教育・保育活動とは別に、先述した「捨て子プロジェクト」を実施している。この教育活動と捨て子プロジェクトの関連について尋ねると、ヴォルペルトは次のように語っていた。「シュテルニパルクの教育・保育の実践と捨て子プロジェクトの取り組みは、意識的には、つながりはありません。別の取り組みだと捉えられています。捨て子プロジェクトは捨て子プロジェクトとして、独立した領域として考えています」。

シュテルニパルクの人々の間では、この二つの取り組みに関連性はないと捉えられている。それに対して、筆者が、「けれど、幼稚園・保育園実践と赤ちゃんポストを含む捨て子プロジェクトは､共に〈共存〉がテーマになっていないのか?」と尋ねると、「無意識的には、そうかもしれません。が、それを意識して行っているわけではないですね」、と答えてくれた。このことからも、シュテルニパルクにおいては、教育活動と捨て子プロジェクトは異なる別の取り組みと考えられているようだ。同様にユダヤ人と緊急下の女性の問題も、別の現象であり、そこに何らかのつながりや関連を見出しているわけではない。「私たちは、日々、新たな問題と直面しています。その新たな問題に取り組み続けてきた結果が、今のシュテルニパルクだと思います」。

ゆえに、緊急下の女性を救うことと、ユダヤ人文化を学ぶことの間に、実践上の内的な関連はない、ということになる。緊急下の女性の問題は、現実の問題であり、未来にかかわる問題でもある。そういう意味では､過去と向き合う教育実践、そして、未来と向き合う捨て子プロジェクトの二本柱になっているといってよいかもしれない。

〈モイズィッヒ夫妻の歩みとその思想的背景〉

シュテルニパルクを語る上で欠かせないのが、シュテルニパルクの代表を務めているユルゲン・モイズィッヒの存在である。彼は、七〇年代に学生運動に参加した。彼は大学で教育学を学んだ。当時から、彼は、平等、とりわけ男女の平等を強く訴えてきた人物だった。平等を訴えながら、後に妻となるハイディ・カイザー（Heidi Kaiser）と共に、幼稚園をつくることを決意した。どこまで先を見通していたのかは分からないが、ヴォルペルトの話から、働く女性の環境を整えるために、幼稚園をつくったとみてよさそうである。その思想は今も変わらない。

ゆえに、シュテルニパルクは、保育園整備に力を注ぎこんでいる。モイズィッヒ夫妻は、全ての人間の社会参加（Engagement）のための条件を整えることをねらって活動し続けているのである。その延長線上に、捨て子プロジェクトがあり、赤ちゃんポストがある。それは、モイズィッヒ夫妻のこれまでの歩みからも間違いないだろう。政治的には、いわゆるリベラル左派であり、保守政党のCDUと対立する。CDUの家族相大臣クリスティナ・シュレーダー（Kristina Schröder）は、赤ちゃんポスト廃止を訴えており、その対立構造は明白である。ヴォルペルトは、「シュテルニパルクは緑の党に似た思想をもつ」、と語る。ゆえに、赤ちゃんポスト論は、保守政党CDUと緑の党の対立を暗に含んだものであり、政治学的視点を強くもっている、と彼女は指摘していた。

ヴォルペルトは語る。「赤ちゃんポストを巡っては、完全に議論が対立しています。擁護派の私たちと、反対派の人々です。この対立はとても根深いものがあります。だから、私はここで働いているといってもよいと思います」。シュテルニパルクの捨て子プロジェクトは、「子どもの命を守る」という視点をもちつつも、別の次元でアクティブに動いている。それは、キリスト教的博愛主義ではなく、隣人愛でもなく、「社会参加」や「草の根」といった思想とその実現に向けた社会的・政治的運動である。そして、法による権利の保障、法による女性の保障を求める権利闘争である。このことは、シュテルニパルクのウェブサイトにおいても確認することができる。トップページには、聖書の言葉ではなく、ドイツ基本法の言葉が掲げられている。こうした社会的・政治的側面、または法的側面を無視して、シュテルニパルクの実践は語れないだろう。シュテルニパルクへの二度の訪問で、それをはっきりと確認することができた[24]。ヴォルペルトが私に差し出してきた一冊の本がそのことを物語っている。その本は、シュテルニパルクが依頼した赤ちゃんポストや匿名出産の法制化をめぐる議論をまとめた本であった。二〇一二年現在、シュテルニパルクの赤ちゃんポスト設置から一二年以上の月日が経っているが、これまでの赤ちゃんポストに関する文献でシュテルニパルクの実践とその思想に触れているものは、ドイツにおいても日本においてもほとんどない。

また、ヴォルペルトとの対話の中で、ハイディの経歴についても、知ることができた。彼女は、大学で教育学を学んだものの、卒業までには至らず、途中で学業を辞めている。その後、長年、同志として共に歩んできたユルゲンと共にシュテルニパルクを設立することになる。大学時代から、共に学び続けてきたパートナーであり、この二人と他の有志たちで、このシュテルニパルクを立ち上げ、規模を拡大していったということである。現在、彼女は、シュテルニパルクが運営する母子支援施設の代表となっている。

〈シュテルニパルクの赤ちゃんポストへの批判〉

ヴォルペルトによれば、現在、赤ちゃんポスト批判は、主に三つの立場から展開されているようだ。すなわち、第一に、養子縁組制度に対して否定的な立場からの批判、第二に、法的なグレーゾーンを認めない立場からの批判、そして第三に、赤ちゃんポストの支援機能を疑問視する立場からの批判である。二〇一二年八月現在、ここには、四十二人の子どもが預け入れられている。今後、この三つの批判に答えていく必要があるという。なお、シュテルニパルクの歴史、思想については、ステージⅢ第十一章で再び詳述したい。

ケース2　リューベックの「アガペーの家」の赤ちゃんポスト

図 5-5　アガペーの家

シュレスビッヒ＝ホルシュタイン州のリューベックは、北ドイツの中で最も美しいといわれる街の一つで、北の港の玄関口としてもよく知られている。また、一四世紀頃、ハンザ同盟が興隆を極めていた頃の中心都市として栄えた街でもあり、中世の雰囲気が街全体に漂っている。

トラヴェ川とトラヴェ運河に囲まれた小さな島がリューベックの中心地である。そんな街の一角にあるのが、アガペーの家（Agape-Haus）という母子支援施設（Mutter-Kind-Haus）である。この施設は、まさに街の中心――そして夜になるとあまり人通りのない路地――であるメング通りの一角にある。

〈母子支援施設の赤ちゃんポスト〉

このアガペーの家に、ドイツで二番目に古い赤ちゃんポストが設置されている。通常、医療施設や教会施設に設置されている赤ちゃんポストだが、第二の赤ちゃんポストは、二〇〇〇年六月末、母子支援施設であるこのアガペーの家に設置された。歴史的には、第一の赤ちゃんポストが主に幼稚園・保育園を運営するシュテルニパルクによって設置され、第二の赤ちゃんポストが母子支援施設に開設されている。しかも、どちらもカリタス会やカトリック女性福祉協会といった巨大組織とはかかわりのない地域の民間団体だったのである。それがドイツの赤ちゃんポストの真実なのだ。

さて、アガペーの家の代表は、フリーデリケ・クリスティーネ・ガルベ（Friederike Christine Garbe）と、その娘のユリア・ポラト（Julia Porath）の二人である。筆者がこの家を訪ねると、心から訪問を歓迎してくれた。建物それ自体は、一五〇〇年代に建てられた古い建築物であるが、リフォームされ、こざっぱりしている。しかし、中世っぽさを感じさせるどこか重々しい空気が流れている。アパートの玄関をくぐると、生後一〇カ月程の赤ちゃんを連れた若い母親がいた。髪の毛を部分的に黒く染めていて、今どきの若者のようだった。[25] ここには、現在五人の母親と子ども、そして一人の父親が暮らしている。一八歳〜二三歳程の母がそのほとんどだという。一九九五年に母子支援施設を開いて以来、実に二〇〇組以上の母子を支えてきた、という。

〈母子、ガルベとポラト〉

　赤ちゃんポスト設置の背景を探る前に、このガルベとポラトについて述べておく必要がある。ガルベは、もともと教育学や社会福祉を学んでいたわけではなかった。普通の一般人である。夫もまたごく普通のエンジニアである。たまたまこの大きな古い建物を譲り受け、その使い方に困っていたという。リフォームするにもお金がかかるし、アパートとして活用するのもどうか、と悩んでいた。ガルベはクリスチャンで、隣人愛を大切にする篤志家の気質もあった。そこで、一九九五年、母子福祉に貢献しようと思い立ち、完全民営の母子支援施設を開設した。「通常、母子支援施設は、国の補助金をもらって運営します。ですが、補助金をもらうとなると、規制が厳しくなり、私たち実践者の自由が奪われます。自由に支援したい。規制はいらない。そう考えて、完全に個人でこの家を始めました」。そうした完全民営の施設は、ドイツでもここだけだとガルベは言う。この母子支援施設の運営資金は寄付金と、ここで暮らす母親（ないしは父親）の生活保護費等によるアパート代収入のみである。幸い、夫が安定した収入を得ており、また建物も保有しているので、それほど補助金も必要ないそうだ。

　そんな母を支えるのが、娘のポラトである。ポラトは、四人の子をもつ母親でもある。ポラトもまた、ガルベと共に、このアガペーの家を運営する代表でもある。住居のデザイン、ウェブサイトの管理や更新、あるいは赤ちゃんポストの「母への手紙」の作成など、ガルベにはできないことを若い母親世代として果たしている。この二人の協働によって支えられているのが、このアガペーの家である。「お母さんを救うこと、それが子どもを救うための最善策です。私たちは、それを目標にして、二〇〇組の母子を支えて来ました」。なお、母子がこの施設で暮らす期間はまちまちだという。「お母さんが望むだけ、この家で暮らすことができます」、とのことだった。

図 5-6　支援を必要とする母子の部屋

このように、一般の篤志家族による小さな実践が、このアガペーの家である。ガルベのような思想の持ち主は、ドイツにおいてもとても珍しい。だが、そうした普通の愛情に満ちた家族が運営する母子支援施設に、ドイツで二番目の赤ちゃんポストがそっと設置されているのである。

〈アガペーの家とその赤ちゃんポスト〉

こちらの赤ちゃんポストは、ハンブルクのシュテルニパルク同様、Babyklappeという名称である。すでに述べたように、-klappeは、北ドイツ・ハンブルク周辺の言葉であり、ガルベたちもこの言葉を使うことに抵抗はないという。また、ガルベとポラトは、シュテルニパルクのモイズィッヒ夫妻とも電話でやり取りをしており、二〇〇〇年以降、何かがあれば連絡を取り合う関係にある、という。なお、こちらの赤ちゃんポストシステムも、シュテルニパルク同様、ハンブルクの金属加工職人ヴァルター・ヴィンケルマン（Walter Winkelmann）によってつくられたものである（一一九頁参照）。

図 5-7　赤ちゃんポスト内部

このように、アガペーの家の赤ちゃんポストは、シュテルニパルクの赤ちゃんポストに強い影響を受けており、また深い関係をもっている。ただし、さまざまな施設を運営し、多くの人を雇用しているシュテルニパルクに比べると、こちらは極めて小規模で、家族経営の施設であり、全く異なった様相を呈している。

では、なぜガルベは、このリューベックという地に赤ちゃんポストを設置したのだろうか。その理由について、彼女はこう語っていた。「シュテルニパルクの赤ちゃんポストについては、二〇〇〇年開設当初、テレビやラジオで連日連夜報道されていました。こんな取り組みもあるのか、と驚きました。一方、この頃、リューベックの郊外で、生まれたばかりの赤ちゃんがごみ箱に捨てられて、遺体となって発見される、という児童遺棄殺害事件があったのです。この事件を受けて、私は、モイズィッヒ夫妻に電話をしました。そして、赤ちゃんポストをつくる方法や手順を教えてもらいました。金属工ヴィンケルマンも、その時に紹介してもらいました」。

この当時、アガペーの家の赤ちゃんポストは、かつては「SOS命の防波堤（Lebensschleuse）」と命名されていた。Schleuseとは、水門、堰、排水溝といった意味の女性名詞である。だが、このLebensschleuseという言葉は、とても抽象的で、理解されにくいということで、現在では、一般用語となっているBabyklappeをそのまま使用している。他の地域では、Babyfenster（赤ちゃんの窓）という用語が広く通用しているが、ここはハンブルクからわずか電車で五〇分の地であり、Babyklappeという語を使用することに対しては、誰も疑問を抱かないという。

このアガペーの家の赤ちゃんポストに、最初の赤ちゃんが預け入れられたのは、二〇〇三年八月二日の二一時頃のことだった。女児で、生後およそ三時間の新生児だったという。この赤ちゃんはサラ（Sala）と命名された。彼女は、翌週月曜日に病院で診察を受け、何の問題もない元気な赤ちゃんだった。そこで、続いてサラを短期間（八週間以内）養育してくれる里親を探すことになった。すぐに見つかった。サラは、その短期里親の手で大切に保護された。その後、サラの母親から手紙が届いた。やはり育てられない、ということで、その後養子縁組の手続きが開始され、間もなく養父母に引き取られた。

同年一一月に、二人目の赤ちゃんがこの家の赤ちゃんポストに預け入れられた。その子も女児だった。この女児も、やはり養子縁組を実施することになり、現在、その養父母のもとで、愛情のある生活を送っているという。

この一二年間の取り組みで、合計一二人の赤ちゃん（うち一人は生後一四カ月）が預け入れられた。男児六人、女児六人だった。この一二人のうち、一人の母親だけが、後に名乗り出て、赤ちゃんを引き取っている。

二〇一一年には、ガルベとポラトを驚愕させるような預け入れがあった。それは、なんと小さな赤ちゃんポストの中に、二人の子ども（兄弟）が預け入れられたのである。生後一四カ月の子どもと生後四カ月程の赤ちゃんだった。四カ月の赤ちゃんはまだしも、一歳を超える子どもが預け入れられたことに、ガルベらは戸惑いを感じたという。

〈赤ちゃんの写真と母親からの手紙〉

このように、リューベックの赤ちゃんポストは、その役割をしっかりと果たしていると考えてよいだろう。ガルベは、私に一枚の写真を見せてくれた。それは、一見すると何の変哲もないごく普通の四人家族の写真だった。父、母、長女、長男の四人がそこに映っていた。この二人の子どもは、どちらも養子縁組によって養父母に引き取られた子どもで、その長女が、この赤ちゃんポストに預け入れられた子だという。もう一枚、赤ちゃんポストに預け入れられた時の写真も見せてもらった。出生直後の全く生まれたままの姿で保護された。へその緒もついたままであった。その写真には、ガルベが目を閉じ、赤ちゃんを抱いている姿があった。この赤ちゃんは、今、一枚目の写真が示すとおり、愛のある家庭で心身共に健

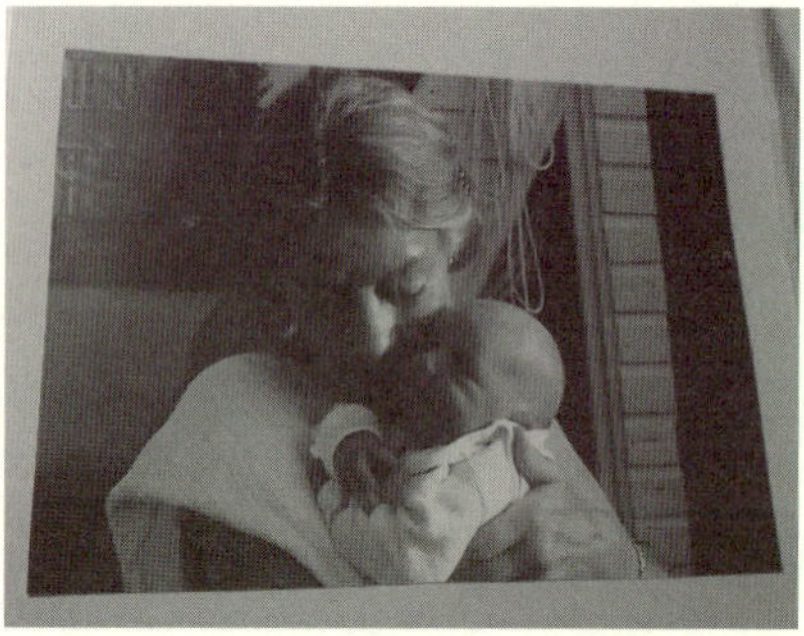

図 5-8　預けられた赤ちゃんを抱きよせるガルベ氏

康に育っているとのことだった[26]。筆者がこの二枚の写真を眺めていると、「この子、かわいいでしょう。もしこの赤ちゃんポストがなかったら、この子はどうなっていたのでしょうね。仮に生きていたとしても、ここまで愛情のある家庭に育っていたかどうか、分かりません」、とガルベは語っていた。

さらに、もう一枚の写真が差し出された。その写真には二人の兄弟が映っていた。この二人は、どちらも、それぞれ別の時期に赤ちゃんポストに預け入れられた子どもだという。血のつながりのない兄弟。そして、共に赤ちゃんポストに預け入れられた赤ちゃん。上の子は、もう五歳。下の子は三歳だという。この二人には、今も何度も繰り返し、「あなたたちは、二人とも赤ちゃんポストに預けられ、救われた子どもなの。お母さんは訳があって、あなたたちを育てられなかったの。でも、お母さんはあなたたちを愛していたわ。ここにそのことを書いたお母さんの手紙があるの」、と養父母が説明しているという。このように繰り返し「説明」することで、この二人の特殊な状況が二人にとって当たり前のことになるよう願っている、という。

このことを話している時、ガルベは、ふと思い出したのか、「お母さんからの手紙」を一葉取り出して、筆者に読んで聞かせてくれた。

> 私たちはただこの子にとって最善のことを望んでいます。とても心が痛みます。けれど、私たちは、彼にとって最善のことをしてあげられません。お願いです。この子を大切にしてあげてください。そして、この子によくしてあげてください。それだけの子だと思います。私たちは、この子の名前をラルスと名付けたいと思っています。この名前をつけてもらえたら、とても嬉しいです。私たちはこの子を愛しています。そして、いつもこの子のことを考えています！　この手紙はどうぞ大切に保管してください。そして、この子が十分に大きくなった時、この手紙を見せてあげてください。そうすれば、この子も、自分がどうでもいい存在なのではなく、大切な存在なのだと分かってくれると思います。

アガペーの家に預け入れられた赤ちゃんの母親は、後日、こうした手紙を書いて直接もってくることも多々あるという。赤ちゃんポストに預けられた小さな子どもは、こうした手紙の内容が何を意味しているのかをまだ理解することはできないかもしれない。しかし、この手紙を理解できる年齢に達した時、上の手紙にもあるように、この手紙を通じて、自分がどうでもよい存在なのではなく、大切な存在なのだと気づくことができるかもしれない――もちろんそう断言することはできないが。

〈明日の不安のない眠り〉

アガペーの家は、児童相談所とも良好な関係を築いている。赤ちゃんポストを設置した当初、児童相談所はこの取り組みに批判的だったという。赤ちゃんポストを開設した二〇〇〇年の冬、突然、この州の議員と役人たちがこの家にやってきて、立ち入り調査を行ったという。施設内のすべての箇所を観察し、行政検査が行われた。けれど、それ以降、一度もそうした行政機関がこの家にやってくることはないという。もちろん赤ちゃんが預け入れられれば、ガルベはすぐに児童相談所に連絡を入れる。警察には決して通報しない。そして、病院に連絡を入れ、診察を受けさせる。アガペーの家では、母親からの連絡を待ち、連絡が来なければ、養子縁組の手続きを開始する。それが、主な仕事である。もちろん無償の行為であり、完全に自由意思に基づく慈善活動である。

ガルベは語る。「アガペーという言葉を知っていますか。この言葉の意味は、『私たちはあなたを愛します。なぜならば、あなたがそこにいるから』、という意味です。子どもにとって一番欠かせないのは、他者からの愛情です。無償の愛です。実親がいるからといって、その愛がすべての子どもに保障されるわけではありません。逆に、養父母であっても、本当の愛情を日々惜しみなく与えてくれています。緊急下の女性、お母さんたちは、本当に深刻な問題をそれぞれ抱えています。愛されずに育った若いお母さんもたくさんいます。そんな母親が、悲惨な状況の中で、自分の子どもを愛せると思いますか。それは、パートナー（相手の男性）との関係だけではありません。その母親が育った家庭にも、大きな問題があるのです。私たちは、一九九五年以来、ずっとそういう母親の支援をしてきました。だから、経験的にもそのことをよく分かっています。母親も守られ、大切にされる必要があるのです。だから、この家は、アガペーの家というのです。私たちが一番大切にしていることは、不安がなく次の朝が迎えられる、ということです。つまり、きちんと庇護されている、ということです。赤ちゃんポストもそういう意味で、私たちには欠かせない大切なものなのです」。

筆者は、ガルベとポラトという二人の実践者と語り合い、この二人の自由意志に基づく実践哲学を知ることができた。ガルベは、「私の手本はマザー・テレサです」、と断言する。マザー・テレサは、ドイツ人に対して、「あなたたちの国は、経済的には豊かですが、家族の愛情という面ではとても悲しい国ですね」、と言ったそうだ。彼女の瞳の奥に、マザー・テレサの精神が生きているようだった。

最後に、ガルベ自身が書いた詩を引用しておこう。

明日の不安を感じずに眠る。
誰かに守られて目覚めて、
自分をその人に委ね、
悲しみや心配を落ち着きに変える。
その人は、全てを 大切にし、抱きしめてくれる。
その人の腕が私を包み、そして世界を包んでくれる。
(F.C.Garbe, AGAPE EIN HAUS DES LEBENS, ポストカードより)

ケース3 ケルンの「アーデルハイドの家」の赤ちゃんポスト

ケルンは、人口一〇〇万を超える大都市であり、また文化都市でもある。一五七メートルの高さを誇る大聖堂は世界的にも有名であり、荘厳である。全世界から多くの人がこの街を訪れ、大聖堂前の広場は、世界中からの観光客で常に賑わう。ここにも、赤ちゃんポストは存在する。

ケルンの赤ちゃんポストは、正式には「モーセの赤ちゃんの窓(Moses Babyfenster)」と呼ばれている。このモーセの赤ちゃんの窓は、「アーデルハイドの家(Haus Adelheid)」に設置されている。筆者は、二〇一二年八月一五日に、このアーデルハイドの家を訪れ、実際にモーセの赤ちゃんの窓を見学した。そして、アーデルハイドの家の母子支援課主任であり、赤ちゃんポストの設置者であるエヴァ・ヴィンクラー・ヤンセン(Eva Winkler-Jansen)に話を聴いた。

〈母子支援施設「アーデルハイドの家」〉

アーデルハイドの家は、ケルン中央駅から市内地下鉄で一五分程の場所にある。最寄り駅はエッシャー通り駅だ。ケルン中心地とは異なり、エッシャー通り駅付近は、閑静な住宅街だった。観光客はほぼ皆無であるが、駅は大通りに面しており、行き交う車は多い。そんなエッシャー駅に降り立つと、すぐにベビーカーを押す若い女性たちが多いことに気づいた。そのほとんどがアーデルハイドの家の方からやってくる。生後間もない赤ちゃんから一歳程度の乳児が母親(また父親らしき男性)に連れられて歩いていた。

アーデルハイドの家は、主にシングルマザーや若年層の母親、さまざまな理由から自分の両親と共に暮らせない若い母親たちの大きな受け皿となっている母子支援施設であり、母親への指導・教育を行い、妊婦、母子の総合的な支援を提供している母子福祉センターのような施設であった。日本の母子生活支援施設とはかなり異なっており、どちらかといえば病院や学校を彷彿とさせる巨大な施設である。また、保育園（Kita）が隣接しており、子どもたちの元気な声が周囲に響いている。そして、その傍らに赤ちゃんポストが設置されていた。

〈アーデルハイドの家とカトリック女性福祉協会〉

ヤンセンによれば、このアーデルハイドの家の基盤は、一九六〇年代にフランスからケルンにやってきたヘルツェン・マリーエ（Herzen Mariä）という修道女によってつくられたという。女性と子どもの支援に尽力していたマリーエは、母子支援施設と幼稚園をつくることを決意した。その際、彼女は、さまざまな問題を抱える女性たちの支援をどうにかできないかと考え、その生涯を母子福祉のために捧げた。ヤンセンはこのマリーエの歴史を力強く語ってくれた。その後、彼女は高齢のためこの活動の一線から退くことになる。当然ながら、このアーデルハイドの家を誰が引き継ぐかが問題となった。そして、一九八四年にこの家の引き継ぎを表明したのが、ケルン・カトリック女性福祉協会だった。

現在は、ケルン・カトリック女性福祉協会がアーデルハイドの家の運営を担っている。ケルン・カトリック女性福祉協会の任務は、社会福祉全般にわたっており、このアーデルハイドの家はその大きな柱の一つとなっている。もう一つの柱は、家族センター（Familienzentrum）である。この家族センターの業務内容は、保育園、子ども図書館、図書館バス、親のためのカフェ、相談、公開講座、講演会等の実施である。

そもそもドイツのカトリック女性福祉協会は、公的資金で運営される公益福祉を担うアソシエーションである。ヤンセンによれば、ここで使われる「福祉協会（Sozialdienst）」やカリタス会の「会」を指すフェアバント（Verband）は、ドイツ伝統の公的地域団体を意味する「フェアアイン（Verein）」とほぼ同義であり、いずれも公的に承認された民間団体である。このフェアアインを理解するのは、日本人には容易ではない。ここでは、「公益民間団体」としておこう。日本におけるＮＰＯ団体に近いものではあるが、同じものではない。たとえばドイツにはいくつものサッカー・フェアアインが存在する。これは地域のサッカークラブのことである。こうしたクラブを、日本では決してＮＰＯ団体とは呼ばないだろう。ゆえに、この語はＮＰＯ団体を含む、より広義の包括概念と理解すべきである。強いていえば、社会福祉協議会がこの公益民間団体に近い（赤ちゃんポストや匿名出産の創始者的存在であるシュテルニパルクもまたフェアアインであり、公益民間団体である）。

また、このアーデルハイドにおいても、児童相談所の存在は欠かせない。児童相談所とカトリック女性福祉協会は、車の両輪の如く、公共の社会福祉・児童福祉の維持、発展のために活動を行っている。ヤンセンの言葉を用いれば、「協働（Zusammenarbeit）」である。ただし、行政色の強い児童相談所に比べて、フェアアインやフェアバントは市民に近い立ち位置にあり、その上さらに公的資金のみで運営を行う非営利組織といえよう。なお、このカトリック女性福祉協会は、ドイツ全土に存在するが、ケルンにはケルン独自の協会のあり方があり、各々の地域によって協会の運営方法や内容、そのスタイルは大きく異なっている。ケルンのカトリック女性福祉協会は、かつては義捐金・寄付金でその運営資金を集めていたが、現在では、そのほとんどがケルン市の助成金（市民税の中から配分された予算）で運営している。その資金の内実も、各地域のカトリック女性福祉協会によって異なっている。当然ながら、このカトリック女性福祉協会のスタッフは、カトリック教徒のみである。ケルン・カトリック女性福祉協会は、一一〇年の歴史をもち、「民間社会福祉会（Freiwohlfahrtverband）」として活動を続けている。

　先述したバイエルン州アンベルクのカトリック女性福祉協会の取り組みについても、ヤンセンは知っていた。だが、アンベルクのカトリック女性福祉協会との交流はほとんどなく、「最初の赤ちゃんポスト提案団体」、「匿名出産等のアイデアを出した団体」といった程度の認識であった。同じカトリック女性福祉協会で、共に赤ちゃんポストを設置している団体であるにもかかわらず、その内実は極めて異なっており、全国一律ではないのである――赤ちゃんポストの設備も当然一律ではなかった。

〈アーデルハイドの家の活動〉

　現在のアーデルハイドの家は、基本的には母子支援施設と保育園を含んだ総合的な支援施設である。妊婦や母親のための教育指導も行っているし、妊娠相談にも応じている。このアーデルハイドの家の付近には、赤ちゃんを連れた母親がたくさんおり、この付近一帯が、赤ちゃんと父母の空間となっていたが、まさにアーデルハイドの家の存在ゆえのことであった。ドイツでは、妊婦は妊娠葛藤相談を受ける義務があるが、このアーデルハイドの家でも、市内の妊婦を把握し、可能な支援はすべて行っている。

図 5-9　アーデルハイドの家の赤ちゃんポストの正面

　このアーデルハイドの家にやってくる母親たちは、確かに若い。耳や鼻などにピアスをしている女性、精神的に弱く、覇気のない目をした女性、赤ちゃん

図 5-10　アーデルハイドの母子支援施設

に関心を向けずもっぱら携帯電話の画面だけを見つめている女性、あるいは若年のアフリカ系女性など、さまざまな背景をもつ女性たちが多く集まっていた。入所した女性の中には、自分の恋人に妊娠がばれると捨てられるのではないかと思い、必死に隠してきたが、遂に妊娠が明るみに出てしまい、その時にはすでに中絶もできない時期に入っていたという女性もいた。主にケルン在住のドイツ人女性がその利用者だという。

　シュテルニパルクの母子支援施設では、外国人女性、とりわけイスラムの女性の保護が主となっていたが、ケルンでは、イスラムの女性はほとんどいないという。その代わりに、上に述べたように、アフリカ系の女性が多いという。内戦が勃発した国から逃れてきた難民女性たちの多くは、ビザは取得しているものの、ドイツ国籍をもってはおらず、ドイツ国内で自立した生活を送ることは極めて困難だという。そうした女性たちの自立支援も、このアーデルハイドの家は行っている。また、興味深いことに、この家にはトルコ人女性はいないという。トルコ人たちは、家族の結びつきがとても強く、トルコ人共同体も強く機能しているから、とヤンセンは説明する。なお、イタリアやスペインといった同じEU加盟国の女性たちが保護されることもあるようだ。

　アーデルハイドの家は、妊婦や母子に関する総合的な支援組織であり、いわば〈民間主導による母子福祉の総合複合施設〉とでもいえるような地域密着型のセンターなのである。

〈幼稚園、保育園、こども園？〉

　このアーデルハイドの家は、シュテルニパルクと同様、保育園を運営している。ヤンセンは、近年の保育園の動向についても語ってくれた。

　この一〇年間、ドイツの幼稚園（Kindergarten）は大きな変革の時期にあったと、ヴィンケルは語る。ケルンでは、今や幼稚園という名称は消え、そのすべてが保育園（Kita）に移行しつつあるというのである。「幼稚園から保育園への変化は、大きな概念上の変化をもたらしました」。日本では「こども園」という名称で統一を図ろうとしているが、その現象はドイツでも現実に起こっているのである。「今の時代、午前九時に子どもを預かり、午後一時〜二時に子どもを帰宅させる幼稚園を誰が必要としていますか」、とヤンセンは語る。

筆者が訪れた八月一五日の日中も、アーデルハイドの家の保育園の園庭では、たくさんの子どもたちが元気よく遊んでいた。こちらの保育園でも、先生は「幼稚園教諭」であるが、勤務時間は明らかに長くなった。

しかし、それでもまだ不十分だという。「現在の問題は、土日に子どもを園に預けられないことです。ケルンでも、土日に働く親の数は確実に増えています。第三次産業が主流になればはなるほど、親の週末はなくなります。けれど、幼稚園は土日に子どもを預かってくれません。ケルンでは、もはや幼稚園は求められていないのです」。日本のみならず、ドイツにおいても、幼稚園・保育園問題が生じていたのである。

ここで筆者は、ドイツの幼稚園と保育園の近年の動向について語りたいわけではない。そうではなく、こうした話題が関係者の間ですぐに上ることを示したいのである。赤ちゃんポストは、一方でキリスト教や公益福祉団体に深い関連をもっているが、他方でこのアーデルハイドの家やシュテルニパルクのように、幼稚園や保育園と深い関連をもっている——初等教育や児童福祉と強い親和性をもっている——のである。

〈モーセの赤ちゃんの窓〉

アーデルハイドの家では、二十四時間母子が生活しており、日々、たくさんの支援員や保育士が勤務している。一〇〇万人の大都市ケルンに、赤ちゃんポストをつくらない理由はない。シュテルニパルクの赤ちゃんポストの存在を知ったヤンセンらの間で、それを手本にして、自分たちも赤ちゃんポストをつくろう、という話になった。ケルンでは、児童相談所とカトリック女性福祉協会の職員たちが計画立案したそうだ。職員たちは皆、この取り組みに賛成している。もちろん、この赤ちゃんポストに対しては、反対意見も多い。それでも、アーデルハイドの家の職員たちは皆、この取り組みを評価している。「妊婦に出産後のケアについて教えるのも支援、緊急下の女性をこの家に住まわせるのも支援、こども園でお子さんを預かるのも支援、妊娠葛藤相談も支援、赤ちゃんポストもその支援の一つ。これも、支援なのですから。どれも同じ」、とヤンセンは言う。

図 5-11　ヤンセン氏と赤ちゃんポストのベッド

こちらの赤ちゃんポストは、いわゆるオートメーション化された赤ちゃんポストとは違い、完全にお手製、自家製だった。すべて、自分たちでつくったという（アラーム等は業者によるものだが、システムの考案は、ヤンセンをはじめアーデルハイドの家の職員たちによるものだった。ゆえに、極めてシンプルな構造になっており、シュテルニパルクや他の地域の赤ちゃんポストと比べても、かなり簡素で無駄のない赤ちゃんポストだった。

名称も、「-klappe」ではなく、「-fenster」となっており、ケルンの赤ちゃんポストは、扉ではなく、横開きの窓そのものだった。左右に動く大きな窓を開いて、そこに赤ちゃんを置くというものだった。この窓を開けると、自動的にセンサーが反応するようになっている――ゆえに、興味本位から誰かにこの窓が開けられて、アラームが鳴ってしまうというケースも多々あるようである。アラームには二重のセキュリティーがかかっており、最初は担当の職員の携帯電話に連絡が入る。携帯電話の充電が切れていたり、電波の届かない場所にいたりする時は、二つ目のセキュリティーが作動し、母子支援施設全体にアラームが鳴り響く、というシステムになっている。赤ちゃんの命を守るという観点からも、赤ちゃんが預けられた後、すぐに保護される必要がある。ベッドも、簡素であり清潔なものだった。ベッドの下は床暖房になっていて、常に温かい状態が保たれている。母親への手紙は置いておらず、計七カ国語で書かれたパンフレットが置かれている。そこに連絡先が書いてあり、赤ちゃんを預けた後に、引き取ることが可能となっている。

図 5-12　赤ちゃんポストのFenster（窓）

〈これまでの取り組み〉

ここでは、これまでの一二年間の取り組みの中で、一五人の赤ちゃんが預けられている。二〇一二年は八月時点で、すでに二人の赤ちゃんが預けられた。どちらも生後まもない新生児だったという。

この一五人のうち、わが子を引き取りにやってきた母親は一人だけだった。その母親は、数週間こちらの母子支援施設に入所した後、北ドイツの実家（母親の両親の家）に戻っていった。今も親子で問題なく生活しているという。残りの一四人のうちの五人の子どもの母親が後に名乗り出てきたが、引き取りは困難だったため、養子縁組を行うことになった。残りの九人の母親からは何の連絡もなく、そのまま養子縁組を実施した。

ここは、引き取られた赤ちゃんの名前は、実親が名乗りでない場合、アーデルハイドの職員が決めることになっている。

ドイツではミドルネームがあるので、ミドルネームとして使われる場合もある。いずれにしても、「出生を知る」ということの内実として、「あなたは●月●日に、この赤ちゃんポストに預けられた」という情報を赤ちゃんに与えることを行っている。自分がどうやって生まれ、どこからやってきたのか、それをきちんと正しく伝えること、それが出自を知る権利なのだろう。養子縁組の多い欧州、ドイツならではの「知る権利」ともいえなくもない。日本では、まだそれほど「出自を知る権利」は一般化されていないが、それもそのはずであろう。日本では、欧州ほど養子縁組は多くはないからである。

〈元幼稚園教諭の赤ちゃんポスト設置者としてのヤンセン〉

ヤンセンは、アーデルハイドの家の母子支援課を総括している主任である。このアーデルハイドの家の「顔」にもなっている。そんな彼女もかつては一教育者であった。

ヤンセンは、もともと幼稚園教諭として自身のキャリアを歩み始めた。幼稚園教諭を目指したきっかけは、「子どもと一緒にいることが好きだったから」、という。保育系の専門学校で三年間の専門教育を受け、一年間の実習を終えた後、幼稚園教諭として働き始めた。六年後、彼女は、一度現場を離れ、専門大学（Fachhochschule）に進学し、そこで教育学を学んだ。専門大学修了後、彼女は、今度は幼稚園の教務主任として、再び働き始め、主任として七年間、幼稚園教諭の道を歩み続けた。そして、その後、とある縁でケルン・カトリック女性福祉協会の職員として働き始めたという。

彼女の中では「教育」は大きな基本的支柱として生きている。彼女は言う。「このアーデルハイドの家は、人生の学校です。親のための学校でもあります。このアーデルハイドの家に暮らす女性たちは、ほとんど何も分かっていません。家計のやりくりもできないのです。赤ちゃんに何を食べさせればよいのか。どんな環境を赤ちゃんに与えればよいのか。本当にわかっていません。今の若い母親は、携帯電話代として毎月一〇〇ユーロ払っているのに、『お金がなくて、赤ちゃんのご飯代やおむつ代を払えない』、というのです。私たちは、母親にありとあらゆることを教えます。家計のやりくり、養育の仕方、おむつの替え方、スーパーマーケットでの買い物の仕方、その他もろもろです。けれど、私たちが一番大事にしているのは、母親と子どもの心理的な関係づくりです。そのために、わたしたちは講座を開いており、ここで暮らす女性たち全員に、この講座を受けてもらっています。少ないときで五、六人、多いときで一五人くらいの母親が、子育て、赤ちゃんとのかかわりについて学んでいます。それを担っているのが、こちらで働く保育士や幼稚園教諭、あるいはソーシャルワーカー・社会教育専門職員たちです。また、この家には、非常勤の助産師もいます。助産師との面会時間も用意していますし」。いわゆる学校教育とは異なるものかもしれないが、アーデルハイドの家はまさに「生きることを学ぶ学校」である。ここでは、助産師も「教師」であった。筆者が訪問した際、偶然にも、その助産師がいたので、話を聞くことができた。その助産師は、まだ二〇代と思しき若い女性だが、実際に多くの妊婦や母親に、妊娠や出産にかかわる相談や助言等を行っている。彼女に、「アーデルハイドの家での仕事で一番の困難は何ですか」と尋ねると、彼女は、「妊婦や母親に、母親とは何か、母親の役割とは何かを教えることがとても難しいです」、と語っていた。

また、ヤンセンは、こうも言っていた。「わたしたち全員が、もっとこうしたことに関心をもたなければなりません。特に保育者たちは、狭い視点ではなく、広い視点からもっと子育てや母子の問題を考えてほしいと思います」。ヤンセンの根の部分にある教育者の顔が垣間見えた瞬間でもあった。「私たちの取り組みは、まさに人生の教育実践です。幼稚園教諭や保育士になるのであれば、こうした問題にもっと強い関心を向けてもらいたいです。いい教材ですよ。母親がどうなっているのか。どんな支援が必要なのか。どんな困難があるのか。そうしたことをイメージすることもまた、教師や保育士には必要なのです。このアーデルハイドの家で働く保育者たちは皆、母親への支援を行っています。こうした母親への支援こそが、実は『子どものため』なのではないでしょうか。『子どものために』、私たちはもっと尽力したいですよね」。

ケルンの赤ちゃんポストは、医療機関主導のものではなく、キリスト教的救済事業と教育保育実践を包含した母子教育・母子福祉活動の延長線上にあるものだった。「カトリック女性福祉協会」という要素を外せば、まさにシュテルニパルクのような団体であった。シュテルニパルク同様、いやシュテルニパルク以上に、支援活動の中に「学び」や「教育」の要素が色濃く反映されているようにも思えた。すなわち、アーデルハイドの家においては、親を教育し、親をきちんと自立させること、それが実は最も子どもの学びの礎を保証することだという実践思想が隠されているように思えた。

ケース4　ゲルゼンキルヒェン・ユッケンドルフの赤ちゃんポスト

赤ちゃんポストは、保育園、医療施設、教会、母子支援施設の他に、いわゆる児童養護施設にも設置されている。その一つ、ボーフム郊外にあるゲルゼンキルヒェン・ユッケンドルフという町にある児童養護施設、「ゲルゼンキルヒェンの子どもの家（Kinderhaus Gelsenkirchen）に訪れた。クナップシャフツ通りという閑静な住宅地の一角にある。

この児童養護施設は、カリタス会の運営による施設で、赤

図 5-13　子どもの家

ちゃんポストとカトリック教会の関連性が窺える。この家の近くには、同じカリタス会が運営する老人ホームもあった。児童養護施設に設置された赤ちゃんポストとは、いったいどのようなものなのだろうか。施設の職員たちはどのような思いで、この赤ちゃんポストを見つめているのだろうか。二〇一二年九月、筆者はこの施設を訪問した。施設長のエルケ・シュトライベル（Elke Streibel）とカリタス会「児童・青少年・家庭相談所」代表のメーテ・ヴェーバー－ボンズィーペン（Methe Weber-Bonsiepen）の二人と対話し、この家の「勝手口」の傍らに設置された赤ちゃんポストを見学した。

〈静かな街の小規模な児童養護施設〉

この子どもの家は、一九七八年設立の施設で、主に身体的虐待・性的虐待、育児放棄（ネグレクト）を受けた子どもたちの養護やケアを行っている児童福祉施設である。一九七八年から一九九九年までは、この地区のカトリック女性福祉協会が運営していたが、その後、一九九九年にカリタス会に運営主体が代わった。いや、厳密にいえば、カリタス会自体がカトリック女性福祉協会を含む巨大組織なので、運営主体が変わったわけではない。昔も今も、広義ではカリタス会が運営している児童養護施設である。一九八七年以前は、同エリアの別の場所のより大きな建物の中で、母子支援事業を行っていた。だが、シュトライベルによれば、「もっと静かな場所で、もっと小さな家で、子どものために」という思いから、このユッケンドルフに移り、社会的養護に特化した施設に変わっていったそうだ。この静けさは、子どものために特に強く求めた点であったという。同施設のウェブサイトでは、次のように表明されている。

すべての子どもが保護を必要とし、安心を必要とし、愛情を必要とし、信頼を必要としています。しかし、多くの子どもたちがこのカリタス会の子どもの家で初めてそうしたことを経験します。三〇年以上にわたり、ユッケンドルフのクナップシャフツ通り一二番地にある小さな邸宅で子どもたちのケアを行ってきました。その子どもたちは、激しいネグレクトを受け、身体的・性的な虐待を受けてきています。また、彼らの親も深刻な薬物中毒問題を抱えていたり、慢性的・精神的な疾病を抱えていたり、人間関係上の問題を抱えていたりしています。
（http://www.caritas-gelsenkirchen.de/55172.html　情報取得2012/10/20）

この家の子どもたちは、〇歳から八歳までで、最大一四人まで受け入れ可能となっている。それだけでも小規模だが、さらに三つのグループに分かれていて、各グループ四人～五人に編成される。小舎制の児童養護施設と考えてよいだろう。ここにいる子どものほとんどがドイツ国籍の白人の子どもばかりだそうだが、若干名の外国籍の子どももいる。この家に住む子どもたちの親は、ほぼ全員、何らかの問題を抱えており、慢性的な病気を患っているか、あるいは養育困難とされている。

図 5-14　シュトライベル氏と赤ちゃんポストの看板

実際に、この施設を訪れてみると、主に三歳から八歳程の子どもたちがそこで暮らしており、保育者と共に日常を過ごしていた。室内は天井が高く、中央は吹き抜けになっており、子どもたちの声が響いていた。外国人である筆者を見ると、子どもたちは不安そうな顔をして、保育者の背後に隠れようとしていた。部屋は主に二人部屋で、男女別だった。

紛れもなく日本の児童養護施設に近い施設だった。ただ、「施設」という印象はあまりなく、少し広い住宅に少し多くの子どもたちが保育者と共に生活している、という印象を受けた。なお、この子どもの家には、八歳以上の子どもはおらず、八歳以上になると、親元に戻すか、受け入れ可能な里親家族を探すか、選択するとのことである。〇歳から八歳、そして八歳以上という区分けは、日本の社会的養護上の区分けとは全く異なっている。

施設長のシュトライベルは、もともとソーシャルワーカーだった。高等教育としては専門大学で心理学を学んだ。その後、児童相談所職員や心理相談員として専門家の道を歩み、カリタス会の家族支援・家族相談を行うようになった。また、同時に「Babybedenktzeit（赤ちゃんを考える時間）」という未成年の女子向けの教育プログラムに取り組んできた。このプログラムは、「親を学ぶ」、「親の実習」という目的でつくられたもので、人形を使い、子育ての技術やそのための資質などを学び合うものである。そうしたキャリアを経て、カリタス会が運営するこの子どもの家の施設長として勤務するようになった。このように、シュトライベルは幅広く児童支援を続けてきた人物であり、そのシュトライベルの盟友であるボンズィーペンと共に、一〇年前、赤ちゃんポストへの道を歩むようになる。

〈児童養護施設に設置された赤ちゃんポスト〉

赤ちゃんポストは、子どもの家の庭を通り、左手奥に設置されていた。二〇〇二年に設置されたという。なぜ児童養護施設に赤ちゃんポストが置かれるに至ったのか、と筆者が尋ねると、シュトライベルは次のように答えてくれた。「赤ちゃんポスト設置の話は、実は病院からの提案があったのです。病院にはたくさんの人が集まってきます。いつでも人がいます。匿名性のことを考えると、医療施設よりも、私たちの養護施設のような場所の方がよいのではないかと言われました。病院よりは、この施設の方が人に見られる可能性は低いですからね」、と。たしかにこの場所は静かで、人通りも少ない。この提案を受けて、シュトライベルとボンズィーペンは、この提案について何度も話し合ったという。そして、設置することを決めたそうだ。

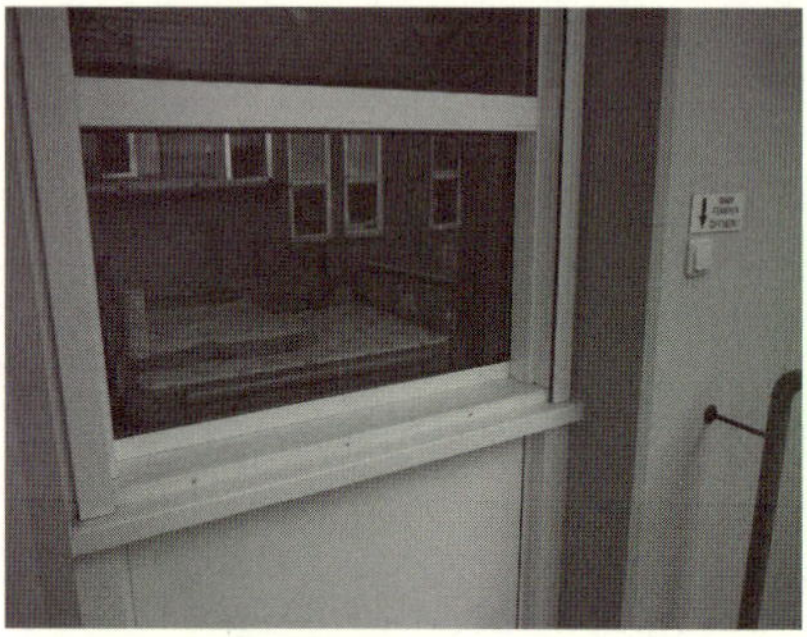

図 5-15　壁面に設置された赤ちゃんポスト

その後、提案してきた病院、カリタス会、児童養護施設の「協働（Zusammenarbeit）」で、赤ちゃんポストの設置が実現されたという。もちろん児童相談所の協力も得る必要があった。だが、その当初、児童相談所は反対の立場だったそうだ。二人は児童相談所職員たちと何度も話し合い、赤ちゃんポスト設置の意味や目的などを確認し合い、最終的には協力を得るに至った。その時に、病院やカリタス会が児童相談所に追及したのが、「法的責任」であった。赤ちゃんの命を守るのは、法的責任である、と。いわば小児医療や児童福祉のスペシャリストたちの法的責任を果たす新たな挑戦として取り組んだ、とシュトライベルは筆者に語った。「私たちのコンセプトは、母親の支援です。緊急下の女性たちに解決策を与えることです。赤ちゃんポストはその一つだと思っています。赤ちゃんポストは最終手段だとは思いますが、同時に最初の一歩でもあります。母親にとっては最後の可能性ですが、赤ちゃんにとっては人生の第一歩です。そのことを念頭に置いています。赤ちゃんの命を守るのは、私たちの責任であるし、また法的責任なのです」。

この子どもの家の赤ちゃんポストの機能もまた、まさに協働であった。赤ちゃんがこの家に預け入れられた時、施設の職員はすぐに病院に連絡を入れ、赤ちゃんを病院に連れていく。同時に、児童相談所にも連絡し、短期里親の手配を開始する。赤ちゃんを預けた母親に宛てた手紙に書かれてある緊急連絡先はカリタス会になっているので、カリタス会は母親からの連絡を待つ。こうしたプロ集団の協働システムが整えられていた。

設置されてから一〇年経つが、未だに赤ちゃんポストは一度も使用されていない。それゆえ、「未だに赤ちゃんポストに赤ちゃんが預け入れられた時の実際のことは何も分かっていない」、とシュトライベルは筆者に語っていた。一〇年間、一度も赤ちゃんが預け入れられていない、それにもかかわらず、存在し続ける赤ちゃんポストもあるのである。

ケース5　ギュータースロー郊外の赤ちゃんポスト

ハノーファーから特急列車で一時間半ほど、またドルトムントから一時間ほどのところにあるのが、ギュータースローという街である。日本人にはあまりなじみのない街かもしれないが、落ち着いた地方都市である。このギュータースロー郊外にあるブランケンハーゲンという小さな農村地帯に、小さく簡素ながら、どこか神秘的な雰囲気の漂うカトリック教会が建っている。その教会に隣接するかたちで、赤ちゃんポストが設置されている。この地域に暮らす人はわずか数千人だが、車での利便性がよく、多くの車が行き交う場所である。

図 5-16　ブランケンハーゲンのカトリック教会

〈聖なる家族〉

この町の赤ちゃんポストは、「Baby-Fenster」と命名されている。ケルンの赤ちゃんポストは「モーセの赤ちゃんの窓」だった。似た名称だが、少し異なっている。こちらの赤ちゃんポストは、「赤ちゃん－窓」である。赤ちゃんと窓の間に「－」が入っており、他との違いを出している。このブランケンハーゲンの赤ちゃんポストは、病院でも、母子支援施設でもなく、教会の隣にある司祭館（Pferrhaus）に設置されている。

設置者は、聖堂区（Pfarrgemeinde）であり、「聖家族（hl. Familie）」というカトリック団体が運営している。この聖家族には、教会の他、司祭館、そして青少年余暇の家、幼稚園が設置されており、地域の社会福祉・児童福祉の拠点にもなっている。「青少年余暇の家」は、ドイツの教育システムに適った施設である。ドイツでは、伝統的に、小学校は午前中しか授業が行われていなかった。午後の時間、子どもたちが過ごす場所が必要だった。その必要に応じていたのが、この余暇の家である。現在、ドイツでは全日学校（Ganze Schule）が普及しており、こうした施設は以前ほど必要ではなくなってきている。だが、現在でも、社会教育専門職員が勤務しており、子どもの大切な居場所となっている。「この場所で、この町の子どもたちは地域の友達と出会い、交流を育みます」。

〈司祭館の赤ちゃんポスト〉

では、いったいなぜ、どういう理由で、またどうした人たちによって、この町の赤ちゃんポストは支えられているのだろうか。こちらの赤ちゃんポストは、合計六人の教会関係者有志でプロジェクトが実行されている。そのプロジェクトの代表、クリストフ・エッペルト司祭（Christoph Eppelt）と、彼の友人で教区内の手工業職人エルンスト・シュタムマイアー（Ernst Stammeier）に話を聴くことができた。

エッペルトは、この小さな教会で三〇年間、司祭として生きてきた。現在は、現役を退き、無償で地域福祉のために尽力している。約二時間半、彼の話を聴くことができたが、とても美しいドイツ語を話す司祭で、深い博愛精神に満ちていた。

図 5-17　エッペルト司祭と赤ちゃんポスト

このエッペルトとシュタムマイアーの二人で、二〇〇〇年頃、赤ちゃんポスト設置に向けて動いたそうだ。エッペルトがアイデアを出し、それに基づいてシュタムマイアーと共にシステムをつくり上げていった。全て無償の奉仕だった。

こちらの赤ちゃんポストは、のどかな郊外の静かな通り沿いに設置されている。街中ではない。「この場所なら、人通りはあまりありません。夜になれば、車でさっと来て、赤ちゃんをこちらに預けられます。誰にも見られないでしょう。人が歩いていませんからね」。赤ちゃんが預け入れられて数分後に、自動的に、エッペルトとシュタムマイアー、その他数人の携帯電話に知らせが入る。「赤ちゃんポストに赤ちゃんが預けられました。すぐに来てください。聖家族の赤ちゃんポストに赤ちゃんが預けられました」、というメッセージが聞こえてくる。このメッセージは、上述したシュタムマイアーの息子の声だという。限られた人材でつ

図 5-18　24時間、モニターで赤ちゃんポストの内側が記録されている

くり上げたことを実感する。その後、エッペルトら設置者たちは、ただちに病院に連絡し、そこで必要な診察を行うという。

〈赤ちゃんポスト設置の理由〉

　では、なぜエッペルトらは、こののどかな田園地帯の司祭館に赤ちゃんポストを設置したのか。その具体的なきっかけとなる一つの出来事があった[27]。

　一九八三年一〇月、このブランケンハーゲンの司祭館の入り口付近のオレンジを入れる容器の中に一人の赤ちゃんが寝かされていた。それを発見したのがエッペルトだった——その赤ちゃんは今、成人し、一人前のビジネスマンとして働いている。成績が優秀で、他の人よりも半年早く学校を卒業したそうだ。この経験があって、二〇〇〇年当時、司祭館の代表だったエッペルトは赤ちゃんポスト設置に踏み切った。「赤ちゃんの命を守りたい、それから、パニックになったお母さんが間違った行為をしないように、何かしなければという気持ちになりました」。

　こちらの赤ちゃんポストのねらいは、簡素な手づくりのパンフレットに記されている。それによれば、「命を守ること（Leben zu bewahren）と、「母親・両親の短絡的な行動を思い留まらせること（Mütter Eltern vor einer Kurzschlusshandlung abzuhalten）」が、この赤ちゃんポストのねらいである。前者は、クーンも指摘している「生命保護手段としての赤ちゃんポストの特性」（Kuhn 2005：124）を示しており、また後者は、まさに本書のテーマである緊急下の女性の支援そのものである。エッペルトは、繰り返し「短絡的行動を起こさせないこと」の重要性を語っていた。このエッペルトの話から、赤ちゃんの命の保護と緊急下の女性の緊急支援手段という二つの要素が、このブランケンハーゲンの赤ちゃんポストにとって欠かせないと理解することできるだろう。

　こちらの赤ちゃんポストにも、母親への手紙に代わるパンフレットがある。パンフレットというには、とても簡素なものだが、ここにも、緊急連絡先となる電話番号とこの赤ちゃんポストがどのように機能しているのかが記されている。

〈これまでの一〇年間でゼロ〉

二〇〇二年、赤ちゃんポストは司祭館の壁面に埋め込まれるかたちで設置された。他の赤ちゃんポストに比べると、手づくり感がとても強い。シュタムマイアーは、「これは、私がつくりました。大変でした。エッペルトさんと話し合って、エンジニアである私の息子と共に、約二年かけて、完成させました」、と教えてくれた。敬虔な司祭であるエッペルトと違い、快活な男性だった。

この一〇年間、実のところ未だに一度も赤ちゃんは預け入れられていない。それでも、エッペルトは全ての母親のために赤ちゃんポストを守ろうとしている。「それでよいのです。赤ちゃんポストをなくすつもりはありません。誰かがこれを引き継いでくれるとよいですが、それは分かりません。少なくとも私が死ぬまでは、この赤ちゃんポストはあり続けると思います。女性や産まれてきた赤ちゃんを守る、それはとても大切なことです」。一〇年間、一度も使われていない赤ちゃんポスト。「使われていないから必要ない」ではない。そこに赤ちゃんポストがあることが重要なのだ、と彼は筆者に語ってくれた。

図 5-19　一度も使われていない赤ちゃんポスト

では、エッペルトはなぜそうした重要性に気づいたのか。司祭はエッペルト以外にもたくさんいる。だが、なぜエッペルトはここまで赤ちゃんポストにこだわるのか。そこには、彼ならではの経験があった。

〈エッペルトとターンボックス〉

エッペルトは、司祭を目指していた学生時代に、イタリアに修養の旅に出かけている。戦後間もないころだという。若きエッペルトは、北イタリア、南チロル地方のある町を訪れた。その時、彼はその町のとある女子修道院を訪問することになった。その女子修道院で、彼は彼自身の目で、中世に営まれていたターンボックスを見たそうだ。ターンボックスは、中世、捨て子を保護する目的で設けられた赤ちゃんポストのようなものである（第八章参照）。これを彼は五〇年ほど前に見ていたのだった。この原体験が、エッペルトの中にはあった。ゆえに、彼が二〇〇〇年頃、ドイツ国内で赤ちゃんポストが話題になっていた頃に、いち早く赤ちゃんポスト設置に向けて動くことができたという。

また、彼は、司祭でありつつ、小学校と中学校の教科「宗教」

を教える教師でもあった。長年、彼は子どもたちに宗教とは何かということを問いかけ、そしてその意味を教え続けてきた。「私は、司祭でもありますが、教師でもあります。私の父も実は教師でした。私の父は、戦前の職業学校の教師であり、子どもたちに働くことの意味を伝えようとしていました。教師であることと、赤ちゃんポストの担い手であることにはどんな関連があるのかは分かりませんが、子どもや女性たちを守りたい、母親がパニックになって、短絡的な行動に走ってしまうことを防ぎたいと思うのは、自然なことだったと思います」、とエッペルトは語る。

　赤ちゃんポストの取り組みと教育の共通点は、彼の中には自明のこととしてあったようだ。「子どもを守りたい」「母親を守りたい」「赤ちゃんを守りたい」、それがエッペルトの根本的な願いであり、また司祭であり教師であることとの根底であった。

ケース6　オーストリア・ウィーンの赤ちゃんポスト

　ドイツの隣国、オーストリア。その首都ウィーンにある赤ちゃんポストに目を向けてみよう。ウィーン市内で二番目に大きな総合病院、ウィーン市立ヴィルヘルミーネン病院の小児科（新生児科・心療内科を含む）に赤ちゃんポストのプロジェクトチームがある。このチームの代表が、小児科グループ代表で医師であるアンドレアス・リシュカ（Andreas Lischka）である。[28] 彼は、二〇〇〇年一〇月当時、オーストリア初の赤ちゃんポストの創設に尽力した人物である。この病院の赤ちゃんポストは、「赤ちゃんの巣（Babynest）」と表記されている。筆者は、二〇〇六年一〇月にこのリシュカにインタビューを行い、施設内を観察させてもらった。

図 5-20　ウィーンの赤ちゃんポストの出入口

　その小児病棟は、未熟児や病児など困難のある子どもを主に扱う病棟であり、病棟内の空気は張り詰めていた。だが、それと同時に、一命をとりとめた小さな子どもの力がみなぎっていた。この場所で、赤ちゃんポストに預けられた乳児の診察や検査なども行うという。だが、この病棟に赤ちゃんポストが設置されているわけではない。この小児病棟から徒歩五分くらいのところに、小さな建物があり、そこに赤ちゃんポストが設置されていた。

〈ウィーンの赤ちゃんポスト「赤ちゃんの巣」〉

このヴィルヘルミーネン病院の赤ちゃんポストは、「赤ちゃんの巣」と呼ばれているが、その理由について、リシュカは次のように語っていた。「巣（Nest）は、ドイツ語の『扉(Klappe)』に該当する言葉ですが、この扉というドイツ語は、私たちウィーンの人々には少々乱暴に響くのです。もともとハンブルク地方の方言なのです。だから、わたしたちは、この扉という語ではなくて、もう少し温かみのある巣という言葉を採用しました。扉は、『窓（Fenster)』と言い換えることもできます。この窓という言葉を採用している団体もあります。けれど、わたしたちは、窓ではなく、『赤ちゃんの巣』という名前に決めました。そちらの方が私たちウィーンの人にはよいのです」。

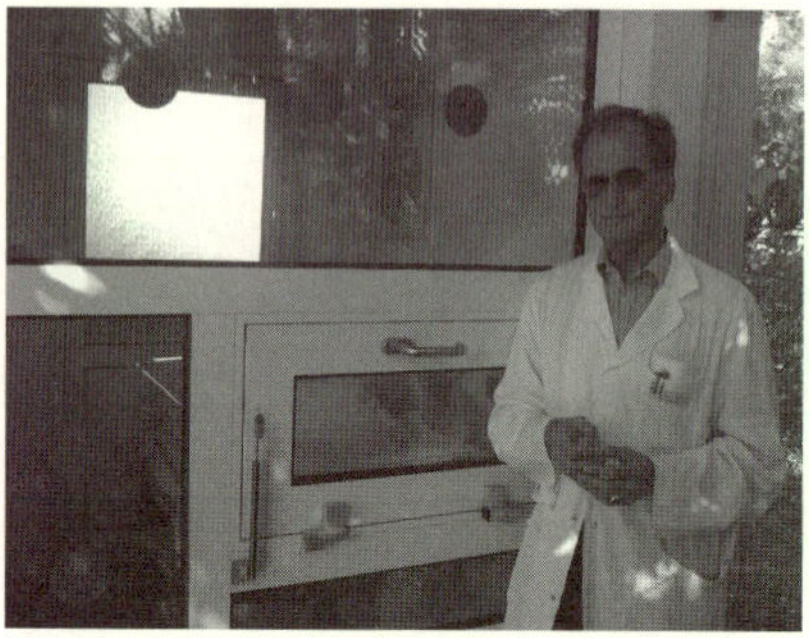

図 5-21　リシュカ医師と赤ちゃんポスト

その名のとおり、赤ちゃんポスト「赤ちゃんの巣」は、病院の敷地の端っこで、まるで森の中にひっそりと隠れてつくられた巣のように、ぽつんと存在していた。

上で述べたとおり、二〇〇〇年一〇月にこの赤ちゃんポストは設置されている。ドイツ初の赤ちゃんポストは同年四月に誕生しているので、それからわずか六カ月でウィーンにも赤ちゃんポストがつくられたことになる。では、これまでどれくらいの赤ちゃんが預けられたのだろうか。

> これまでの六年間（二〇〇一～二〇〇六）に、計一四人の赤ちゃんが私たちの赤ちゃんポストに預けられました。皆、無事に育っています。二人の赤ちゃんは実の両親、又はその両親の親のところに戻っていきました。一二人の赤ちゃんは、児童相談所を経由して、里親のもとに預けられました。私たち医師の仕事は、赤ちゃんを保護して、異常がないかを検査し、児童相談所に委ねるまでです。

ヴィルヘルミーネン病院の赤ちゃんポストは、専門的な「医療支援施設（Medizinische Serviceeinrichtung）」に設置されている。それゆえ、預けられた乳児の身体的、知能的、精神的な状況をただちに把握し、あらゆる情報を正確に児童相談所に提出することができる。この点は、医療施設内赤ちゃんポストの利点だろう。だが、その一方で医療施設特有の問題もある。それは、匿名性をどのようにして保障するか、である。

図 5-22　病院の一角にひっそりと佇む赤ちゃんポスト

図 5-23　ベッド側から見た赤ちゃんポスト

〈匿名性を保持するために〉

親の匿名性を保持するために、ヴィルヘルミーネン病院ではどのような対策が取られているのであろうか。大きな総合病院ゆえに、多くの人が行き交っている。二十四時間、入院患者の姿もある。人のみならず、車の交通量も多い。

ヴィルヘルミーネン病院の赤ちゃんポストは、広大な敷地内の他の建物と離れた片隅に、ひっそりと存在している。わずか二畳ほどの小さな小屋の中に設置されていた。病院の敷地内から見ると、小さな倉庫のようにしか見えない。

この小屋の内部上方に、ベッドに向けられたビデオカメラが設置されている。このビデオカメラは二十四時間作動しており、病棟内の新生児室のモニターで赤ちゃんポストの内部の様子を常に確認することができる。中央には小さなベッドが用意されている。ここに赤ちゃんが寝かされることになる。この先、ベッドの利用が一週間後になるか、一カ月後になるか、一年後になるかは分からないが、常に清潔に保たれている。ベッドは常に一定の温度で保たれており、そのための装置が傍らに置かれている。部屋の正面は大きな窓ガラスになっていて、外が見える。だが、病院の壁と入口の黒い門が立ちはだかっており、病院の敷地外は見えない。匿名性を保持するために、病院の敷地外から内側が見えないようになっているのだ。

病院の敷地を出て、外側からこの赤ちゃんポストを見てみよう（図5-20）。いわば利用者の視点からこれを見ることになる。

赤ちゃんポストの入口は、交通量の多い通りに面していた。バスの停留所のすぐ傍にある。赤ちゃんポストの門の上部には大きな文字で「赤ちゃんの巣」と書かれてある。リシュカによれば、一般の人までそれほど浸透した言葉ではないので、大きな文字で書いても問題にはならない、という[29]。

〈ヴィルヘルミーネン病院の赤ちゃんポストに預けられた赤ちゃん〉

筆者が、「これまでに預けられた赤ちゃんのことを聴かせてくれませんか」、とリシュカに尋ねると、一枚の新聞記事を差し出し、これを読むようにと促された。それが、以下の文章である。

自分の子どもを置き去る母親の絶望感はいかほどであろうか。生まれて数週間の双子のモナとリサは、ウィーンのヴィルヘルミーネン病院にある小さなベッドに置かれた。そして、自分たちを赤ちゃんポストに預けたママを待っている。医師や看護師たちは、じきにくる母親からの連絡を切望している。

モナとリサはママと再会するであろうか。木曜日の一二時、ヴィルヘルミーネン病院の中。二人の赤ちゃんは、二人の女性医師の腕に抱かれていた。二人の乳児は、目を閉じ、ぐっすり眠っていた。二人とも自分の身に何が起こっているのかなど知る由もない。母親がヴィルヘルミーネン病院の赤ちゃんポストに置き去ったなどと、思いもよらないだろう。ベッドには「お別れの手紙」が添えられていた。その手紙には、この双子の赤ちゃんの名前が書いてあった。二人の赤ちゃんの将来は、全く分からない状態にある。母親ができるだけ早く連絡してくれることが、医師や看護師たちの願いだ。担当医師であるリシュカ氏は、「生後の一週間、母親は恐らくきちんと赤ちゃんを育てたはずである。モナもリサも非常に良い状態であった」、と言う。モナの体重は二四〇〇グラム、リサは二六〇〇グラムであり、非常に健康である。今後、この女の子たちはどうなるのだろうか。これから数週間、二人は、一時的に里親家族に預けられることになる。

(Österreich, Mittwoch.18. Juni. 2003)[30]

このモナとリサは、オーストリアの赤ちゃんポストに預けられた「双子の新生児」ということで、オーストリアのみならず、ドイツやスイスでも大々的に報じられたそうだ。母親は、「あなたたち二人を愛している」という短い手紙を残して立ち去った。リシュカを始め、スタッフは皆、母親からの連絡を待った。しかし、結局のところ母親が名乗り出ることはなく、最終的に特定されることもなかった。リシュカは、この時、「生後一週間、母親はきちんと赤ちゃんを育てた」という事実と、「赤ちゃんを遺棄せずに赤ちゃんポストに託した」という事実を重んじるべきだと考えたそうだ。

さらにリシュカは、実際に預けられたもう一人の乳児の話を始めた。それは親が特定できた稀有なケースだった。

最初に私たちの赤ちゃんポストに預けられた赤ちゃんは非常に印象的でした。設置後三ヶ月でした。その赤ちゃんのお母さんは、一七歳の若い女性だったのですが、不運にも、妊娠中に交通事故にあってしまいました。母親は一命を取り留めました。けれど、腹部を強く打ってしまいました。父親は失業中で、育児するだけの経済力も精神力もありませんでした。こうしたこともあり、母親は徐々に不安になってきました。「もし自分の子どもがこの事故のせいで障害児になってしまっていたらどうすればよいだろう」、と。その後、自分の子どもは障害児に違いないと思い込んでしまったこの母親は、不安のあまりに、生まれたばかりの赤ん坊を赤ちゃんポストに預けてしまったのです。けれど、その母親の両親、つまり、赤ちゃんの祖父母が赤ちゃんを引き取りに来て、無事家に戻ることができました。

この事例からも窺えるように、赤ちゃんポストには、望まれない赤ちゃんだけではなく、さまざまな状況下の赤ちゃんが預けられている。しかし、その赤ちゃんがいったいどのような両親の子どもなのかを把握するのは極めて困難である。というのは、赤ちゃんを預けた親が特定されないという匿名性が、赤ちゃんポストにとって最も重視されるからである。リシュカも、この点については未だに解決できていない問題だと指摘していた。

ケース7　赤ちゃんポストを製造する金属工

ここで、赤ちゃんポストの設置者ではなく、赤ちゃんポストそのものに目を向けてみよう。赤ちゃんポストは、それ自体一つの近代的な金属加工品である。いったい誰がこの装置やシステム全体を製造しているのか。そして、どのようにしてそれらは考案されたのか。調査の中で、一人の人物の名が浮かんできた。その人物が、シュテルニパルクとアガペーの家に設置されている金属加工品「赤ちゃんポスト」を製造していたのである。

いったいその人物は、どのようにしてこの製品を産み出したのか。このシステム自体、いったいどれだけの価格なのだろうか。一年中、二十四時間、作動し続けているこの赤ちゃんポストという機器には、どのような物語があったのか。

その人物こそ、ハンブルクの金属工、ヴィンケルマンである。そこで、筆者は彼の作業場を訪問することにした。彼こそ、赤ちゃんポストそのものを作製した人物である。

〈ヴィンケルマンの作業場〉

ヴィンケルマンの作業場は、ハンブルクの中心から少し離れた地区の大きな集合住宅の一角にあった。この作業場はすでに一六年以上の歴史をもつ。彼の作業場は完全に個人経営の小さな工場で、全て彼の手によってつくられている。ハンブルクでも、こうしたハンドメイドの小さな作業場は減ってきているとのことである。ゆえに、クライアントとの結びつきはとても重要であり、彼は「この作業場があり続けるため

図 5-24　ヴィンケルマン氏

の基盤」と言っていた。それほど小さな作業場だった。

　彼の仕事は多岐にわたる。金属加工をベースとしながら、金属製の階段、バルコニー、家具、ドア、フェンス、窓枠などを製造している。さらに、たとえばレストランの店の表札といった金属製の看板や、アパレルやアクセサリーショップなどのレイアウトのデザインからその製造も一手に依頼を受けてつくっている。

　このヴィンケルマンこそが、ドイツ初、そして第二の赤ちゃんポストを考案、製造した人物である。現在一五カ所に、彼の手でつくられた赤ちゃんポストが存在する。

〈ヴィンケルマンとモイズィッヒ〉

　ヴィンケルマンは、二〇〇〇年当時、この赤ちゃんポストについて何を考えていたのだろうか。彼は言う。「最初、僕がこの赤ちゃんポストを作った時、周りから非難の声を浴びたよ。赤ちゃんを捨てる箱をつくってどうするのだ、と。メディアもかなり厳しいことを書いていた。でも、次第にメディアは変わっていった。理解する人も増えてきた。僕は最初からいいと思っていたよ。困っている母親は確かにいるし、この赤ちゃんポストで救えるなら、それはいいアイデアだと思ったんだ。そうでなければ、こんなものをつくったりはしないよ」。ヴィンケルマンは、この赤ちゃんポストの構想の時点で、共感をもっていたという。

　この赤ちゃんポスト製造の依頼主は、シュテルニパルクの代表、ユルゲン・モイズィッヒだった。一五年ほど前、ヴィンケルマンは、モイズィッヒが運営することになる幼稚園の螺旋階段設置の依頼を受けた。共通する知人の紹介だったそうだ。それ以後、ヴィンケルマンとモイズィッヒは、仕事上の良好な関係を築いた。これまでの一五年間、シュテルニパルクが運営する多くの幼稚園や保育園のさまざまな設備や機器、たとえば階段や窓枠や手すりなどを彼が手がけてきたという。

　ヴィンケルマンは、ある時突然モイズィッヒから、赤ちゃんポスト構想の話を聞かされ、扉をつくってくれと頼まれた。彼はその依頼を引き受けた。「いろいろと話し合ったよ。だいたいこれまで存在しないものだからね。最初、彼は四〇〇ユーロくらいでつくってくれと言ってきた。だけど、その後になって、四万ユーロでできるかという話になったんだ。

一〇〇倍だよ。驚いたね。でも、こればかりは、誰にも分からないからね。彼も相当困っていたよ」。いったいいくらくらいで、どんなものをどのようにつくればよいのか、ヴィンケルマンはモイズィッヒと何度も議論を重ねたという。「最初は、扉（Klappe）じゃなくて、回転する台みたいなものを提案したんだよ。昔あったターンボックス（ステージⅢ、第八章参照）みたいなものだね。あの当時は、中世の時代にイタリアなどにあったターンボックスなんて知りもしなかったが、とりあえずスケッチを描いて、彼に見せたんだ。そうしたら、違う、そうではない、と言うので、また別のスケッチを作って、見せて、すると、そうだ、これだと。そういう感じで、何度もやり直しをさせられたよ。それでできたのが、ゲーテ通りに設置した赤ちゃんポストなんだ」。

　このように、二人で何度も議論を重ねて生まれたのが、現代に蘇った赤ちゃんポストであった。その後、電気関係のエンジニアを交えて、三人でこれまで存在しなかった近代型の赤ちゃん保護装置を完成させていった。彼がつくった赤ちゃんポストの扉の名前は、「MOSEⅡ」である。日本の赤ちゃんポストも、この彼の赤ちゃんポストをモデルにしてつくられたと思われる。

〈ヴィンケルマンの扉〉

　では、実際にヴィンケルマンがつくった赤ちゃんポストを見ていくことにしよう。彼が作製しているのは、赤ちゃんポストで使用される扉とその枠、そしてその開閉用の装置である。それは、以下のとおりである。

　赤ちゃんポストは、オートロック式の扉がその基盤となるが、その他に常時三七度に保たれたベッドも必要である。このベッドは、医療器具を専門に取り扱う業者によってつくら

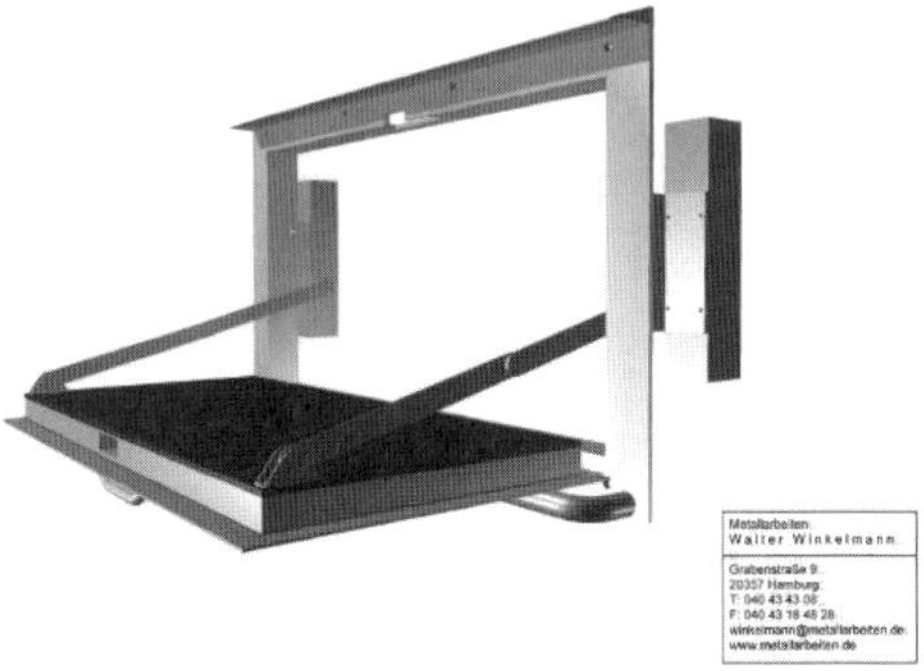

図 5-25　赤ちゃんポストの完成予想図（ヴィンケルマン作）

れた。こちらは、技術的にすでに問題はなく、扉ほどには難しいものではなかったという。ヴィンケルマンが構想した扉は、赤ちゃんの大きさを考慮して、横八〇〇ミリ、縦四〇〇ミリとなった。この大きさは、±一〇〇ミリほど変えることができ、依頼主からの要請に応じて変えているという。

また扉も利用者の要望に応じて、二種の扉を選ぶことができる。一つは、母親の明確な意思表示（Willenserklärung）が期待される場合の扉である。こちらの扉は手動で、オートロック機能は付いていない。扉が軽いので、簡単に開くことができる。もう一つは、自動でゆっくりと閉まるタイプの扉である。扉が重く、開けるのに力を入れる必要がある。どちらの扉を赤ちゃんポストとして採用するかは、その設置者次第だという。

現在では、赤ちゃんポスト設置のための総額は三万ユーロ、日本円に換算すると実に三〇〇万円である（二〇一二年八月現在）。彼が手がけた一五カ所の赤ちゃんポストの設置費用は、どれもほぼこの価格だったという――ただし彼の手がける扉の価格ではなく、設置費用の総額である。主に赤ちゃんポストを設置したいという病院からの依頼だが、母子支援施設からの依頼も数件あったという。「これが高いのか安いのかは分からないけど、全ての備品を揃えて製造するとこれくらいの値段になった」、とのことである。

赤ちゃんポストの製造には、三カ月が必要だそうだ。「だいたい依頼が入ってから、三カ月程で完成する。僕の仕事はだいたい六週間くらいかな。他の仕事もあるから、これくらいの期間が必要になる。また、この赤ちゃんポストは特殊なものだから、資材を特別に発注しなければいけない」。彼の作業場には、赤ちゃんポストの扉の基礎になる鉄の枠が横たわっていた。「まだ次の依頼が入っているわけではないんだけど、いつ依頼が入ってもいいように、一番重要な基礎の部分は常に用意しているんだよ」、とのことだった。

筆者が調査してきた赤ちゃんポストは実にさまざまであった。ヴィンケルマンがつくった赤ちゃんポストのように頑丈でしっかりとした赤ちゃんポストもあれば、いかにも手づくりといった簡素なものもあった。扉も、上下だけでなく、左右に開閉するものもあった。「赤ちゃんポストには、答えがないんだ。だから、つくる人によって、全く違ってくるし、それでよいと思う。

図 5-26　赤ちゃんポストについて語るヴィンケルマン氏

赤ちゃんポストとはそういうものだ。みんなでつくっていくものだ」。

この一三年間の取り組みの中で、技術的な事故や問題やトラブルは起こっていないそうだ。きちんと機能している。義務ではないが、依頼があれば点検も行っている。今、筆者の手元にその点検の工程表があるのだが、MOSEⅡの点検手順が細かく明記されている。先日、彼はリューベックのアガペーの家を点検のために訪問したばかりだという。

赤ちゃんポストは、このようにヴィンケルマンとモイズィッヒ、そしてその他の技術者たちによって草案され、実際に産み出され、つくられている。一時間ほどのインタビューだったが、終始穏やかで、物静かな職人であった。「これから、この赤ちゃんポストがどうなるのかは分からない。ただ、ここまでは僕らがやった。僕は依頼があれば、この赤ちゃんポストをきちんとつくり、それを依頼主に提供するだけだ」。

多くの人に支えられている赤ちゃんポスト

このように、さまざまな人が、さまざまな想いや願いをもち、そしてさまざまな思想的背景や実践哲学をもって、賛否両論が渦巻く中、頑なに赤ちゃんポストを守り続けている。中には、「一度も使われていないから」という理由で、赤ちゃんポストを廃止してしまった場所もある。また、赤ちゃんポストではなく、別の仕方で緊急下の女性を支援する道を探る団体も現れている。だが、筆者が出会った人たちは皆、赤ちゃんポストを守ろうとしていた。いや、赤ちゃんポストを守ろうとしているのではなく、それを必要とする人、すなわち緊急下の女性とその子どもを守ろうとしていた。また、多くの人に共通していたのが、「行政に頼らない」、「警察に通報しない」という視点だった。これはいったい何を意味するのか。彼らはどの立場から緊急下の女性を支援しようとしているのか。

また、すでに述べたように、赤ちゃんポストは、その多くが都市部にあるが、小規模な町にも設置されている。緊急下の女性は、どこであっても存在し得るのである。もちろん葛藤する妊婦もいるだろう。出産直前にパニックになる妊婦もいるだろう。出産直後の産婦もいるだろう。出産後に深刻な問題を抱える母親もいるだろう。誰がその当事者になるかは誰にもわからない。

赤ちゃんポスト設置者たちの広報活動

こうした設置者たちは、赤ちゃんポストの設置とその運営の水面下で、どのような活動をしているのだろうか。ただ、黙って赤ちゃんが預けられるのを待っているのだろうか。それとも、積極的に赤ちゃんポストの存在を世にアピールしているのだろうか。赤ちゃんポストは、どのようにして公開され、どのように公共的な戦略を立てているのだろうか。本章最後にこのことについて触れておきたい。

二〇〇五年にバンベルク大学で学位をとったクーンの著書、『赤ちゃんポストと匿名出産』の第三部、「赤ちゃんポストと匿名出産の経験的研究」に、こうした疑問への回答が一部示されている。クーンは、赤ちゃんポスト設置者に対して、大規模なアンケート調査を行っており、そのアンケートで得られた結果から、赤ちゃんポスト設置者がこの赤ちゃんポストをどう把握し、どう理解しているのかを明らかにしている。

その中に、赤ちゃんポスト設置者は、現在まで、どのような形で、赤ちゃんポストについての広報活動と宣伝活動を行っているのかについての調査結果が記されている。

クーンの調査で明らかになるのは、赤ちゃんポストの広報活動が最も多く行われている場所が、学校であるということだ（表5‒1）。赤ちゃんポストは、実際にドイツ人たちが意識しているかどうかは別として、学校の教材、いや、教材とは意識されていないが、重要な教育メディアとして存在していることが、この調査から分かるだろう。未成年の女子の望まない妊娠がここで想定されているように思われる。まずもって、こうした未成年の女子たちに、赤ちゃんポストの存在を知らしめることが、緊急下の女性の支援において喫緊の課題となる。

表5‒1　赤ちゃんポストの広報活動の主な場所

学校（Schulen）	22%
医療機関（Arztpraxen）	19%
児童福祉施設（Jugendeinrichtungen）	17%
公共施設（Öffentliche Plätze o.Einrictungen）	12%
その他（Sonstiges）	12%
薬局（Apotheken）	11%
ディスコ（Diskotheken）	7%

また、もっと無意識的ではあるが、シュテルニパルクの赤ちゃんポストも、幼稚園に隣接しており、そこで幼少期の子どもたちが、何も自覚することなく、赤ちゃんポストの存在を学んでいる。

若くて少し派手な格好をしたドイツ人の若者たちに赤ちゃんポストについて尋ねれば、必ずといっていいほどに知っている。全身にタトゥーとピアスが見られる十代の女性は、「ああ、赤ちゃんポスト。知っているわ。この前、私の友だちが妊娠しちゃって、しかも中絶できなくて、赤ちゃんポストを使おうか悩んでいたわ」、と話していた。「どこでそれを知ったの」と尋ねたら、「ディスコ。パンフレットが置いてあったの」と答えてくれた。

このように、ディスコでの広報活動は、学校という空間の外部の一つの宣伝の場として有効なのであろう。日本に適用する仕方で解釈しなおせば、「カラオケボックス」といったところだろうか。

総括

本章は、筆者によるインタビュー調査を基幹として、赤ちゃんポストの設置者たちの存在を露わにした。赤ちゃんポストは、どこか特定の組織によって運営されているわけではなく、多くの人々に支えられて運営されていることが明らかとなった。また、医療機関のみならず、幼稚園・保育園、児童養護施設、母子支援施設等、さまざまな公共機関に設置されていることも明らかとなった。そして、どの場所の設置者も、緊急下の女性とその子どもを支援したいという社会的責任を果たすべく、赤ちゃんポストを守ろうとしていた。やはり問題となっていたのは、赤ちゃんポストそのものではなく、それを必要とせざるを得ない女性たちだった。

そこで、再び緊急下の女性に視点を向けてみたい。赤ちゃんポストや匿名出産、そして新たに広まりつつある内密出産は、紛れもなく緊急下の女性のための最終手段である。ゆえに、この緊急下の女性の存在様式の解明がますます求められよう。

【文献】

柏木恭典　2010「世界初の『赤ちゃんポスト』を設置したSterni Parkとの対話」『千葉経済大学短期大学部研究紀要』第6号

Kuhn, Sonja　2005　*Babyklappen und anonyme Geburt Bamberger Beiträge zur Sozialpädagogik und Familienforschung Band 6*. Maro Verlag.

SterniPark　2008　*Wohlers Allee 58*. SterniPark e.V.

Hassemer, Winfried & Eidam, Lutz　2011　*Babyklappe und Grundgesetz*. Nomos.

Biersack, Christiane　2008　*Babyklappe und anonyme Geburten*. VDM Verlag.

Mielitz, Cornelia　2006　*Anonyme Kindesabgabe*. Nomos(Baden-Baden).

【脚注】

(1) http://www.misokare-gyu.com/modules/tinyd0/　参照。(情報取得2012/10/01)

(2) さらに世界に目を向けてみると、ローマとバチカンの病院にもそれぞれ一カ所あり、ベルギーにも一カ所設置されている。南アフリカには「希望の扉(Door of Hope)」という名前の赤ちゃんポストが一カ所ある。だが、ドイツ語圏に比べるとそれほど多くはないといえよう。なお、ユーロ内で法的に親の匿名の可能性を取り決めているのは、ルクセンブルク、イタリア、フランスのみである。ルクセンブルクでは、すでに一九七五年に実親の匿名性が合法となっている(Mielitz 2006：32)。

(3) http://www.prokids-stiftung.de/　参照。(情報取得2012/10/01)

(4) http://www.schwarzwaelder-bote.de/inhalt.villingen-schwenningen-babyklappe-nimmt-ersten-saeugling-auf.2fa94104-abb9-4b05-9917-0ee94b1bff2a.html　参照。(情報取得2012/10/01)

(5) http://www.babyklappe.info/referenzen/babyklappe_friedrichshafen.html　参照。(情報取得2012/10/01)

(6) http://www.suedkurier.de/region/kreis-konstanz/singen/Neugeborenes-in-Babyklappe-gefunden;art372458,5314237　参照。(情報取得2012/10/01)

(7) http://www.schwanger-in-bayern.de/schwangerenberatung/themen/schwangerschaft-geburt/babyklappe-anonyme-geburt.html　参照。(情報取得2012/10/01)

(8) http://www.lebenspforte-muenchen.de/　参照。(情報取得2012/10/01)

(9) http://www.st.gabrielsolln.de/　参照。(情報取得2012/10/01)

(10) この内密出産は、匿名出産に代わるオルタナティブとして現在ドイツで注目されている。詳しくは一六一頁参照。

(11) http://www.skf-os.de/　参照。(情報取得2012/10/01)

(12) http://www.babyfenster.de/　参照。(情報取得2012/10/01)

(13) http://www.skf-essen.de/　参照。(情報取得2012/10/01)

(14) http://www.vereinigtehospitien.de/?ID=39&APPLICATION=　参照。(情報取得2012/10/01)

(15) http://www.kaleb-dresden.de/index.php?id=74　参照。(情報取得2012/10/01)

(16) http://www.tagesschau.sf.tv/Nachrichten/Archiv/2012/06/28/Vermischtes/Zweite-Babyklappe-der-Schweiz-in-Davos-eroeffnet　参照。(情報取得2012/10/01)

(17) http://www.tagesschau.sf.tv/Nachrichten/Archiv/2012/06/28/Vermischtes/Zweite-Babyklappe-der-Schweiz-in-Davos-eroeffnet　参照。(情報取得2012/10/01)

(18) http://www.babyfenster.ch/en/location/　参照。(情報取得2012/10/01)

(19) 二〇〇八年一〇月に、シュテルニパルクを訪れた。その際に行ったシュテルニパルクとの対話については、拙研究ノート

「世界初の『赤ちゃんポスト』を設置したSterniParkとの対話Ⅰ」においてすでに発表している（柏木 2010：115-122）。本書のインタビューはその研究ノートを一部加筆修正したものである。

（20）このシュテルニパルクのより詳しい背景や思想や歴史については、ステージⅢ、第十一章以降を参照。

（21）ドイツの保育園では、クラスと呼ばずにグループ（Gruppe）と呼んでいる。

（22）http://www.altona.info/2011/01/21/stefanie-wolpert-gal-wk3-%E2%80%93-bezirksversammlung-altona-2011/　参照。（情報取得2012/10/01）

（23）現在入手不可能なので、署名のみ掲載しておく。*Der Holocaust, Ein Thema für Kindergarten und Grundschule?*

（24）ヴォルペルトが私に差し出してきた一冊の本（Hassemer Winfried & Eidam Lutz 2011）がそのことを物語っている。その本は、シュテルニパルクが依頼した赤ちゃんポストや匿名出産の法制化をめぐる議論をまとめた本であった。

（25）二〇〇〇年代後半になり、ドイツの若い女性の間で、髪の毛の黒染めがファッションとして流行している。

（26）学者としては感情的な言葉を用いることは許されないことだが、この赤ちゃんポストの意義を肌で初めて感じた瞬間でもあり、強く心が揺さぶられた。

（27）http://www.heilige-familie-gt.de/caritas.html　参照。（情報取得2012/10/01）

（28）彼が「ヴィルヘルミーネン病院小児科医長、教授、博士」であることを付記しておく。

（29）その後、社会教育専門職員、ソーシャルワーカーとの議論の中でBabynestについて尋ねたがほとんどその存在について無知であった。他の一般の人に尋ねても同じであった。オーストリアにおけるBabynestの試みは一般的にまだ浸透しているわけではないと考えてよいだろう。

（30）リシュカは筆者のために、これまで報道された新聞や雑誌の記事のコピーを提供してくれた。が、記事の切り抜きのため、本記事の出典を厳密に特定することができなかった。だが、この記事の内容の重要性から、一部出典にかかわる情報のみで引用することにした。

第六章　赤ちゃんポストを必要とする女性たち

――緊急下の女性への視座

序

第四章では、赤ちゃんポストの歴史的背景をたどり、ドイツの赤ちゃんポストとそれを生み出した母子救済プロジェクトを論じ、その根本的な課題やそれをめぐる論争をたどった。そして、第五章では、ドイツの赤ちゃんポスト設置者とその設置場所に焦点を合わせ、その全体的な見通しを立て、その上で、実際の赤ちゃんポストの様子を個々に浮かび上がらせてきた。

これらの考察から、改めて問わねばならないのが、その利用者、すなわち緊急下の女性たちの存在である。赤ちゃんポストを利用する女性は、いったいなぜ匿名で赤ちゃんを出産したり、匿名で赤ちゃんを預けたりしようとするのか。彼女たちはどのような苦しみを抱え、どのような要求をもっているのか。この問いに答えることは極めて困難である。こうした厳しい状況下の女性の支援を行っているスイスのビアーザックも、「自分の子どもを赤ちゃんポストに預けたり、匿名で出産したりする母親の社会的状況は、不明であり、ただ推測するしかない」、と結論づけている。だが、それは決して悲しむべきことではない。むしろ、新たな研究の地平として開かれているということを意味しているのではないだろうか。彼女はまた、「こうした母親たちがどのように赤ちゃんの預け入れを経験し、それを乗り越えようとしているのかも、推測するしかない」と述べている（Biersack 2008：51）。

そこで、ドイツ語圏の赤ちゃんポスト研究の現状を踏まえつつ、緊急下の女性の状況、あるいはその存在様式の解明への糸口を探っていきたいと思う。

匿名性を求める女性たちと近代

ステージⅠでも見たように、緊急下の女性たちは、皆、「人にばれたくなかった」と言う。「人に知られたくなかった」とも言う。つまり、彼女たちは、秘密にしておかなければならない状況下、すなわち秘匿の状況下ということになる。緊急下の女性の根源にあるものは、秘匿性といってもよいかもしれない。彼女たちは自分が妊娠していることを他人に知られたくないからこそ、誰にも相談せず、よるべなき状況で、自宅トイレや自室などで出産し、その子を殺害したり、ゴミ捨て場や冷蔵庫などに遺棄したりする。もう少し具体的に見ていこう。

二〇一〇年、大阪市で「病院に行くと妊娠していることがばれるので行かなかった」という理由から、ベランダに置いたプランターの中に埋められた二人の新生児の遺体が発見されるという事件が起こった(1)。また、二〇一一年、長崎県対馬では児童相談所の存在を知るはずの元保育士が何の相談をすることなしに生後八日の新生児を殺害しバケツにセメント詰めにするという事件があった。この二つの事件においても、「ばれたくない」、「知られたくない」、「相談できない」という彼女たちの秘匿性が、事件の背景あったことが確認できよう。

このことを問題にする際、人はなぜ隠すのか、なぜ相談できないのか、なぜ知られたくないのか、とその理由を問いたい衝動に駆られる。だが、その一方で、秘密に理由はあるのだろうか、とも問いたくなる。たとえ理由があったとしても、それを知ることに意味はあるのだろうか。上の例で言えば、「なぜ妊娠がばれたらまずいのか」、「元保育士は児童相談所の存在を知りながらなぜ相談しなかったのか」、と問うことの意味である。赤ちゃんポストや匿名出産を支える人たちは、その秘密の理由を一切問わない。それをそのまま受け入れるのである。

この秘匿性に対応しているのが、「匿名性（Anonymität）」という概念である。この匿名性は、紛れもなく緊急下の女性の要求、つまり秘匿性に応えるものとして生まれたものであり、赤ちゃんポスト批判の中核にあり、極めて論争的な概念である(2)。秘匿を求める緊急下の状況に対して、匿名で支援を行うこと、その論理的な正当性が導き出せるのかどうか、この点こそが、赤ちゃんポストと匿名出産の問題の核心となるだろう。

近代における社会福祉政策は、そもそも匿名性を認める前提で構築されてこなかった。原則として、氏名、年齢、性別、所在地等を秘匿したまま、つまり「個人情報」を秘匿したまま、行政による福祉サービスを受けることはできない。福祉サービスは、個人情報の提示と引き換えに提供されるものである。匿名性は、これまで近代が前提としてきたあらゆるシステムに適合しない問題性を有しているのである。それをどう解釈し、どう現行システムに融合させていくのか。匿名性を認めるにせよ、認めないにせよ、その原理的な解明が求められている。小泉義之は、この匿名性とその対になる固有名について、次のように語っている。

…近代国家は、登録させた固有名を介して各人を把握します。権利や義務の主体として、選挙権者や納税者として把握する。ですから、近代においては、固有名を明らかにすることは基本的に望ましいことになります。たとえば、署名すること、名乗り出ることは、近代的主体にふさわしい責任を引き受けることで、それはよいことになる。これに対して、固有名を隠すことは、危険を放棄するだけでなく、責任を引き受けないことになります。それは、どこかがいかがわしい振る舞いになる。と同時に、固有名を隠して捨てることは、近代国家の把握から逃れることにもなる。いずれにしても、固有名を示すことと、固有名を隠すことの、どちらがよいかは、場合に応じて違ってきますが、それは結局のところは近代政治の枠内のゲームにしかなりません。（小泉 2004：47-48）

緊急下の女性たちが匿名性を求めるその背後には、この近代国家に潜む固有名の強要が確かにある。彼女たちは、己の出産問題を回避するのと同時に、責任も放棄する。それは、まさに「いかがわしい振る舞い」と見なされ、批判の対象となる。赤ちゃんポスト批判は、同時に彼女たちへの批判でもあり、またそれは「近代政治の枠内のゲーム」にもなっている、ということである。

現在ドイツ語圏で議論されている内密出産は、全面的に匿名性を認める匿名出産に対して、出産前の匿名性を認めながらも、最終的には匿名性を認めないという新たな出産方法である。つまり、「固有名の秘匿による支援」から「固有名の明示による支援」に戻されるという意味で、匿名出産から内密出産への変更は、「近代への逆戻り」とも取れなくもない。匿名出産と内密出産の議論は、緊急下の女性の匿名性をどこまで保障するのかという点で、近代政治を超えるか否かという大きな問題とかかわっているのである。

緊急下の女性の安全保障と届け出義務の重圧

上述した秘匿性と匿名性をめぐる本質的な問題にいわば寄りかかるようにして、差し迫る実質的な課題が二つある。まず、緊急下の女性において喫緊の課題となるのは、彼女たちの出産の仕方であり、母子の健康の保障である。ズィンガーは、ドイツの赤ちゃんポストに預けた親の状況を分析し、そこから「自分の子どもを預け入れる母親は全く一人で出産するか、少なくとも医療サポートを受けぬまま出産している」(Singer 2008：47）という結論を導き出している。緊急下の女性は自身の妊娠を隠し、医療施設や助産所以外の場所で、一人で産むのである。ズィンガーはその際にかかる母体のリスクを訴えている。緊急下の女性たちには、医療上、大きな問題がある。つまり、緊急下の女性の身の危険性の問題である。これもまた、その根の部分で、固有名の明示による安全の保障を選択するか、固有名の秘匿による安全の保障の放棄を選択するか、という大きな問題が横たわっている。

そして、第二に、子の「出生の届け出」に関する問題である。ドイツの身分登録法（PStG）では、生後七日以内に登録課に出生の届け出をしなければならない――日本は一四日以内である（戸籍法第四九条）。子の出生前に父母が離婚した場合や、非嫡出子の出生の場合には、母が出生を届け出ねばならない（同第五二条）。同時に、医師もその出生を（母の名も併せて）届け出ねばならない。それゆえに、匿名出産をいち早く実施したバイエルン州では、この七日間を一〇週間に延長するよう、要請したのである。緊急下の女性たちも、出産後の限られた期限内に自身の子どもの届け出を出さなければならないことを――あえていえば〈直感的に何かをしなければならないこと〉を――知っている。だからこそ、出産後に慌て、狼狽し、混乱するのである。

この母親のパニックの根底には、「待ったなし」の状況に追い込む届け出義務の重圧、つまりは固有名の明示義務という重圧があるのではないだろうか。緊急下の女性の匿名性を保持しながら、彼女たちの安全を保障し、そして届け出義務に伴う自身の固有名の明示義務を回避する道はいったい存在するのだろうか。

緊急下の女性研究に向けて

以上の考察から、赤ちゃんポストを利用する緊急下の女性における秘匿性、身体的リスク、届け出義務の重圧という固有の存在様式が浮かび上がってきた。そして、その根本にある大きな問題もうっすらと見えてきた。緊急下の女性の問題は、単に赤ちゃんポストや匿名出産の問題に限定されるものではなく、われわれの社会のあり方そのものを問い直す契機を与えてくれているのではないだろうか。

それゆえに、日本国内外を問わず、児童遺棄や嬰児殺害の問題をかかえる国々では、こうした緊急下の女性についての研究が、今日、強く求められつつある。また、この概念を拡大し、我が子を虐待死させる一歩手前の女性もその範囲内とするならば、とりわけこうした女性の研究がますます求められるはずである。

だが、緊急下の女性に関する先行研究は希少である。ドイツ語圏においても、緊急下の女性を示す概念は幾つも存在するものの、実際にはこうした女性は明確に対象化されておらず、赤ちゃんポスト研究の中で、その利用者として意識化されているだけである。ゆえに、まずはこうした女性を対象化する必要がある。

そうした中、赤ちゃんポストの実証研究を行ったクーンは、赤ちゃんポストに子を預けた女性の状況を調査し、以下のようにデータ化している（表6-1）。このデータは、匿名で相談に応じている赤ちゃんポスト設置団体に行った質問紙調査をまとめたものである（一八団体からの回答があった）。彼女の質問は「なぜあなたは赤ちゃんポスト団体に問い合わせをしたのですか」である。

表 6-1　緊急下の女性の状況（Kuhn 2005：307）

差し迫る緊急下の特殊な集団	19%
家庭の重圧	10%
パートナーとの不和	10%
孤立ゆえの過度な重圧	8%
経済問題	6%
絶望的状況	6%
反社会的な家庭環境	6%
生命の危機	5%
秘密を望む	5%
恥／羞恥心	5%
婚外関係での妊娠・出産	5%
望まない第二子以降の妊娠という重圧	5%
公的支援への無知	5%
その他	3%
複合的要因	2%

このデータに挙げられている項目の中には、日本語で表しにくいものも多い。したがって、説明を要するものを中心に見ていこう。このデータで最も多いのは、「差し迫る緊急下の特殊な集団」（一九％）である。これは、たとえばレイプ被害者、高校中退者、失業者、犯罪者、ホームレス、イスラム信者の妊婦など、極めて厳しい環境下にある女性を一つにまとめたものである。ゆえに、このことから、匿名での相談の多くが、極めて例外的な状況下にある女性たちだということが分かる。こうした特殊な集団をのぞくと、最も多かったのが、家族、パートナーとの不和で、それぞれ一〇％だった。家族には、妊婦の両親やパートナーの両親などが挙げられよう。緊急下の女性にとって最も問題となるのは、家族とパートナーとの関係であるということがこのデータから窺える。また、孤立ゆえの過度な重圧（八％）というのもある。これは、相談できる人がいないということを示している。中でもクーンが注目するのは、「反社会的な家庭環境」（六％）である。これは、妊婦自身が反社会的なのではなく、彼女やパートナーの家庭が反社会的である場合を指す。

また日本においても、同様の調査がある。熊本県の調査では、生活困窮、親（祖父母）等の反対、未婚、不倫、世間体、戸籍に入れたくない、パートナーの問題、母親のうつ・精神障がい、友人の薦め、養育拒否等が回答されている（こうのとりのゆりかご専門部会 2012）。この調査から、貧困、夫婦（男女）関係、親族関係、精神疾患の四つが主な理由として考えられよう。だが、クーンの調査に比べると、いま一つ「例外的なもの」が見えてこない。もっと複雑で理解しがたい要因があるように思われる。

緊急下の女性の置かれた状況は、われわれの想像を超えるものであり、おそらく明確な一つの理由というのはないのではないだろうか。つまり、上に挙げられている主な理由は、どれも相互に関連しており、たとえば家庭内に問題があり、夫婦間に問題があり、また経済的問題があり、さらには絶望的状況であるような状況が、緊急下の状況であり、その理由はそれほど一義的なものではないように思われる。

それを示す一例を挙げよう。それは、ドイツ国内にある赤ちゃんポストを利用し、設置団体によって保護されたイスラム信徒家庭の妊婦である。彼女は、その後、同団体が運営する母子支援施設で暮らすことになった。彼女はこう話している。「私の家族はドイツ国外にいる。異国の家族に相談できないのは、相談すれば厳格な父に宗教上の理由から私自身が殺される可能性があったから。しかし、ドイツ語が苦手で、自分の状況を人に説明できない。赤ちゃんの父親は誰だか分からない」(3)。彼女は、厳格な父親に知られることを恐れるものの、言語の壁があり、誰にも相談できず、新生児を赤ちゃんポストに預けたのである(4)。この例は極限例ではあるかもしれないが、緊急下の女性が自分の妊娠・出産の発覚による近未来への恐怖を予期し、それに怯える姿が窺われ、またその事実が周囲に知られることを極度に恐れている例である。

われわれは、赤ちゃんポストを語る上で、この緊急下の女性についてさらによく知る必要がある。彼女たちは、われわれの想像を超える状況を生きているはずである。その状況を知らずに、赤ちゃんポストの是非を問うことはできないだろう。

愛着か、血縁か？

そこで、さらに緊急下の女性の存在様式を理解するために、われわれの思考を反省していくことにしよう。

すでに述べたとおり、緊急下の女性の支援は、主に母子の安全や健康を守るためにキリスト教系の公益民間団体や教育・福祉系の民間母子支援団体などによって行われてきた。こうした支援者たちは、福祉事務所や児童相談所のように、いわゆる国家行政に属しているわけではないので、緊急下の女性の匿名性を重んじながら、自由に支援を行うことが可能なのである。赤ちゃんポストも匿名出産も、そうした団体だったからこそ、可能なプロジェクトであった。

こうした団体職員たちの多くは、主に大学や専門大学で心理学や教育学を学んできた専門職員たちである。彼らが念頭に置いているのは、子どもの権利保障であり、さらに限定していえば、子どもの「母子関係」の保障である。そこで、今一度この母子関係という点について考えてみよう。

母子関係は、伝統的には心理学の大きな主題の一つであり、ジークムント・フロイト（Sigmund Freud：1856-1939）以後、それは人格形成・発達に欠かせない重要なものと見なされている。とりわけ母子の「愛着関係」は、母子関係を語る上で、欠かすことのできない概念となっている。ただし、この愛着関係という概念においては、その母が「実母」であるべきかどうかはそれほど問われておらず、近年の研究では、むしろ「養育者」と表現を曖昧にする傾向が強い（庄司他 2008）。つまり、愛着関係においては、実母であるかどうかは問わず、母的な存在と子どもの実質的な関係が問題となっているのである。

だが、法律上では、心理学とは異なり、血のつながりや実親であることは、母子関係において極めて重要となる。民法第八七七条にあるように、「直系血族及び兄弟姉妹は、互いに扶養をする義務がある[5]。その中でも、とりわけ親から子への扶養義務は極めて重要で、親は子を扶養する全責任を負う。父母が子を扶養し得ないならば、三親等内の親族がその義務を負うことになる。近年問題となっている生活保護の不正受給問題も、この扶養義務の問題と関係している。血縁関係のある三親等内の親族は、法律上、互いに扶養し合わねばならないのである。

また、刑法二一八条第一項、「老年者、幼年者、身体障害者又は病者を保護する責任のある者がこれらの者を遺棄し、又はその生存に必要な保護をしなかったときは、三月以上五年以下の懲役に処する[6]」という保護責任者遺棄罪にも抵触する。赤ちゃんポストに子を預ける母の場合、その行為は「遺棄」には該当しないかもしれないが、民法に抵触しており、合法と違法の狭間にあることは間違いない[7]。

二〇〇九年、フンボルト大学で学位を取得したアレクサンダー・トイベル（Alexander Teubel）は、赤ちゃんの匿名での預け入れを「違法」と結論づけつつも、それ相応の法改正を行えば合法となり得るという見解を示した（Teubel 2009）。だが、同年一一月には、ドイツ倫理評議会は、法的にも倫理的にも深刻な問題があるとして、既存の赤ちゃんポスト設置者たちに、赤ちゃんポストを撤廃することを推奨した[8]。

親が実子を保護し養育することは、原則的には義務であり責任である。赤ちゃんポスト批判のほとんどが、この法学的見地からの批判である。しかし、緊急下の女性の状況を鑑みれば、現実的にはこうした扶養義務や保護責任を彼女たちに要求することは難しい。医療機関で出産することさえ拒絶する彼女たちに、上の法を適用し、遵守させることは容易に要請できるものではない。

かくして、緊急下の女性の問題は、心理学的な母子の愛着関係と法的な扶養義務・保護責任との間に立たされることになる。[9] 文字通り血でつながった直系の親子は扶養の義務を負う。しかし、現実的に我が子を育てることが困難な母親の場合は、その義務の遂行よりも、（匿名でもよいので）子どもを社会的養護の下に保護することが望ましく、不可能な義務の遂行によって遺棄や殺害や虐待に向かうよりは、その前に赤ちゃんを保護し、別の愛情ある人間に委ねる方が望ましいはずである。この考え方に通じるのが、先述した「愛着」に他ならない。[10]

愛着という概念を世に広めたイギリスの精神分析学者ジョン・ボウルビィ（John Bowlby）は、血縁関係である実母に愛着の根拠を置いてはおらず、子どもにとって親密さを感じる母性的人物を主に想定している。このことは、ボウルビィ自身も主著である『母子関係の理論』の注で述べられている。「この本では母性的人物というよりも、母親という表現が一般的に用いられているが、この場合の母親は生みの親というよりも、子どもに母性的愛撫を与えたり、子どもが愛着を感じたりする人物のことを意味している」（Bowlby 1969=1976:216）。このボウルビィの考えが広まることで、赤ちゃんを育てることが不可能な実母に育てられるよりも、その赤ちゃんを望み、愛し、愛撫してくれる他人に育てられるほうがよい、という考え方が認知されるようになった、といってもよいかもしれない。

今日では、その考えがさらに深まり、母親であれ、その代理者であれ、愛着関係は持続的で永続的なものでなければならないと考えられるに至っている。英米圏ではこれを「パーマネンシー（permanency）」の保障という言葉で示しており、日本においても、重視されるようになってきた。[11] 愛着もパーマネンシーも、緊急下の女性の支援を行う相談員たちにとっては周知の考えとなっている。

緊急下の女性とその子ども（胎児であれ新生児であれ）は、心理学が長年にわたって普遍化してきた愛着概念によって救われるのか、それとも裁かれるのか――あるいは、愛着に代わる新たな心理学研究の視座を与えるのか。[12]

今日理解されている愛着概念からすれば、愛着形成においては子を養育するのが必ずしも実親である必要はなく、問題を抱えた親や虐待する親よりは里親や養父母のほうが「まし」という論理が働く。この論理に基づいて、児童相談所等、行政機関を経由して実親から子が別の場所に「保護」されることには、はたして本当に問題はないのだろうか。今、それが問われ始めている。[13]

日本の緊急下の女性支援における課題

日本における緊急下の女性の問題は、どう語ればよいだろうか。ドイツの事情と比較しながら、ここで日本独自の問題について若干述べておきたい。

第一に、匿名で預けられた赤ちゃんの養護問題である。緊急下の女性が我が子の養育を拒否した場合、その赤ちゃんは、ドイツにおいても、日本においても、児童相談所を経て、養子縁組を実施するか、児童福祉施設に措置される。だが、その場合、里親や特別養子縁組の不足、施設の不足、ないしはその手続きの複雑さ等の問題が生じる。未だに「施設養護」が中心の日本では、産まれたばかりの新生児や乳幼児の預かり先は、里親や養父母よりも施設であるケースが圧倒的に多い。ドイツ語圏ではおおよそ八週間の猶予が与えられており、その後母親からの連絡がなければ、養子縁組の手続きが開始されるようになっているが、日本ではまだそこまでの議論は起こっていない。

また、赤ちゃんポストに預けられた赤ちゃんのいる乳児院では、「子どものケアにあたって家庭環境などの情報がほとんどないため、適切な養育と援助を行っていくうえで苦慮する」、という訴えもあり、戸惑いを隠せずにいる（こうのとりのゆりかご検証会議 2010：86）。このように、日本では、緊急下の女性の安全な出産や匿名での預け入れの問題の先にある問題、すなわち誰が子の養育を担うのかという問題は、ほとんど未解決のままだ。さらに、そうした赤ちゃんの短期里親や受け入れ先となる施設の不足も問題となっている。

第二に、緊急下の女性への理解の欠如である。緊急下の女性は、医療機関や児童相談所やその他専門機関や公的機関への相談や、支援の申し出を拒否する傾向が強いが、そうした相談機関を知らないというよりは、むしろ知っていながら相談できない何らかの理由が存在するケースが多々ある。[14]ゆえに、行政サービス・支援の欠如が問題というよりはむしろ、こうした女性たちへのわれわれの理解や関心の欠如が根本的な問題となっているように思われる。

第三に、緊急下の女性／妊婦／母子の問題は、医学、心理学、社会福祉学、法学、政治学、行政学、宗教学、哲学、史学、教育学、保育学などにまたがる越境的な学術的問題であり、人間形成において最も重要とされる「母子」という最小ユニットをどのように考えるかという極めて普遍的な問題であり、ローカルな問題というよりはむしろいずれの国でも生じ得るグローバルな問題であり、母子の〈生〉に組織や国家が介入するという意味では哲学的には「生‐政治」の問題でもあり、[15]子育てや教育の前提を問う意味では教育学や保育学の問題でもあり、あらゆる研究者が介入し得る現代的様相を示している。[16]ドイツではすでに学問的領域を超えた赤ちゃんポストや匿名出産の研究が活発に行われており、これらを主題にした学位論文も多数出されている。[17]だが、日本では各領域での議論はあるにせよ、越境的な学術研究は広がりを見せていない。

児童遺棄は本当に罪なのか

日本での赤ちゃんポスト論とドイツ語圏の赤ちゃんポスト論を比較すると、さらに驚くことがある。それは、ドイツ語圏の赤ちゃんポスト論では、緊急下の女性による児童遺棄は、その個別ケースにもよるが、場合によっては無罪でよいのではないか、という意見が出されているのである。

ズィンガーは、緊急下の女性たちによる児童遺棄は、果たして本当に「罪」に妥当し得るものなのかと問う（Singer 2008）。とりわけ出産中または出産直後の母親が――嫡出子であるか非嫡出子であるかを問わず――自分の子どもを遺棄し、殺害してしまった場合、その行為に対して「殺人罪」という判決が下される現状が果たして正当な判断なのかと問うのである。

日本では、ゆりかごが設置された際に、「捨て子、育児放棄を助長する」と厳しい批判を受けたが、ドイツ語圏では、出産中ないしは出産直後の母親による新生児――嫡出子・非嫡出子問わず――の遺棄や殺害も場合によっては無罪もあり得るのではないか、という議論にまで発展しているのである。赤ちゃんポスト研究の第一人者であるシュヴィーンテクの「生に向かう遺棄（Die Aussetzung zum Leben）」と「死に向かう遺棄（Die Aussetzung zum Tode）」という区別は、この議論において極めて重要な位置を占めている（Swientek 2001：70-72）。

生に向かう遺棄とは、たとえば遺棄された赤ちゃんが毛布に包まれていたり、衣服を身にまとっていたりする場合や、病院や教会などに遺棄された場合の遺棄をいう。つまり、早期発見を期待し、健康上の配慮が見られる場合の新生児遺棄である。それに対して、死に向かう遺棄というのは、たとえばゴミ箱やゴミの集積所などに袋に入れられて捨てられる場合の新生児遺棄である。この両者は、同じ新生児の遺棄であっても、全く違う現象である。このシュヴィーンテクの区分は、現在の赤ちゃんポスト研究においてたびたび使用されており、この生に向かう児童遺棄をどのように捉えなおすべきかということがまさに問われている。事実、ドイツにおいて、また日本においても、遺棄されながらも生きて発見される新生児は決して少なくない。ここで問題となるのは、たとえば日本においては、生に向かう遺棄をしてしまった母親も、死に向かう遺棄を行った母親同様、現法では、「保護責任者遺棄罪」が適用されてしまう。もし生に向かう遺棄が、他の保護責任者遺棄罪とは区別され、遺棄罪に当たらないと判断されるならば、当然赤ちゃんポストに新生児を預ける母親の遺棄罪も退けられ、赤ちゃんポストで最も重要な概念である匿名性さえも不要となるだろう。発見され、保護されることを前提とする出産直後の母親による遺棄をいかに考えるべきか。

母親等による遺棄事件は日々起こっているにもかかわらず、こうした論争自体、日本では未だ起こっていない。日本では「赤ちゃんポストに子どもを置き去ること」の問題性が指摘されているが、ドイツ語圏の赤ちゃんポスト研究は、児童遺棄の内実を問い、その根底から現状の法体系や母子救済政策を問いなおそうとしている。

緊急下の女性と社会の不平等

ここで少し角度を変え、ある論者の見解と対峙しながら、緊急下の女性へのアプローチの可能性を探ってみたい。その論者は社会学・社会階層を専門とする白派瀬佐和子である。彼女の洞察は、緊急下の女性の問題を考える上で多くの示唆に富んでいる。

彼女は、現代社会に潜む不平等社会に警鐘を鳴らし、数々の論拠を挙げ、これからの社会をどのように構築していけばよいのかを思案している。そして、最後に彼女自身の概念である「社会的想像力」を掲げ、その教育の重要性を説き、「お互いさまの社会」をつくるために、三つの提言を行っている。

白派瀬は、まずもって、「不平等の不条理を語るのは、ある意味、当事者でないからできる」、「貧困にある者しか貧困を語ることができないということではなく、当事者になり得ないからこそ語りえることがあります」、と強調している（白派瀬 2010 : 4）。「本当に貧しくて雨風をしのぐところもなく、その日の食べ物もままならない人たちは、書店で格差や貧困についての本を実際に手にとって、世の中の諸問題を語り合う余裕などない」。これは、緊急下の女性を論じる場合においてもあてはまる。緊急下の女性は、自分が抱えている問題をある程度の距離をもって捉えなおす状況にはない――それゆえに、「緊急下」なのである。ましてや緊急下の女性が他の緊急下の女性について語るというのは、まず想定し得ない。児童遺棄を行う女性は、自分が産んだ赤ちゃんをどうするかで追い込まれているのであって、遺棄したくてしているわけではない。それ以前に、自分の行為が「児童遺棄」に向かっているとは考えていないだろう。そもそも彼女たちの中で、「児童遺棄」が意識化され、言語化されている人はどれだけいるだろうか。

白派瀬は、われわれの人生は「たまたま」のことによって導かれているという事実に着目する。貧しい家庭を生きるのも、奢侈的人生を生きるのも、「たまたま」のことであり、また愛情のある家庭に生まれるのも、虐待する親の家庭に生まれるのも、「たまたま」である、と彼女は語り、個々の人生の勝者や敗者といった結果を自己の責任と考える「短絡的な自己責任論」を拒否する。ゆえに、遺棄される子どもも、遺棄する親も、やはり「たまたま」の部分があり、当の親に責任を押しつけることができない部分はある。ただし、だからといって、「人生は偶然の産物にすぎない」と言っているわけではなく、その中で自助努力する必要性は彼女も認めている。けれど、それには限界があり、格差や貧困の問題、ないしは子育てや介護などにおいて、あらゆる事情をマクロな視点で見て、「お互いさまの社会」を実現すべきだと考える(18)。

その際に、大切なことは、「見えない他者」や「見えにくいもの」に対するまなざしとなる「社会的想像力」である、と彼女は主張する。彼女は、ニート、フリーター、ワーキング・プアといった言葉を並べているが、緊急下の女性、虐待される子ども、離婚家庭の子どももまた、こうした社会の陰で息を殺して存在している「見えない他者」であろう。彼らの声は、現状では社会に届かない。日常的・平均的な生を生きている限り、われわれはこうした存在者の声を聞くことはできない。白派瀬も、「日本社会は、『すぐには見えないもの』『見えにくいもの』に対してきわめて鈍感だと思います」と語る。こうしたすぐには見えないものを、当事者としてではなく——またかつての当事者としてでもなく——気遣い、同じ立場にはなれないことや追体験できないことを自覚しつつも、なんとかできないだろうか、と想像する力が、彼女の言う「社会的想像力」である。彼女は、この社会的想像力を教育によって研ぎ澄ますことを奨励している(白波瀬 2010 : 210)(19)。

彼女は、この社会的想像力の教育として、次のことを訴えている。

> 追体験できないわが身をしっかり受け止めて、他者をおもんぱかること、他者を他者とし、当事者でないことの限界を感じつつ、他人ごととしてでなく、社会の問題をとらえようとすること。これこそが、実はいま、われわれに求められている社会的想像力なのではないでしょうか。
> (白派瀬 2010 : 210)。

そして、白派瀬は、これらを踏まえ、以下の三つの提言を行っている。すなわち、第一に、「お互いさまの社会制度として、再分配政策をいま一度見直し、社会制度の中心的な制度として整備すること」、第二に、「子育て支援、就労支援などを通じて社会が生活保障機能を提供することのメリットを実感してもらうこと」、そして、第三に、「就労を通じた参加型社会の形成」である(白派瀬 2010 : 221-225)。

この三つの提言は、それ自体としては妥当なものであると思うが、制度や政策、税制といった「国策」に目が向かっており、実際に緊急下に置かれた「見えない他者」の実際の支援から遠く離れてしまっているように思われる。特に問題なのは、彼女が想定している「見えない他者」が、何らかの支援を具体的に必要としている人たちである点だ。そしてこうした人たちに対する支援の担い手を、予め制度、政策、税制といった国策と見なしている点である。

支援を要する人々の支援の担い手は、世界レベルでは、国家や地方自治体だけではない。民間団体、NGO、NPO、フェアアインといった草の根的な支援団体もまた、「見えない他者」の支援者なのである。国策や政策では捉えきれない民間団体、市民団体こそが実際の支援主体であり、社会学は、こうした団体に対する国の政策的不備や、過剰な介入を批判する方向へと――つまり制度依存の支援システム批判へと――向かっていかねばならなかったのではないか。とりわけ社会福祉は、制度の問題、国策の問題、税制の問題に収斂されやすい傾向をもつ。母子福祉や児童福祉にいたっては、絶望的なほど制度依存体質を残している。この制度依存体質を批判し、新たな支援空間＝公共空間を創設する方向へと舵を切るべきではなかったか。

白派瀬の議論自体は、極めて説得力があり、「お互いさまの社会」という新たなヴィジョンを投げかけている。だが、そのヴィジョンに向かう過程の描き方が、古典的なものになってしまっている。すなわち、制度ありきの制度批判になってしまっており、本書で主題とされる「見えない他者」の典型でもある緊急下の女性たちを支えるのは誰か、その担い手は誰なのか、そして、その暗黙裡の前提を疑う方向で議論は展開できなかったのか、といった疑問が残る。ただ、彼女自身も、もっと広く問おうとしている部分もあり、それは今後のわれわれの課題となるだろう。彼女も、「日本では、母子家庭や生涯未婚高齢者の貧困率は欧米よりも高く、その理由として、これまで正当とされてきた家族のあり方から外れた場合には、社会が適切な支えを提供しきれないことがあげられます」、と述べており、制度、政策を含んだ「社会のあり方」を問題としていることは間違いない。ただ、結局それも、「実際の諸制度は硬直的で、現在進行中の変化に十分対応していません」、と指摘するのみに留まっている（白波瀬 2010）。

本書で問題としている緊急下の女性の支援や、児童遺棄・嬰児殺害の防止等は、現行の福祉行政支援では対応不可能な領域ともいえる。家庭裁判所、福祉事務所、児童相談所といった公的機関しか、頼る場所、団体がなく、こうした公的機関に「丸投げ」していることが、むしろわれわれの抱える本質的な問題ではないだろうか。遺棄や殺害＝警察への通報、虐待＝児童相談所への通報、という枠組みが存在する中、行政福祉サービスの限界が問われるべきであろう。また、こうした問題に実質的に対応できる場所が乳児院と児童養護施設しかないということが問題なのであって、「政策論」を超える議論が必須なはずである。忘れてはならない。制度の外に放り出された人間は、制度への根深い不信をもっているし、また行政福祉制度の複雑な仕組みを理解する状況にもない。

それは、「公」とは何かという根源的なテーマにも関連する。現在のところ、日本では、主に公的機関＝行政サービス機関と捉えられている。白派瀬もその図式に準拠してしまっている。「見えない他者」を包摂するお互いさまの社会を実現するためには、この図式を超えて、新たな公共空間を目指し、その公共空間を支える新たな領域が必要なのではないか。本書で、取り上げた「公益民間団体」は、まさにその領域内にあった。こうした新たな公共的プロジェクトが、ドイツ発祥の「捨て子プロジェクト」であり、また「赤ちゃんポスト」であり、また「匿名出産」でもあったはずである。

緊急下の女性支援を行い、赤ちゃんポストを含む捨て子プロジェクトを行っている公益民間団体は、こうした行政主導の福祉に頼ることなく、自らの知恵と汗で「見えない他者」の支援に、「匿名」で尽力しているのである。つまり、政策論を超えた実践論を展開しており、その実践の積み重ねから、社会政策の見直しを迫る。制度や政策が公益民間団体を明示的・非明示的にコントロールするのではなく、公益民間団体が行政を揺さぶり、司法・立法に問いかけ、改革を促すのである。それが、新たな公共空間の力であり、市民の力であり、われわれの力であり、その力によって、「お互いさまの社会」がつくられていくのではないだろうか。

総括

本章では、緊急下の女性をめぐる議論を総括しながら、その研究の可能性を提示することを試みた。その結果、われわれは新たな問いを得ることができた。すなわち、こうした女性を支援する責任は誰が追うのか、という問いである。この問いは、ステージⅢの問いに接続することになるだろう。

だが、この緊急下の女性の支援を行うプロジェクトに対する批判は今も根強い。ステージⅡの最後に、この批判の内実に迫っていくことにしよう。赤ちゃんポストや匿名出産は、いったいいかなる立場から、どのような仕方で、批判されているのだろうか。

【文献】

Kuhn, Sonja　2005　*Babyklappen und anonyme Geburt Bamberger Beiträge zur Sozialpädagogik und Familienforschung　Band 6.* Maro Verlag.

小泉義之　2004　「ゾーエー、ビオス、匿名性」『談——匿名性と野蛮』TASC

こうのとりのゆりかご検証会議（編）　2010　『「こうのとりのゆりかご」が問いかけるもの』　明石書店

こうのとりのゆりかご専門部会　2012　『こうのとりのゆりかご検証報告書』　http://www.city.kumamoto.kumamoto.jp/Content/Web/Upload/file/Bun_71097_21zenpenshusei.pdf（情報取得2012/05/1）

Swientek, Christine　2001　*Die Wiederentdeckung der Schande Babyklappen und anonyme Geburt.* Lambertus Verlag.

庄司順一　2006　「里親ときずな」『そだちの科学』　第7号　日本

評論社
庄司順一・奥山眞紀子・久保田まり（編）　2008　『アタッチメント』　明石書店
白派瀬佐和子　2010　『生き方の不平等――お互いさま社会に向けて』　岩波書店
Singer, Mirjam-Beate Singer　2008　*Babyklappe und anonyme Geburt*. RabenStück.
滝川一広・他　2006　「愛着ときずな」『そだちの科学』　第７号　日本評論社
Teubel, Alexander　2009　*Geboren und Weggegeben: Rechtliche Analyse der Babyklappen und anonymen Geburt*. Duncker & Humblot.
Biersack, Christiane　2008　*Babyklappe und anonyme Geburten*. VDM Verlag.
Bowlby, John　1969　*Attachment and loss*. The Hogarth Press.［黒田実郎・他（訳）　1976　『母子関係の理論』　岩崎学術出版社］
Mielitz, Cornelia　2006　*Anonyme Kindesabgabe*. Nomos(Baden-Baden).
矢野喜夫・落合正行　1991　『発達心理学への招待――人間発達の全体像をさぐる』　サイエンス社

【脚注】

（１）http://b.hatena.ne.jp/entry/news24.jp/articles/2010/04/01/07156493.html　参照。（情報取得2012/10/01）

（２）この匿名性をめぐって、赤ちゃんポストの議論は錯綜することになる。代表的な批判は、「匿名性を容認することで、無責任な親による児童遺棄を増幅させてしまう」、「将来的に、子どもの出自を知る権利が果たせなくなる」というものであろう。だが、緊急下の女性の側からすれば、そうでもしなければ公の相談機関に行けないのである。匿名性は、一方では厳しく非難されるが、もう一方では新たな可能性を拓く重要な鍵概念であり、その両義性を無視することはできない。

（３）筆者は、二〇〇八年に、ハンブルクのシュテルニパルクとの接触を試みた。そこで明らかになったことは、捨て子プロジェクトにとっては、赤ちゃんポストの試みだけでは不十分であり、保護した母子を支援するための施設が必要だということで、新たに母子支援事業を開始していた。これはそこで出会った女性とのやり取りの中の会話である（この訪問の際のインタビューについては、二三七頁参照）。

（４）こうした事例はSterniParkの公式サイトにも挙げられている。

（５）英訳：Lineal relative by blood and siblings have a duty to support each other.

（６）英訳：When a person who is responsible for protection of a senile, immature, physically disabled or sick person, abandons, or fails to give necessary protection to such person, the person shall be punished by imprisonment with work for not less than 3 months but not more than 5 years.

(7)それは日本においても、ドイツ語圏においても同様であるが、ここで問題となるのは、遺棄の解釈である。放置しておけば必ず死に至る場所に赤ちゃんを置き去る場合、それは確かに「児童遺棄」となる。だが、赤ちゃんポストの場合、そこに預ければ、ほぼ一〇〇%保護され、死に至ることはまずあり得ない。とするならば、その置き去る行為は、遺棄には該当せず、この法の適用はできないということになる。ドイツ語圏の設置者たちはこの点に強い自信を示しているが、法学者の間では「違法」とする声も上がっている(Teubel 2009)

(8)この評議会の公式見解に対する激しい反発も同時に起こっている。事実、アーデルハイドの家では、この評議会の報告に対する反論をすでに準備していた。

(9)ドイツ語圏では、心理学は主に緊急下の女性を支えるための介入を強めており、それに対して法学が批判的にそうした行為を問いなおそうとしている。ここに、「行為の意味」と「行為の帰結」という視点の違いが浮き彫りにされているようにもみえる。が、日本では、理論的にも実践的にも赤ちゃんポストや匿名出産と心理学の関連は確認されない。

(10)児童虐待と愛着研究の接近については、「そだちの科学」(滝川他 2006)の「愛着ときずな」という特集で確認することができよう。

(11)これについて、庄司は「できるかぎり親子が別れて生活することのないようにするのが第一の選択肢であるが、親子分離をした場合には、里親は一時的な保護の場と考えられ、一年ないしは一年半の間に、実親への援助を行い、子どもを実家庭へ返す(家庭再統合)か、実親の態度、行動が変わらないならば、子どもは養子とするというもの」と説明している(庄司 2006:52)

(12)まだ仮定の域を出ないが、緊急下の女性の救済においては、実母であることの新たな意味づけが行われているように思う。母は子を捨てたいのではなく、どうしてよいか分からないのである。事実、赤ちゃんポストに預けた親の半分程度は数週間後に子を引き取ろうとしている。母に代わる養育者の意味ではなく、母親の意味、ないしは母親の置かれている劣悪な状況が問われようとしているのではないだろうか。

(13)二〇一一年七月、墨田区の児童相談所の処遇に対して、三〇代の親が都を相手に損害賠償を求める訴えを起こした。児童相談所の虐待対応の難しさが示されている。

(14)ドイツ語圏と日本での議論を比較すると、見えてくるのは自らの力で援助の可能性を探ろうとするドイツ語圏と、行政や公的機関に頼ろうとする日本の違いが見えてくる。たとえばこうのとりのゆりかご検討会議の座長を務めた柏女霊峰は、熊本の取り組みにおける「匿名性」の意味を認めつつも、最後には「極力、実名化への努力を続けることが必要とされている」と述べ、その上で、「現在、慈恵病院で実践されているようなノウハウを一つのモデルとして、全国の公的な相談機関でも検討する必要がある」(こうのとりのゆりかご検証会議 2010:16)と述べている。それに対して、ドイツの赤ちゃんポストを検討する論者たちは、匿名性の重要性を指摘しながら、結論として、多くの母親が結局は（帰結的には）実名で名乗り出ている点（親の判明率）に注目し、匿名性が担保されているからこそ、実名での支援が可能となっている、という考えを示している（Mielitz, 2006）。

(15) こうのとりのゆりかご検証会議（2010：210）では、「自宅出産の後に新生児を預け入れにくる事例が見られるが、こうした行為は極めて危険であり、…このことをホームページなどで強く注意喚起することが必要である」とされるが、この危険性を指摘し、それを外部である組織や国家がその危険に介入することへの批判はほぼ皆無といえるだろう。国家が私事性に関与することの問題性を指摘することは極めて困難となりつつある。児童養護施設の入所児の七割が被虐待児とされているが、親のいる被虐待児を児童相談所という行政機関が保護（＝奪取）せねばならない問題性はほとんど問題とされていない。

(16) こうした学術的課題としての「緊急下の女性」問題はドイツ語圏では徐々に承認されつつあるが、日本では学術的課題として認知される以前に留まっている。それが何に起因しているのかも問われねばならないだろう。

(17) ドイツのバンベルク大学で学位を取ったクーンは、教育学や家族研究の立場から、赤ちゃんポストと匿名出産について批判的かつ実証的に分析する試みを行っている。ドイツ語圏では、主に法学や教育学や歴史学の立場からこの試みの反省、分析、研究がすでに行われている。

(18) なお、彼女にとってのお互いさまとは、すべての人々が平たく平等である状態ではなく、ある程度の傾きのある状態を指している。

(19) ただ、彼女の文脈でいう社会的想像力の教育は、すでに多くの学校で行われており、本質的には、「社会科」において、これが目指されているはずである（それが成功しているかどうかは分からないが）。先の当事者でないから語り得るという話ともつながるが、社会科や国語科は、そうした想像力を鍛えることを目指している。

第七章　赤ちゃんポスト批判を問う

序

第四章では、赤ちゃんポストを含む捨て子プロジェクトの全容を捉え、赤ちゃんポスト設置者たちの活動の中身を詳細に描き出した。第五章では、赤ちゃんポストの設置場所と設置者に光を当てて、その場所を網羅し、また筆者独自の調査を通じて、設置者の表情を描いてきた。第六章では、改めて緊急下の女性とは何かを問い直し、緊急下の女性研究の必要性を明らかにしつつ、その研究の土台を論じてきた。

本章では、赤ちゃんポストや匿名出産をめぐる今日の議論をまとめ、批判者たちはどの点で、これらの取り組みを批判するのか、また赤ちゃんポストにはいったいどんな問題が潜んでいるのか、その点について明らかにしていきたい。

あまりにも無責任すぎる？

次の文章は、二〇一二年の朝日新聞に掲載されたある三七歳の女性の意見である。この女性は、赤ちゃんポストが全国に広がることを懸念し、赤ちゃんポストに赤ちゃんを預ける親を無責任だと考えている。

赤ちゃんポストについては賛否両論あると思いますが、私は、いかなる理由があっても、赤ちゃんをポストに入れるという行為が、全国に拡大することには反対です。

産めば誰かが育ててくれるという安易な考えでは、せっかく命を手にいれた赤ちゃんたちが、可哀想すぎます。もちろん中絶を推奨するわけではありませんが、子どもが欲しいと心から両親が望み、経済的にもある程度安定したところで出産をした方がいいと思います。

少子化だからといって、出産を急ぐ必要はありません。一人っ子だからといって兄弟を作ってあげなきゃ、と焦る必要もないのです。それぞれの家庭で、育てられるだけの子どもを、責任をもって、目いっぱいの愛情で、産み育てればいいのです。

産みたいから産んでポストに入れておしまいでは、あまりに無責任すぎるのではないでしょうか。小さな命を誰かに託すなんて、ポストは郵便物を投函するところです。荷が重たすぎると思いませんか。

（二〇一二年四月二四日朝日新聞朝刊）

ここで問われているのは、親への責任問題である。赤ちゃんポストに入れておしまいでは、あまりにも無責任ではないか、と。扶養義務はどうなっているのか、と。こうした視点からの批判は、今も根強い。民法八七七条の扶養義務に関わり、「犯罪性」も問われ得る。出産した赤ちゃんを育てるのは親の義務であり、責任である。それを問わずに、匿名で赤ちゃんを預けることのできる赤ちゃんポストは、論理的にも、法的にも、実際的にも認められるものではないのではないか。そうした批判は、確かに存在するし、もっともなことである。

だが、緊急下の女性たちの状況を鑑みると、その責任を問うことに何の意味があるのか、と再反論することはできるだろう。児童遺棄や嬰児殺害を起こす可能性のある女性たちは、責任を負うだけの条件を満たしておらず、その女性の状況や環境自体に致命的な問題がある。しかも、同じ責任を有する男性側は、ほぼ責任追及から逃れているという点も無視できない。赤ちゃんポストや匿名出産の場合、追いつめられるのは常に女性である。「赤ちゃんが可哀想」という感覚も、緊急下の女性の場合、もっと根本的なところまで遡って考える必要がある。

また、この赤ちゃんポストは、責任が問われないがゆえに、児童遺棄を助長するという声もある。あるいは、児童遺棄を誘発するという声もある。赤ちゃんポストがなければ子どもを捨てなかったと思われる親たちも、赤ちゃんポストがあるがゆえに、無責任に捨ててしまうのではないか、という批判である。これに対して、阪本はその一定のリスクを認めつつも、「ゆりかご」があるから遺棄する親が増えるとは考えにくい、と考えている。「子供遺棄や育児放棄の問題は、赤ちゃんボックスの設置に直接の影響を受けるといったものではなく、むしろ社会における複合的なものであろう」（阪本 2008：22）。これについては、未だに根拠となるような基礎的研究も調査もほとんど行われておらず、YESともNOとも言えない問題と考えてよいだろう。

他方、親ではなく、赤ちゃんポスト設置者たちに対して、「無責任である」という批判もある。赤ちゃんポストに預け入れられた赤ちゃんは、母親がその後名乗り出た時に、厳密な審査や確認をすることなく、その母親に引き渡している。そのことを倫理学的に厳しく批判しているのが、道徳神学の観点から赤ちゃんポストを研究しているシュテファニー・ベンナー（Stefanie Benner）である。「…赤ちゃんポストの提供者たちは無責任である。この提供者たちは、子どもの引き渡しが求められた際、母親ないしは父親のＤＮＡ鑑定を求めていない。それが無責任である」（Bennner 2010 : 86）。この批判は的確である。実際に赤ちゃんポストに預けられた赤ちゃんが、後日、母親や父親に引き取られるケースは多々あるが、その時にどこまで厳密に母子や父子の関係をきちんと証明しているのかどうかは疑わしい。ＤＮＡ鑑定を行っているという話は聴いたことがない。「母への手紙」に残した赤ちゃんの指紋や足紋を照会しているケースはあるが、それもどこまで厳密に行われているのか。このベンナーの批判は、赤ちゃんポストの抱える問題をうまく言い当てているように思われる。

ドイツの赤ちゃんポスト廃止論

しかし、ドイツでは、親や赤ちゃんポスト設置者らへの責任追及とは別次元で、赤ちゃんポスト廃止論が現在活発に議論されている。

ドイツ連邦政府の諮問機関であるドイツ倫理評議会（Deutscher Ethikrat）は、この問題についてさまざまな観点から審議し、二〇〇九年一一月、赤ちゃんポストと匿名出産の廃止を表明した。それと共に、赤ちゃんポストの廃止を全国に呼びかけた。この倫理評議会の当時の臨時議長だったクリスティアーネ・ヴォーペン（Christiane Woopen）は、調査に応じない赤ちゃんポスト運営者たちの不透明性（Intransparenz）を指摘し、赤ちゃんポストや匿名出産によって保護された後の赤ちゃんの保障を訴えた[1]。そして、それに代わって、「一時的に匿名の申し出を認める内密の赤ちゃんの預け入れ」を法的に認めることを提案した。この提案には、同評議会の想像を超える反響があった。この呼びかけによって､ドイツでは、赤ちゃんポストと匿名出産に代わる「内密出産（Vertrauliche Geburt）」の可能性が拓かれた。

この意見表明を受けて、ＣＳＵ議員であり、「家庭と女性の労働と社会秩序のためのバイエルン州行政局（BStMAS）」のクリスティーネ・ハデルタウアー（Christine Haderthauer）は次のような意見を表明した。

✓優先順位として、生命の保護は、子どもが自身の出自を知る権利よりも優先される。
✓緊急下にある多くの母親たちに、他のもろもろの支援は届いていない。
✓匿名出産／内密出産の取り組みは、もはや法的なグレーゾーンで行うべきことではない[2]。

ハデルタウアーは、ドイツ倫理評議会の赤ちゃんポスト廃止論に対して異を唱え、匿名出産ないしは内密出産の法制化を強く求めた。ドイツ倫理評議会が赤ちゃんポストの廃止を求めたのに対して、ハデルタウアーは赤ちゃんポストの継続を訴えた。ただし、どちらも原則的に緊急下の女性の存在は認めており、その支援の方法やアプローチのという点で捉え方が異なっていると考えるべきだろう。

だが、さらに二〇一二年三月に、驚くべき数値が公表された。それは、匿名出産や赤ちゃんポストによって保護された赤ちゃんのうち、二〇〇人の赤ちゃんの居場所が不明となっている、という数値である。この二〇〇人という数は、ドイツ青少年研究所が三四四の設置団体に行った調査によって見出されたものである[3]。この研究所は、この調査の後、ドイツ倫理評議会の意見表明を支持している。

しかしながら、それに対する反論もある。上の青少年研究所の調書の編者の一人であるモニカ・ブラドナ（Monika Bradna）は、この数は間違いだとしている。その上で、次のように述べている。「子どもたちは不明であるわけではありません。そうではなく、赤ちゃんポストの設置者たちが、正確な記録の作成をし損なったのです。記録の一部はすでに数年前のものとなっています[4]」。つまり、二〇〇人の赤ちゃんの行方が不明になっているのは、赤ちゃんポスト設置者に行った調査に不備があったからだ、という。

いずれにせよ、匿名で産まれた赤ちゃんのうちの二〇〇人が消息不明というショッキングな事実は、ドイツ国内に大きな波紋を呼んでいる。少なくとも、赤ちゃんポストやその設置者に対して、「預かった赤ちゃんはどうなっているのか」、という疑念が向けられており、その不透明さゆえに不信感が生まれている、といえそうである。

そうした背景の中、現在、家族政策に取り組む多くの政治家たちがこの赤ちゃんポストの廃止を要求している。ドイツの二大政党の一つ、キリスト教民主同盟（ＣＤＵ）のイングリート・フィッシュバッハ（Ingrid Fischbach）は、「私は、もう新しい赤ちゃんポストの設置を一つも認めるべきではない、現在各地で実施されているプロジェクトを徐々に打ち切るべきである、そしてできるだけ早く明確な規定をつくるべきだと確信している[5]」、と述べている。彼女もまた、女性、家族、青少年、高齢者等に強い関心を寄せる人物である。だが、現行の赤ちゃんポストを容認することはどうしてもできない。

赤ちゃんポストや匿名出産は、確かに緊急下の女性や胎児、新生児を守る手段となっているその一方で、現実的には、二〇〇人の赤ちゃんの消息が分からないという事態――少なくともそうした話題――を引き起こしている。もしこのことが事実であるならば、これだけの赤ちゃんの消息が不明だ、という点は、決して無視できることではないし、許されるべきことでもない。ただし、この二〇〇人のうち、どれだけの赤ちゃんが赤ちゃんポストに預けられた赤ちゃんなのか、あるいは匿名出産によって産まれた赤ちゃんなのかは不明とされている。それに、筆者による調査から、赤ちゃんポスト設置者たちが預け入れられた赤ちゃんを児童相談所等に連絡を入れずに他の誰かに譲り渡す、ということは考えにくい。二〇一三年二月の時点では、その真相は未だよく分かっていない。

こうした中、現在、先述した内密出産が緊急下の女性の新たな支援策として有力候補となっている。一九七〇年代生まれで、現在一児の母でもあるドイツ連邦家族相のシュレーダーも、赤ちゃんポストや匿名出産に代わるこの内密出産を認め、これを推奨している[6]。彼女は、根本的には赤ちゃんポストを認めないわけではない。ただし、上に述べたような身元不明の子どもを認めるわけにはいかない。そこで、彼女は、あえて「赤ちゃんポスト廃止」を掲げ、代わりに、出産してから一六年間――つまり、子どもが一六歳になるまで――秘密にしておく「内密出産」を提案したのである。つまり、匿名のまま出産することを認めるのではなく、一六年間はその出産を秘密にしておくことを認めるのである。この内密出産の場合、行政が作成した指定の用紙に母親の情報を記載することが必要となる。この情報は、生まれた赤ちゃんが一六歳になった時に、その子ども本人に知らされることになる。

かくして、赤ちゃんポストや匿名出産をめぐる議論は、新たな局面を迎えつつある。だが、いずれにしても、ドイツにおいては、緊急下の女性という存在がある程度、承認されつつあることは間違いない。ゆえにこそ、内密出産というオルタナティブが議論されるに至っているのだろう。

子どもの生存権と親を知る権利の間の葛藤

赤ちゃんポスト批判、そして匿名出産批判の中でも、最も論争的な問題が、ハデルタウアーも挙げていた、子どもの生存権か、それとも子どもが出自を知る権利を守るべきか、そのどちらを優先するか、である。すなわち、「生命に対する固有の権利」と「出自を知る権利」、「父母を知る権利」をめぐる権利問題であり、児童の権利に関する条約にもかかわる問題である。また、出自を知る権利を守る上でその弊害となる「匿名性」もここで問われてくる。匿名性を批判する論者は、「出自を知る権利」が保障されない点において、これを認めない。

実は、この生命保護と子どもの権利をめぐる議論は、一九七〇年代に日本でも起こっている。ステージⅠで述べた菊田がその議論の当事者である。彼は、赤ちゃんあっせん事件の際に、やはり同様にこの問題に直面した。一九七〇年代の文章であり、内容的にやや問題がある部分もあるが、それでもなお現代に通じる一文なので、ここで引用しておきたい。

子供が実の親を知る権利をどうするか、については国によって異論がある。子供が実の親を知りたいと願う心情は自然なものであるが、それは主として遺伝的な関心によるものであり、人間的情愛の念から発するものではないと思われる。なぜなら、人間の情愛は主として人間同士の〈ふれあい〉によって育成されるからである。〈知る権利〉は遺伝的情報にとどめるべきであり、〈追跡権〉にまで及ぶべきではない。イギリスのように出生証明のコピーを見ることができ、子供が実親を追跡する可能性があると、子を捨てた母は常に不安にさいなまれ、また、母の新しい家庭の平和も乱される恐れもあり、実母のプライバシーも侵害されるだろう。実の親子間の断絶とは、本来、両親の人的交流の廃絶を意味するものでなければならない。また、その保証があってこそ、未婚の母が嬰児殺しや、嬰児遺棄をすることを完全に阻止することができるのである。また、強姦、売春、姦通、人工授精の子供たちに、その事実を知らせ、〈追跡権〉を与えることが、真に〈子供の権利〉を守ることになるのかどうか、疑問にたえない。

（菊田 1979：246-247）

菊田の時代には、まだ赤ちゃんポストも匿名出産もなかった。ましてや日本である。にもかかわらず、赤ちゃんポストや匿名出産の問題性を浮かび上がらせる記述になっている。緊急下の女性たちにももちろん適用できる。匿名出産が内密出産にすり替えられることで浮かび上がってくる問題も、ここに書かれてある。実母の不安、実母の新たな家庭が乱される恐れ、実母のプライバシー等である。

ドイツにおいても、赤ちゃんポストや匿名出産がこの一〇年以上もの間、法的に整備されない理由が、この出自を知る権利との関連にある。赤ちゃんポストや匿名出産を法的に認めるということは、自分の実親や出自を知る権利を放棄するということになる。法律上、匿名出産が認められれば、その匿名出産によって生まれた赤ちゃんは、将来、自分の肉親が誰かを知ることができなくなってしまう。フランスではかつてから匿名出産が合法化されているが、それは、フランスでは出自を知る権利を断念している、ともいえよう。

菊田は母親の立場から、知る権利における追跡権を否定しているが、逆に、スイス赤十字社（ＳＲＫ）で緊急支援を行っているビアーザックは、逆に、子どもの立場からこの知る権利の重要性を改めて問い、それゆえに赤ちゃんポストや匿名出産を疑問視している。彼女は、いわゆる「捨て子」の発達過程に注目し、親に捨てられた子どもがどのように自分の状況を認識していくのか、どのように自分自身の問題にかかわっていくのかを、実際の相談業務の中で探った。彼女の研究で注目したいのは、彼女が着目した「捨て子たちの成人期」である。菊田は、子どもが親を知りたいと思う心情は自然なものとしながらも、それは人間的情愛の念から発せられるものではなく、遺伝的な関心によるものだと考えていた。だが、はたしてそう言いきってよいものなのだろうか。捨て子として生きなければならない人は、自身の問題とどのように向き合っているのか。そんな「その後」について、彼女は次のように記している。

成果の出るような追跡はもはや絶望的であり、実親を知りたいという捨て子の欲求は満たされないままとなるだろう。唯一考えられるのが、ドイツ全土の世間への呼びかけであろうか。しかし、その際にも、「預け入れ」の正確な日付と赤ちゃんポストの場所が必要となる。もし「発見」が見通せなくなれば、自分を捨てたその当時の動機など、多くの深刻な疑問を解く希望もなくなってしまう。望まれない存在であることや愛されない存在であることによって受ける傷や深い病理は癒されることもなく、自分の根の部分は伏せられたままとなり、養子縁組というその子どもの課題に決着をつけることが難しくなるだろう。これを踏まえると、すでに大きくなり成人となった捨て子たちは、「救われた」子どもに対する赤ちゃんポスト設置者たちの多幸感（ユーフォリア）を分かち合っているのかどうか、私には甚だ疑問である。目下、実の母親によって赤ちゃんポストに自分が預け入れられたことに、彼らがどれほど感謝の念を抱いているのか、その答えはまだ出されていない。実際のところ、「自分はどこからやってきたのか?」という問いは永遠に知り得ず、苦しむことになる。そして、この問いが、捨て子たちには、「自分はどこに向かうのか」という問いをより難しいものにしているのである。自分の根の部分を「発見」できずに、過去を総括できない時、捨て子たちは、自分の運命を克服するために、別の道を見つけなければならない。（Biersack 2008 : 94）

このビアーザックの指摘は、極めて重要なものである。赤ちゃんポストや匿名出産は、緊急下の女性にとって最も安心できる支援策であるが、その一方で、緊急下の女性から産まれた赤ちゃんの葛藤や苦しみはどう考えればよいのか。彼女の捨て子プロジェクトへの疑問は、この点に尽きる。ステージIで、赤ちゃんポストに子どもを預けた母親の手紙を取り上げたが、かつての捨て子は、その手紙をどう読むのだろうか。ビアーザックも指摘しているように、やはり「自分はどこからやってきたのか」と問い続けるだろう。それは常に意識されなくとも、無意識にとどまり、常に根っこが欠けた状態で生き続けなければならない。当然、それはその捨て子たちの未来にもかかわってくるだろう。だが、もし赤ちゃんポストがなければ、その捨て子は遺棄されて、命を落としていたかもしれない。しかし、もしかすると、「こんなに苦しむなら、捨てられて死んでいたほうがまだよかった」と思うかもしれない。

日本の赤ちゃんポスト「こうのとりのゆりかご」の運用を検証する熊本市の専門部会も、この生命の保護と出自を知る権利の問題に取り組んでいる。そして、二〇一二年、報告書の中で、次のような見解を示している。「預入者を匿名にすることと、子どもの出自を明らかにすることとは矛盾しないと考えるべきである。預入者の実名を運用上関わった者が知り得たとしても、それをいかなる機関・個人にも公表しないことで匿名性は維持されるからである。現時点までに身元が判明しない子どもが存在することに留意して、今後は制度上もできうる限り子どもの出自に関する情報を確保できるような方法を工夫すべきである」(こうのとりのゆりかご専門部会 2012：43)。

しかし、それと同時に「子どもの人権及び子どもの養育環境を整える面から最後まで匿名を貫くことは容認できない」とも述べている。検証会議座長の柏女も、同様に、「社会的には匿名であり続けること、つまり、子どもに対して匿名であり続けることを容認することはできない」、と結論づけている。この議論は、前節で述べたドイツの匿名出産から内密出産へという議論と重なり合う。阪本は、日本とドイツの赤ちゃんポストの現状を踏まえ、匿名性の意義を理解しつつも、誰が赤ちゃんを預けたのかが確定されないという課題から、「匿名性の保障は、赤ちゃんボックスの最大の利点であると同時に欠点である」(阪本 2008：22)、としている。

赤ちゃんポストや匿名出産を求める緊急下の女性にとっては、それが意識されている／されていないにかかわらず、出自を知る権利は大きな弊害となり、彼女たちの支援の可能性を脅かすものとなる。他方、緊急下の女性の子ども、すなわち赤ちゃんポストに預け入れられた子どもや匿名出産によって生まれた子どもにとっては、その権利は一生引きずられねばならない大きな問題となるだろう。

日本国内の赤ちゃんポスト論

今一度、日本の議論も確認しておこう。当然ながら、日本においても、熊本県の赤ちゃんポスト「こうのとりのゆりかご」をめぐる議論は展開された。メディア等での過熱化する報道は今なお記憶に新しい。

この問題に関する研究を遡ってみると、このゆりかごの運用開始以前から赤ちゃんポストをめぐる議論は存在した。とりわけ阪本は、日本での赤ちゃんポスト設置以前からこの問題に取り組んできた。彼女の二〇〇二年に発表した論文、「ひとは如何にして子どもを『捨てる』か」(阪本 2002)は、赤ちゃんポストの萌芽的研究として最も読まれている。二〇〇七年五月一〇日のゆりかご運用開始前後から、日本でもさまざまな観点から赤ちゃんポストの是非を問う声が上がった。ゆりかご運用開始前の二〇〇七年四月には、「婚外子」

差別に謝罪と賠償を求める裁判を支援する会の土橋博子が婚外子差別という視点から真っ先にゆりかご設置に異を唱えている。土橋は、ゆりかごに預けられた子どもが戸籍に「棄子」と記載されるとして、「『出生の事情』を戸籍で公開することは許されるのか」と問い、婚外子差別の解消、母親の妊娠中のケアを訴える（土橋 2007）。ただ、彼女の場合、赤ちゃんポストに対するというよりはむしろ、戸籍や婚外子の現状に対する批判を展開している。また同一〇月には、「こうのとりのゆりかご」検証会議が設置され、日本の赤ちゃんポストの検証、反省、研究が始まった。

その後、二〇〇九年一一月に「『こうのとりのゆりかご』が問いかけるもの――こうのとりのゆりかご検証会議・最終報告」として熊本県に提出され、二〇一〇年にその報告書が出版された。また、その年の三月には、『公衆衛生』上において、蓮田自身がゆりかごの経緯とその意義について論じた。また、同月に阪本が「赤ちゃんポストをめぐって」においてこれまでの見解を総括している。さらに二〇一二年三月には、赤ちゃんポスト「こうのとりのゆりかご」の運用を検証する熊本市の専門部会が、熊本市長に中期的検証の報告書を提出し、二〇一一年九月までの全八一例の内実を事細かに明らかにした。

ゆりかごの法制度上の不備や権利上の問題もある。この問題に対して、ゆりかご設置以後から言説として残しているのが、哲学・生命倫理学の観点から日本で最も古くからドイツのこの新しい試みを追い続けている阪本と、上述した「こうのとりのゆりかご」検証会議の委員を務めた児童福祉・児童養護の山縣文治であろう。ここでは、後者の山縣の言説を追っていくことにしよう。

山縣は、二〇〇七年には、いち早く、『そだちと臨床』の中で「赤ちゃんポスト『こうのとりのゆりかご』と子ども家庭福祉」という論文を発表している。その後、二〇〇八年に彼は、「こうのとりのゆりかご検証会議」の委員となる。

山縣は、自身のゆりかごに対する立場として、「やや消極的」である。というのも、ゆりかごの「設置の条件を社会的に明らかにする必要」があり、「わが国の過去の取り組みや世界の取り組みを視野に入れると、法的な基準が示される必要があった」、と考えるからである（山縣 2007：78）。たとえば、預けられた子どもの親の身元が分かり、その親の居住地が赤ちゃんポスト設置県とは別の県だった場合、どの児童相談所が管轄するのかという問題も浮上する。

また、彼の赤ちゃんポストへの評価は、同会議の最終報告書で知ることもできる。この報告書の中で、彼は次のような疑問を呈している。

ゆりかごについては、当初より、もっぱら医療法からの検討中心に設置が認められ、児童福祉法や児童の権利に関する条約からの検討を曖昧にしたままで、国が設置を事実上承認してしまっていることへの疑問が強かった。

（こうのとりのゆりかご検証会議 2010：37）

この山縣の疑問は、もっぱら哲学や生命倫理学の観点からこの問題を問うてきた阪本とは異なる児童福祉論（子ども家庭福祉）の立場からの問題設定となっている。「児童福祉法や児童の権利に関する条約からの検討」は、まさに児童福祉からの問いかけであり、この部分は山縣にとっても大きな、かつ根本的な問題となっている。彼は自身の課題を次のように設定している。「子ども家庭福祉学の研究を行っていると標榜している立場からは、これが子どもの福祉を守るものか、権利を侵害するものかという原理的な課題である」（こうのとりのゆりかご検証会議 2010：37）。この「赤ちゃんポストは子どもの福祉を守るのか、それとも、権利を侵害するものか」という問いかけは、まさに赤ちゃんポストの議論の核心であり、この問い自体、今日のドイツで激しく問題とされていることである。ウィーンの医師リシュカは、赤ちゃんポストの実践を踏まえて、「われわれはたしかに子どもの命を救ってきた」、と語った。だが、山縣は、別の視点から問いを投げかける。「虐待死を防ぐという意味での、子どもの命を守ったかどうかについては検証不能であり、別の表現をするのが適切ではないか」、と言う（こうのとりのゆりかご検証会議 2010：38）。「虐待死を防ぐという意味での」という注意書きがあるが、虐待死を考慮しなくとも、このことは「検証不能」であろう。だが、この彼の問い自体、阪本同様に、法や権利や条約に依拠する問題提起である。しかし、設置者たちは、その法や権利や条約の問題以前のところで母子の命や健康を守ろうとしている。「権利の侵害」とは全く思っていないだろう。この設置者たちと山縣の「ズレ」は、見過ごすことはできない。彼らは、現状の法体系や社会福祉では母子の命や健康が守れていないからこそ、法的枠組みのグレーゾーンに立って、赤ちゃんポストの運用に踏み切っている。法や権利や条約等によって守られていない命や健康を、宗教（カリタスやカトリック女性福祉協会）や医療（ベルリン・ヴァルトフリーデ病院）や教育（シュテルニパルク）や母子福祉（アガペーの家）の視点から守ろうとしていた。だが、それを学術的に「検証」することもまた必要不可欠なことではある。

また、山縣は、保護責任者遺棄罪についても、注意深く論じようとしている。

保護責任者遺棄罪についての判断が、ゆりかごの利用で免罪符になってはならない［…］その後の親の捜査に警察の積極的関与が必要ではないか［…］有償で第三者を介してゆりかごを利用した場合、犯罪性はないのかなど、警察に関わるできごと

[もある]。

（こうのとりのゆりかご検証会議 2010 : 37.［　］内筆者）

この「警察介入の是非」は、注目に値する。子ども家庭福祉の論者である彼が、なぜ警察介入という選択肢をここで挙げているのか。警察介入が何を意味しているのか。また、それが、赤ちゃんポスト設置者たちの目的（緊急下の女性とその子どもの支援）を支えるものになるのかどうか。児童福祉を研究する論者が、なぜ「親の捜査への警察の関与」を訴えるのか。(7) 他方で、長年、赤ちゃんポストを運用している「アガペーの家」のガルベは、「絶対に警察には通報しない」と言っていた（一〇九頁参照）。

だが、従来の児童福祉のフレームでは、この問題は、山縣のように語る以外にないのかもしれない。山縣の言説は、まさにこれまでの社会福祉・児童福祉や社会的養護の視点を暗に露わにする内容を含んでいる。この点については、ステージⅢで再び論じることにしたい。

総括

現在、ドイツでは、新たな展開を迎えている。それは、赤ちゃんポストや匿名出産に代わる内密出産という考え方の現出である。この内密出産は、緊急下の女性の匿名性を認めるこれまでの取り組みと異なり、永続的な匿名性を保障しない出産であった。ここから、赤ちゃんポスト批判の根幹に、匿名性を認められない「何か」があることが見えてくるだろう。なぜ匿名性は認められないのか。そこに、どんな問題や矛盾があるのだろうか。もっと問いを広げれば、なぜわれわれは匿名性を認められないのだろうか。

また、赤ちゃんポスト批判は、子どもの生命保護と自身の出自を知る権利のジレンマの問題を明確にさせることに貢献した。赤ちゃんポストが子どもの生命保護に関与している以上、それを否定する論理を立てることは難しい。だが、その一方で、赤ちゃんポストは、後の子どもの人生において大きな爪痕を残す深刻な問題を新たに生んでいる。それが、親を知る権利である。

現時点で、これらの問いに対して、万人が納得できる論理は見いだせていない。本書でも何度も述べてきたが、赤ちゃんポストも匿名出産も、グレーゾーンにあるものである。がゆえに、さらなる議論が必要となるのである。

いよいよ、本書の議論もステージⅢへと向かうことになる。ステージⅢでは、各章ごとにテーマを定め、宗教、医療、社会的養護、そして教育という視点から、赤ちゃんポストの問題に切り込み、そして、それらの議論から、緊急下の女性とその子どもの問題を突きつめていきたい。

【文献】

Elbel, Daniel　2007　*Rechtliche Bewertung anonymer Geburt und Kindesabgabe*. Frank & Timme GmbH.

菊田昇　1979　『天使よ大空へ翔べ』　恒友出版

こうのとりのゆりかご検証会議（編）　2010　『「こうのとりのゆりかご」が問いかけるもの』　明石書店

こうのとりのゆりかご専門部会　2012　『こうのとりのゆりかご検証報告書』. http://www.city.kumamoto.kumamoto.jp/Content/Web/Upload/file/Bun_71097_21zenpenshusei.pdf（情報取得2012/05/1）

阪本恭子　2002　「ひとは如何にして子どもを『捨てる』か――ドイツにおける『捨て子ボックス』の現状報告」『大阪大学大学院医学系研究科・医の倫理学教室．医療・生命と倫理・社会』vol.2, No.1.　http://www.med.osaka-u.ac.jp/pub/eth/OJ2-1/sakamoto.htm（情報取得2012/5/1）

阪本恭子　2008　「ドイツと日本における『赤ちゃんポスト』の現状と課題」『医学哲学医学倫理』　第26号

土橋博子　2007　「『赤ちゃんポスト』の突きつけるもの」『インパクション』　第157号　インパクト出版会

Harnisch, Kai-Ulrich　2009　*Babyklappe und anonyme Geburt*. Tectum Verlag.

Biersack, Christiane　2008　*Babyklappe und anonyme Geburten*. VDM Verlag.

Wiesner-Berg, Stephanie　2008　*Anonyme Kindesabgabe in Deutschland und der Schweiz*. Nomos.

Wiesner-Berg, Stephanie　2009　*Anonyme Kinderabgabe in Deutschland und der Schweiz Nomos*. Verlagsgesellschaft.

Benner, Stefanie　2010　*Babyklappe und anonyme Geburt*. GRIN Verlag.

山縣文治　2007　「『こうのとりのゆりかご』と子ども家庭福祉」『そだちと臨床』　第3号　明石書店

【脚注】

（1）http://www.dradio.de/dkultur/sendungen/thema/1656137/ 参照。（情報取得2012/10/01）

（2）http://www.arbeitsministerium.bayern.de/familie/schwanger/anonym.htm　参照。（情報取得2012/10/01）

（3）http://www.welt.de/politik/deutschland/article13902729/Politiker-rufen-nach-Abschaffung-der-Babyklappen.html　参照。（情報取得2012/10/01）

（4）http://www.suedkurier.de/region/bodenseekreis-oberschwaben/friedrichshafen/-Die-neue-Babyklappe-ist-sicher;art372474,5405693　参照。（情報取得2012/10/01）　なお、このサイトで述べているブラドナの発言は以下のとおりである。“Die Kinder sind aber nicht verschwunden, sondern die Träger der Klappen haben es versäumt, genaue Dokumentationen zu erstellen.”

（5）http://www.welt.de/politik/deutschland/article13901060/200-Babyklappen-Kinder-verschwunden.html 参照。（情報取得2012/10/01）

（6）http://www.taz.de/!9668/ 参照。（情報取得2012/10/01）

（7）むろん、赤ちゃんポストが何らかの事件に巻き込まれる可能性は否定できない。例えば、夫、ないしは第三者による、「赤ちゃんポストに子どもを捨ててこい」という命令によって、脅える母親（ないしは祖母等）が赤ちゃんポストに預けた場合が挙げられる。だが、この事例の場合、上で山縣が挙げている「子どもの福祉は守れるか」という問いとはバッティングしない。暴力性の強い父と、おそらくそれに怯える母、その間で育ち、父の母への暴力を見て育つ子どもが、健全な環境下にあるとは決していえない。それに、もし父の命令により母に捨てさせたとしても、もし母が子どもを育てる上での正常な母性と愛情を有していれば、赤ちゃんポストが子どもを預かる期間内に、夫（父）から逃れ、赤ちゃんを取り戻すことはできる。逆に、警察介入が認められれば、赤ちゃんポストの利用を退け、母子共に追い込まれる結果になり、最悪の場合には、母子殺害事件や虐待事件に発展しかねない。「事件」を防ぐために設置された赤ちゃんポストが、事件を防げなくなってしまう恐れもある。

ステージⅢ

赤ちゃんポストから緊急下の女性へ

第八章　赤ちゃんポストの歴史的地平

序

　ステージⅠでは、赤ちゃんポストの諸問題を考える上で必要となる妊娠や出産にかかわるさまざまな背景について論じてきた。そして、ステージⅡでは、その背景を踏まえ、ドイツ語圏の赤ちゃんポストについての議論やその実際を明らかにした。この議論を通じて、赤ちゃんポストは極めて論争的であり、また理論的にも実践的にも多くの課題を抱えており、今なお続く未完のプロジェクトである、ということが示されたと思う。

　赤ちゃんポストの発想それ自体は、二〇世紀末に突如として現れたものである。だが、「匿名で赤ちゃんを預かる」という発想は、実は古くから存在していたということはあまり知られていない。しかも、それはヨーロッパ全土において実践的に展開されていたものであった。歴史的に考えれば、とりわけ女性による児童遺棄や嬰児殺害は、さらにはるか昔から問題とされてきた。こうした問題のなかった時代はないといってもよいかもしれない。また、ステージⅡで述べた一九九〇年代後半の妊娠葛藤相談と赤ちゃんポストをめぐる議論をより深く理解するためにも、ヨーロッパの「捨て子救済」の歴史について捉えておく必要がある。

　そこで、本章では、赤ちゃんポストの歴史的地平に焦点を合わせ、緊急下の女性やその女性を支援する努力の歴史について論じていくことにしたい。この章は、ステージⅡ、第四章の議論を補完するものであり、また過去と現在を重ね合わせ、より立体的に赤ちゃんポストを眺めることを主眼とする。

　なお、本書では、「児童遺棄はたびたび子どもの死を狙っていた。［…］ゆえに、遺棄と殺害はしばしば同一視されていた」、というシュヴィーンテクの考え方に倣って、児童遺棄と嬰児殺害を区別しないで論じていくことにする（Swientek 2001:74）。従来の日本の児童遺棄・殺害研究では、欧州と日本との違いが際立たされてきた傾向がある。たとえば近世の性と生殖、捨子等の研究を行ってきた沢山美果子は、「なぜ近代以前の西洋では嬰児遺棄がおもで、日本では堕胎・間引きなどの嬰児殺害だったのか」と問い、ヨーロッパと日本とで区別する考えを示している（沢山 2008：15）。しかしながら、児童遺棄は、その多くが死と直結しており、また嬰児殺害も遺棄によるものが少なくない。本書では、子どもたちを、「どのように捨てたのか」ではなく、「どのように救おうとしたのか」が問題となっている。当然、諸々の先行研究等での「区分」は無視することはできないが、本章では、問いの性質上、後者の捨て子の「救い方」に着目しながら、こうした子どもやその親の救済史を概観してみよう。

古代ギリシャ・ローマの孤児と捨児

そもそも赤ちゃんポストの取り組みは、児童遺棄、嬰児殺害・児童殺害、または児童売買（Verkaufen von Kindern）といった歴史的行為と密接につながっており、古代から現在に至るまで常に行われ続けてきた人類史的な問題である。かつて自明のこととして行われてきたもろもろの蛮行――例えば奴隷や苦役や拷問など――が近代化の過程で消えていく一方で、この問題は今なお未決の課題として、今日を生きるわれわれに残された問題となっている。

親のいない子どもへの反省の契機は、古代ギリシャ時代に遡ることができる。

古代ギリシャ社会では、今日のような「子どもの権利」など存在するはずもなく、嬰児殺害や児童遺棄は容認され、黙認され、自明視されており、父親等が生かすか殺すかを決定することができた[1]。ギリシャ神話においても、子どもを「アポテナイの淵」に落とす、という習俗が示されている[2]。自らの子どもを殺したり、あるいは売買したりすることも自明のことであったし、それを反省することもなかった。子どもは、「親の所有物」だった（Mielitz 2006：41-42）。

しかし、子どもの救済や支援が全く考えられていなかったわけではない。その源流はギリシャ時代のプラトンの記述において確認することができる。『メネクセノス』という書の中に登場するアスパシアという女性は、次のように述べている。

> 国家は戦死者の子供と両親に関する法律を制定して、面倒をみております。［…］子供たちに対しては、孤児であることを彼らにできるだけわからせないようにつとめながら、国家みずからが彼らの養育に手を貸しているのです。すなわち、彼らがまだ子供であるときには、国家みずからが彼らのために親代りとなりますし、一人前の男子に成長したなら、彼らに完全な武装をほどこしてやって、それぞれ自分たちの家へ送り返してやるのです。
> （プラトン 1978：218）

このアスパシアの意見がどれほど現実的であったかは分からないが、孤児、すなわち戦死者の子どもに対する国家の役割を述べていることは間違いない。この書は、戦死者の追悼演説であり、戦死者に代わって、国が子どもの責任を負うことが記されている。この記述から、戦災孤児への養育の萌芽は確認できるだろう。

だが、それは、国家間の戦争という事態における、子どもに対する国の責任であり、親による児童遺棄や嬰児殺害とは異なる次元の問題であった。捨て子の問題は、ギリシャ時代においては問題となることはなかったし、当然ながら罪にもならなかった。それどころか、ディーター・ブランケ（Dieter Blanke）も述べているように、「児童遺棄は、人身御供と同様に、広範囲にわたって広まっていた」（Blanke 1966：12）。戦死者の子どもの保護や保障は想定されていたにしても、捨て子や嬰児殺人は、問われることもなく、いわば当たり前で、自然なことであった。「古代ローマ世界では、捨児が広場や競馬場など公の場所に置かれた」、という指摘もある（高橋 2000：70）。この時代では、父親が子を引き取るかどうかの判断を下していた。父親が子を引き取らないと判断すれば、その子は、「かごや箱に入れられて、奴隷や産婆の手で、競技場や神殿、市場や公共のごみ捨て場など、人の多く集まる場所に放置された」（荻野 2002：258）。

だが、ジャン・シャザル（Jean Chazal）が述べるように、古代ギリシャ・ローマ文明において、父親が「生殺与奪の権利」を行使して自身の赤ちゃんを殺す時代から、赤ちゃんを捨てる時代に変わった。つまり、殺害から遺棄へと変化したのである。彼はこの変化を、「最初の道徳的進歩」と呼んでいる（Chazal 1953=1960：22）。

では、いったいいつから捨て子や嬰児殺害は問題となり始め、どのような問題とされたのだろうか。また、赤ちゃんポストの原型はどこにあったのか。緊急下の女性のために、匿名で赤ちゃんを預かる取り組みは、いつ頃から行われ始めたのか。それはいったいどこで行われていたのか。そして、それは何のために行われていたのだろうか。

捨て子とキリスト教

捨て子や嬰児殺害への反省は、古代ギリシャ・ローマの哲学によってではなく、キリスト教の思想にいわば導かれるかたちでゆっくりと行われるようになった。ミーリッツの研究では、キリスト教の教えである「神の前では何人も平等である」という考え方から、こうした捨て子や嬰児殺しの反省が生まれたと考えられている（Mielitz 2006）。

とりわけ捨て子問題は、キリスト教にとっては容認しがたいことだった。というのも、ステージⅡでもたびたびその名が登場したが、旧約聖書に登場するモーセの存在があったからである。モーセは、周知のとおり、エジプトのファラオからイスラエルの民を解放した旧約聖書上の重要人物だが、彼もまた捨て子であった。旧約聖書「出エジプト記（Das Buch Exodus）」の第二章の話である。この頃、人口が増大していたイスラエル人に脅威を感じ始めたエジプトの王ファラオは、イスラエル人のもとに生まれたすべての男児をナイル川に遺棄するよう命じていた。そして、以下の話へと続く。

…さて、レビの家のひとりの人が行ってレビの娘をめとった。女はみごもって、男の子を産んだが、その麗しいのを見て、三月のあいだ隠していた。しかし、もう隠しきれなくなったので、パピルスで編んだかごを取り、それにアスファルトと樹脂とを塗って、子をその中に入れ、これをナイル川の岸の葦の中においた。その姉は、彼［モーセ］がどうされるかを知ろうと、遠く離れて立っていた。ときにパロの娘が身を洗おうと、川に降りてきた。侍女たちは川べを歩いていたが、彼女は、葦の中にかごのあるのを見て、つかえめをやり、それを取ってこさせ、あけて見ると子供がいた。見よ、幼な子は泣いていた。

（日本聖書協会『聖書』1986：74-75.［　］内筆者）

ナイル川に捨てられたこの赤ちゃんこそが、モーセである。あの「モーセの十戒」が記されている出エジプト記の冒頭は、この捨て子の話で始まっている。キリスト教の捨て子へのまなざしは、すでにこのように聖書の中に用意されている。また、モーセの十戒にある「あなたは殺してはならない」という神の言葉ゆえに、今日では、胎児の生命保護や人工妊娠中絶の禁止といった考えが生まれているともいえよう。赤ちゃんポストを含む母子支援プロジェクトの名前にこのモーセが使用されているのも、またこの記述に由来している。

かくして、キリスト教と捨て子救済の関係は深い。キリスト教徒にとって重要な存在であるモーセが捨て子だったということは、同時にまた、捨て子は守るべき存在だということになる。捨て子を保護すること、胎児の命を守ることは、その宗教上の論理の中にもともと含みこまれており、皆に共有され得る物語として組み込まれていたのである。だからこそ、児童養護を専門とする瓜巣憲三も、「中世期を通じて、またその後一六世紀に至るまでの間、欧米における児童の施設養護は、すべてキリスト教会によって行われていたといっても過言ではない」、と述べているのだろう（瓜巣 1976：21）。児童の施設養護、すなわち孤児や捨て子のための支援は、キリスト教徒にとっては重要な宗教的実践だった(3)。

捨て子保護の着想は、以下で詳しく検討するが、中世において、キリスト教文化圏で生まれた。ミーリッツも、「中世のキリスト教の拡大と共に初めて、子どもはそれ自体保護されるべき存在であるという考えが発展した」、と述べている（Mielitz 2006：41）。キリスト教こそが、捨て子や嬰児殺害に対して「根本的な変革」をもたらしたのである（Swientek 2001：78）。かくして三七四年、ローマで嬰児殺害は法的に禁止されることになる[4]。そして、四四二年、最初の捨て子対策が命じられた（Swientek 2001：79）

とはいえ、こうした「神の前での平等」が生まれたからといって、実際にすぐに児童遺棄や嬰児殺しがなくなるわけではない。むしろアイスランドのように、キリスト教のこの考え方を受け入れられずに、キリスト教組織に加入することをためらっていた国も少なくなかった。「たとえばアイスランドの人々は、一三世紀に、〈引き続き児童遺棄の行為を認める〉という条件つきで、キリスト教組織に加わった」（Mielitz 2006：45）。

子どもの生存権や社会的養護の保障が法的・慣習的に認められるのは、ずっと後のことである。キリスト教文化圏においても、家長権（patria potestas）を用いて父親が子どもを養育するか否かを決定するのは常であったし[5]、嬰児遺棄や嬰児殺害を禁止する法もなかった（高橋 2000：69：Mielitz 2006：43）。こうした行為が法的に禁じられるのは、そのずっと後の話である。一八世紀に、子どもの教育可能性や親の養育義務に影響を与えたジャン−ジャック・ルソー（Jean-Jacques Rousseau）でさえ、その時代の有名な児童遺棄者（Kindesaussetzer）であった（Mielitz 2006：42）[6]。

古代日本の捨て子救済と和気広虫

ところで、日本国内では、捨て子の救済や保護はどのように実践されてきたのだろうか。日本においても、嬰児殺害や児童遺棄、捨て子についての歴史的地平はすでに示されている。吉田久一は、『日本社会事業の歴史』の中で、日本の社会事業の歴史を古代まで遡り、どのようにして救済、保護が行われてきたについて明らかにしている。その中には、捨て子についての記述もある。ここでは、非キリスト教国であった日本の古代にまなざしを向けてみよう[7]。

日本の捨て子救済史のなかで最も古いのは、聖徳太子(574-622）が、隋に学び、五九三（推古天皇元）年、現大阪の四天王寺に設立した四箇院の一つ、「悲田院」の取り組みであろう[8]。これは、聖徳太子の時代、仏教の「福田（ふくでん）思想」に基づき、建てられたものである。福田とは何か。この語は多義的な概念である。『岩波仏教辞典』では、福田は次のように説明されている。

> 善き行為の種子を蒔いて功徳の収穫を得る田地という意味。仏教社会福祉の理念を知る語。はじめ釈尊を福田と仰ぎ帰依して供養の対象としたが、やがて聖者の仏弟子たちも福田と呼ばれた。ついで布施供要される物、たとえば、出家修行者が身に

つけている四種の必需品、あるいは仏教僧伽に属する施設が福田といわれるようになった。［…］いずれにしても、福田は布施供養する人にとって菩薩（さとり）の功徳を得る因となるところのものであった。大乗仏教の時代になると、菩薩（求道者）の智慧と慈悲に基づく利他行が重視されたから、福田思想は仏教徒の社会的実践の基本として展開した。

（中村他 1989：687）

この福田思想の中に、「利他行」が含まれている。日本では、この利他行の思想に基づき、貧困者や孤児たちへの社会的支援の取り組みが開始された、と考えてよさそうである。周知のように、聖徳太子は熱心な仏教徒で、仏教研究に尽力していた。六世紀に伝来したこうした仏教思想は、その後、日本国の宗教として全国に広まっていく。悲田院も同様であった。この「悲田院は老幼男女の別なく、生活の扶助を必要とする者の収容施設で、孤児、捨て子を収容し養育された」、といわれている（瓜巣 1976：26）。

その後、奈良時代、聖武天皇が皇太子の頃、藤原不比等の第三女である光明皇后の命により、七二三年（瓜巣では七三〇〔天平二〕年）、再び、悲田院が東大寺内に設置された。出典は平安時代の天台宗の僧侶、皇円が編纂されたとされる『扶桑略記』である。光明皇后もまた、仏教の教えに基づく社会活動や慈善活動に熱心だった。とはいえ、この時代の悲田院に関する具体的な文書は「皆無」であり、それがいったいどのような人たちによって、どのような人に対して、どのように支援していたのかは不明である。ただ「病苦孤独」な人に住居を提供していた、ということは推測できよう。こうした仏教思想に基づく「悲田活動」が、日本の社会福祉・児童福祉の源流と考えられるが、捨て子に特化した救済活動ではなさそうである。

子どもだけを収容する施設は、和気清麻呂の姉にあたる広虫（法均尼）によって初めて設置されたと考えられている。「和気広虫は奈良朝時代に、京都で捨て子八三人を集めて養育した。孤児のみを収容保護したのは、和気広虫の施設が初めてであった」（瓜巣 1976：26）[9]。この広虫の逸話は、『日本後記』に記されている。広虫は、清麻呂同様、岡山出身であり、七三〇年に生まれ、七九九年まで生きた。この時代、飢饉疫病が流布し、児童遺棄が極めて多かった。

この広虫については、斉藤史子の『慈愛の人　和気広虫―清麻呂を支えた才女』という書に詳しく書かれている。彼女は、『続日本記』や『日本後記』などの資料をもとに、広虫と清麻呂の生涯を描いた小説を書き上げた。斉藤は、この書のあとがきで次のように述べている。「清麻呂の資料のついでに添えてあるわずかな記事を見ると、たしかに人格者であったらしい。誠実で人柄がよく誰にでも好かれた。それだけでなく有能な女官で、宮中でも信頼されて女官の最高位にまでのぼりつめた。今でいう福祉の仕事、孤児救済や老人保護施設にも力を注いだ」（斉藤 2009：247）。また、仏教の民間布教と社会事業に尽力した行基も、上述した福田思想から、八一二（弘仁三）年、「孤独者」のために「惸独田一五〇町」を設置している（吉田 1986:214）。ここでいわれる「惸」とは、一六歳以下の父のない者を指しており、そうした子どもの保護が行われていたと考えられよう。

このように、日本においても古代の頃から孤児への関心はあった、と推測することはできるだろう。少なくとも孤児を保護しようとする傾向はあったとはいえる。ただし次節で述べるような、匿名で遺棄される乳児を保護することを目的とする施設（預かり場）の創設というヨーロッパ的な発想はなかった。

中世の大理石の洗面台と捨て子場

再び、ヨーロッパ圏に目を向けてみよう。中世のキリスト教文化圏において、捨て子救済の取り組みが開始された。今日まで続く「捨て子プロジェクト」の始まりである。そう命名されていたわけではないが、捨て子を救済する試みが始まった。それに大きな役割を担っていたのが、教会や修道院である。教会や修道院こそ、キリスト教の理念に基づき、児童救済活動・児童福祉事業を行っていた場であった。

その萌芽は、八世紀のヨーロッパで確認することができる。西ヨーロッパの捨て子の歴史を文献学的に調べた高橋友子は、次のように述べている。「イタリアは、西ヨーロッパ世界においては、比較的早い時代から捨児施設が見いだされる地域である。現在知られている最も古い施設は、西暦七八七年に、ミラノ教会の司祭長ダーテオによって創設されたと考えられている。［…］ダーテオは、当時ミラノでたくさんのこどもが、洗礼すら受けずに川や下水道、溝などに捨てられていたことを憂慮して、この施設を創設した」（高橋 2000：10）。光明皇后が悲田院を設置した時期より少し後の時代のことであった。さらに、この時代の捨て子の状況について論及する荻野美穂によれば、「六〇〇年頃のトリアーでは、貧しい女が生後三日目の子供を特定の大理石の盆に捨てると修道院がこれを育てたという、養育院の先駆を思わせる記録」が残されているという（荻野 2002：267）。

九世紀になると、捨て子の収容施設に留まらず、ヨーロッパ各国の教会や修道院に、「大理石の洗面台（Marmorbecken）」と呼ばれる小さな台が設置され、乳児を置き去ることが可能となる。この洗面台は、ステージⅡでも触れた「ターンボックス（Drehlade：回転する箱・籠）」の最初の痕跡である。[10] 置き去られた乳児たちは、修道士やキリスト教信者によって保護され、大切に育てられた（Swientek 2001:79）。これが事実だとすれば、赤ちゃんポストの原型は、もうこの時期に存在したということになる。

一〇世紀になると、欧州各地の教会や修道院に「捨て子場（Findelanstalt）」が設けられるようになる。たとえばイタリアのベルガモ（九八二）、パドヴァ（一〇〇〇）、フィレンツェ（一一六一）などで捨て子場が設置された（Mielitz 2006：46）。一一世紀には、イタリア各地に「巡礼者や貧者のための小さな慈善施設」が創られ、そこに捨て子が受けいれられた（高橋 2000：10）。一二世紀末にはフランスのモンペリエで創設された修道院が数カ国の各地に捨て子場を設けていた。このことから、当時の修道院が、本来の活動に加え、子どもの積極的な保護や救済に力を入れていたことが窺えよう。

ターンテーブルの誕生とその時代

では、なぜこうした児童救済活動が生じたのだろうか。乳児の溺死や遺棄が多発していたことから、ローマ教皇のインノケンティウス三世（Innocentius Ⅲ）は、在位の年である一一九八年に、ローマのキリスト教系医療施設に、およそ六〇〇人の子どもを収容できる大規模なホールを設置した。この施設では、乳児を捨てる人間が特定されることなく、つまり匿名で、乳児を置き去ることが可能だった。この匿名での乳児保護は、望まれず誕生した子どもの罪を軽減し、母親の罪悪感を軽減することに貢献した。その際に据えられたのが、ターンテーブル（Drehscheibe）である（Hügel 1863：47：Swientek 2001：79）。これは、施設の内側から回すことができる鉢のような赤ちゃん専用の器である[11]。乳児を寝かせることのできる大きな器が壁面に置かれ、その器を回転させることで乳児だけを室内へと入れていたようである[12]。

図8-1　12世紀末頃にローマ，サント・スピリト病院に設置されたターンテーブル
（Lehmann 2003：38）

後に、このターンテーブルは中世のヨーロッパ周辺の都市に引きつがれていく。それが、いわゆるターンボックスであった。これもまた、匿名で乳児を置いて預ける回転する箱であった。この回転する箱こそ、今でいう赤ちゃんポストの「原型」である。今日の赤ちゃんポストやターンボックスの設置者たちも、たびたびこのターンテーブルやターンボックスの話題を挙げており、とりわけ後者は、設置者たちの共通認識となっていた。

その後、欧州各国に赤ちゃんを託すターンテーブルが設置されていく。一五九四年には、「トルノ（Torno）」と呼ばれるターンテーブルがミラノ（Mailand）に設置された。このトルノの設置者はアンドレア・ブッフィーニ（Andrea Buffini）だった。教会内に設置されたターンテーブルは、夕べになると開かれ、夜明けとともに閉じられた。このトルノによって、緊急下の女性は、真夜中に赤ちゃんを連れてきて、匿名のままその赤ちゃんを置き去ることができたのである。その間、教会内には赤ちゃんを保護し世話をする人間が待機しており、赤ちゃんが預けられると鐘が鳴り、すぐに対応することができた、といわれている（Mielitz 2006：47）。

なお、この時代、中世の日本ではこうした捨て子を保護する目的で設置された施設は確認されていないが、古代に引き続き、仏教思想に基づく「非人」や「癩病」患者等への救済実践は行われていた。仏教と弱者救済の中世史において忘れてならないのが、叡尊と忍性であろう。彼らは、鎌倉中期の律宗の僧であり、「非人救済」、「民衆救済」、「女人救済」をはじめとする慈善事業に尽力したことでよく知られている[13]。忍性は、貧困者や「非人」の救済、非田院の創設、囚人への施し、そして棄児の救済など、あらゆる救済活動を行っていたとされる（吉田 1960：53）。

また、孤児の遺棄を禁止する動きも確認することができる。一三世紀初頭の鎌倉時代、つまり叡尊らと同時代に、この時代の幕府政治を主導する執権の地位にあった北条経時が、人身売買の禁止、飢饉の救済　そして、病者、孤児、死屍の遺棄を禁止した、とされている（吉田 1960：49）[14]。

捨て子と近代のヨーロッパ

近代のヨーロッパにおいても、古代から続く家長権が深く浸透しており、一五世紀、一六世紀になっても、父親による児童殺害はけっして罰せられることはなかった。だが、未婚であれ既婚であれ、母親の嬰児殺害は法によって罰せられていた。たとえばカール五世（Karl V：1500-1558）が制定した「カール刑事法典（constitutio criminalis carolina）」では、母親による嬰児殺害や児童遺棄は刑罰の対象とされていた。その背景には、キリスト教における平等主義と絶対的な家父長制が、矛盾しながらも、折り合う仕方でともに機能していたということが挙げられる。そうした背景のなか、上述したような教会や修道院での母子救済システムができあがっていったのである。とりわけここでの匿名性は子を捨てる母親にとって極めて重要であった。遺棄せずに耐えるか、遺棄して死刑になるかの二項対立とは別の選択肢として、匿名で子どもを預けるという考え方が生まれたことは、母にとっては大きな救いとなったはずである。

それにもかかわらず、一五世紀から一八世紀にかけては、児童遺棄や児童殺害が欧州の歴史上最も多い時期だった。一五世紀頃から、ターンボックスが欧州のカトリックの地域で急速に広まっていく。ターンボックスは主に教会や修道院に設置された。それと同時に、捨て子施設も欧州各地でつくられていく。とはいえ、こうした施設に収容された捨て子らは、工場で過酷な労働を強いられ、またフランスの捨て子施設では、人身売買も行われていたようだ（坂本他 2006：5）。

また、この時代の日本においてもキリスト教による捨て子救済の萌芽は確認できる。キリスト教が日本に伝わったのが一五四九年であるが、まさにこの頃、ルイス・デ・アルメイダ（Luis de Almeida）というポルトガルの医師免許をもつ商人が、キリスト教の「布教のかたわら育児院を開設」し、「弘治三年（一五五七年）には、綜合病院を設立し、自ら外科を担当し西洋医学を伝えた」（野本 1998：62：吉田 1960：56）。この育児院の詳細は不明だが、この時代に、日本においてもこうした取り組みが（例外的であったとはいえ）行われていたことは注目に値しよう。

その後、ヨーロッパでは、一七〇九年、児童遺棄や嬰児殺害を予防するために、ドイツ、ハンブルクの地方の教会孤児院にターンボックスが創設された。このターンボックスには、一七一〇年四月時点ですでに二〇〇人以上の乳児が預けられた、といわれている（Mielitz 2006：51）。この二〇〇人には乳児のみならず、幼児や青年などもいた。あまりに多くの子どもが預けられてしまった結果、一七一四年に撤廃されてしまう。また一七一四年にはカッセルで、一八一一年にはマインツで、同様にターンボックスが設置されたが、ここでもわずか二カ月のうちに数百人の乳児らが預けられた。

また、この時期において忘れてはならない人物がいる。その人物は、この時代にすでに緊急下の女性と嬰児殺害の問題について警鐘を鳴らしていたのである。その人物こそ、近代の初等教育や保育の礎を築いたペスタロッチである。彼は一七八三年、『立法と嬰児殺し』を上梓し、この問題を世に叫んだ。この書の中で、彼は児童殺害や嬰児殺しによって死刑となり、国家に殺されていく女性の絶望を憂い、ヨーロッパにその問題を突きつけたのだ。

> ヨーロッパよ。お前の刑束の剣を収めよ！　嬰児殺しの女たちを処刑することは無駄ごとだ。秘められた狂乱と、内心の絶望とがなければ、どんな少女も自分の子を殺さない。[…]ヨーロッパよ。お前の嬰児殺しの女たちの血は徒らに流れる。お前の為政者をして彼女たちの絶望を除くようにさせよ。そうしたらお前は嬰児を救うことができるであろう。
>
> （Pestalozzi 1783=1951：2）

この言葉に示されるように、ペスタロッチは「内心の絶望」を抱えた女性たちを救うことで、赤ちゃんを救うことができると考えていた。また、赤ちゃんポストにおいて重視される匿名性の背景も彼はすでに分かっていた。「少女は語ることができなかった」、「いつも言葉は舌の上にこわばった。彼女は語ることができなかった」、という言葉から、彼は絶望下の女性が語れないことを理解していたのである（1783=1951：4）。この書は、当時の緊急下の女性の状況を緊張感のある文体でわれわれに伝えてくれる。そんな彼は、その後、一九七八年にルツェルン近くのシュタンツで孤児のための施設を創設し、孤児院での教育実践にその生涯を費やした（柏木他 2011：44）。

嬰児殺害の世紀

一八世紀のヨーロッパでは、ますます児童遺棄への反発が強まり、遺棄児政策が行われるようになる。その結果、どれほどの子どもが殺されているかのデータが残されるようになった。一八世紀後半には、実に年間一〇万人以上の子どもが殺されていたという記録も存在した（Mielitz 2006：53）。ゆえに、この時代はまさに「児童殺害の世紀」だった、といえよう（Swientek 2001：89）。また、パリやウィーン、サンクト・ペテルブルク、ミラノといった大都市では、それぞれの孤児院に毎年一〇〇〇人以上の孤児が預けられた。それだけこの時代において無数の嬰児殺害や児童遺棄が起こっていたということであろう。

こうした中、ようやく欧州内でこの問題について議論が交わされ、一七八〇年、ドイツの参事官フェルディナント・アドリアン・フォン・ラメツァン（Ferdinand Adrian von Lamezan）が、「どの手段が、子殺しを止める最良の手段であるのか」という、通称「マンハイムの問い」を立てた。この問いに対してはなんと懸賞金が賭けられ、四〇〇通を超える回答があった。その結果、人道主義的な方向へと向かい、子殺しによる親の死刑が撤廃されるようになった。

なお、ターンボックスのその後としては、一九世紀のフランスが挙げられよう。一八一一年一月一九日の「ナポレオン通達書」を通じて、すべての行政区にターンボックス（tour）を備えた孤児院の創設が命じられている。そうすることで、蔓延する捨て子問題を食い止めようとした。ここでは、親による遺棄は「やむを得ない決断」と見なされ、匿名で子どもを預けられるターンボックスが新たなもの（Novum）として評価された。このとき、「メヌール（meneurs）」と呼ばれる指導員が誕生した。彼らには「田舎の子どもたちを集めて、彼らを公的な孤児院に振り分ける」という職務が与えられていた。彼らの手で集められた児童数は、毎年三万人以上にのぼり、しかも、それが三〇年も続いたのであった（Mielitz 2006：51-54）。

最後に、一九五三年に遺棄児や虐待児の権利を求め、すでにこの時点で匿名による女性の支援を考案していたシャザルの言葉を挙げておこう。彼は、この時代の取り組みについて次のように述べている。

一九世紀の末頃まで、出産の秘密は、「トゥール」を使うことによって守られてきた。これは路地に面した壁の穴にとりつけた回転軸つきの木製円筒で、母親が子供を外側から捨てると、内側で係りの者がそれをうけ取る仕組になっていた。これは野蛮で、残忍な捨て方だった。（Chazal 1953=1960：25）

この一文を読む限り、赤ちゃんポストの原型は確かに存在していたといえるだろう。しかもそれはドイツのみならず、広く欧州全域において確認され得るものであった。シャザルはこれを「野蛮で、残忍な捨て方」と見なすが、それはこの時代以後の児童養護システムとの比較においてである。彼の指摘は決して間違ってはいない。荻野も指摘しているように、ターンボックスを通じて保護された後に、多くの子どもが亡くなっていた（荻野 2002：274）。安全性を十分に確保した現代の赤ちゃんポストと比べれば、やはり当時のターンボックスやターンテーブルは野蛮な保護システムであったと見なすべきであろう。

近世日本の捨て子救済実践

再度、日本に目を向けてみよう。近世の日本の捨て子、あるいは母親による児童遺棄や嬰児殺害にかかわる研究は、すでに活発に行われている。とりわけ近年、荻野美穂、藤目ゆき、沢山美果子、太田泰子、立浪澄子、田間泰子といった女性研究者による日本の女性史研究を通じて、児童遺棄、児童殺害、捨て子にかかわる具体的な多岐にわたる歴史的地平が明らかにされつつある。本書では、これらの膨大な研究成果の全てを網羅することはできないので、その一連の研究を念頭に置きつつ、この時代の捨て子救済、母子救済の取り組みに関する点のみを記しておきたい。

捨て子政策としては、一六八七年に、徳川綱吉が発布した「生類憐みの令」で捨て子が禁じられている。また、この時、捨て子の届け出も義務づけられた。近世の「子返し」に論及する太田によれば、この生類憐みの令の時代こそ、「人道主義の領主や儒家による最初の子返し習俗批判の始まった時代」であった（太田 2007：260-261）。生類憐みの令は綱吉の死後に廃止されるが、捨て子禁止令はそれ以後も保持され、諸藩にも広まっていった（沢山 2005：83-87；沢山 2008：17-19）。そして、この広まりと共に、捨て子や間引きの禁止政策が諸藩によってさまざまな仕方で実施されるようになる。沢山は、主にこの時代の津山藩における間引き禁止政策や捨て子政策の内実から、現存する「処罰の事例」を記した文書や当時の日記に基づきつつ、「捨子に対する人々の意識」を、すなわち「子どもの生命」に対する人々の意識を明らかにしている（沢山 2005：213）。また、立浪は、加賀藩における膨大な「捨子文書」から当時の捨て子の実態やその背景について論じている（立浪 1991：263）。

こうした近世日本の捨て子研究の中で、本章で述べてきたヨーロッパの捨て子救済実践に深くかかわる見解を示しているのが、沢山である。彼女は、江戸時代後期の津山において、中世ヨーロッパに広まったターンボックスを思わせるような「箪笥の如き箱」を附置した「育子院」の構想があったことを明らかにした（沢山 2005, 2008）。この構想は、「天保二（一八三一）年一一月に津山藩主となった松平斉民が、堕胎・間引き禁止政策の一つとして『西洋書』でみた『露西亜』の育児院のようなものが津山でも実施できるのかと諮問したのに対し、町奉行の馬場简斎が提出したものである」（沢山 2005：246）[15]。この構想は、残念ながら、「简斎の転役」と「資金調達の困難」により実現しなかったが、ヨーロッパで生まれたターンボックスのようなものが、ロシアを経由して日本に伝来していたことを示唆しているといえるだろう。

総括

筆者が出会った赤ちゃんポスト設置者たちは、たびたび「ターンボックス」という言葉を口にしていた（一二四、一三一頁参照）。ドイツでの赤ちゃんポスト設置以後、ドイツ語圏では、このターンボックスについての研究が活発に行われるようになった。だが、筆者の調査では、その設置者たちは、このターンボックスを意識して赤ちゃんポストを創設したわけではなかった。むしろ、赤ちゃんポストが話題となり、それが問題となった結果、いわば「あとづけ」として、このターンボックスが論じられるようになったと考えてよいだろう。

とはいえ、本章で見たように、赤ちゃんポストが広まるための前提は、すでにヨーロッパの歴史の中にはっきりと見いだすことができる。ドイツを含むヨーロッパには、捨て子の禁止のみならず、捨て子を救済しようとする試みがはるか以前からあったのである[16]。また、ターンボックスのようなものを日本の歴史の中に見いだすことはできないものの、捨て子に関する試みはかつてから存在したし、そのターンボックスの「構想」までもが存在していた。こうした歴史的地平の中で、赤ちゃんポストの問題は考えられねばならないだろう[17]。

ヨーロッパの伝統の中には、「モーセ」ゆえ、キリスト教による捨て子救済の努力があった。もちろん国家や行政による児童遺棄や嬰児殺害の法制化や刑罰化も見過ごしてはならない。だが、実際に捨て子を救う試みは、国家ではなく、ローマ教皇、教会、修道院の人々の呼びかけによって（時には国に迫りながら）行われていた。そのことを今一度、確認しておきたい。

それでは、対比の軸を歴史的な時間軸から国別の空間軸に変え、ドイツ語圏の赤ちゃんポストから日本の赤ちゃんポストに視点を移し、日本国内における赤ちゃんポストの地平を示すことにしたい。

【文献】

瓜巣憲三 1976 『養護原理』 東京書籍

太田素子 2007 『子宝と子返し——近世農村の家族生活と子育て』 藤原書店

荻野美穂 2002 『ジェンダー化される身体』 勁草書房

柏木恭典・上野正道・藤井佳世・村山拓 2011 『学校という対話空間』 北大路書房

阪本恭子 2011 「赤ちゃんポストをめぐって——ヨーロッパと日本」 『世界の出産』 勉誠出版

斎藤史子 2009 『慈愛の人 和気広虫——清麻呂を支えた才女』 淡交社

坂本正路・高橋一弘・村田紋子・吉田眞理 2006 『児童の福祉を支える養護原理』 萌文書林

沢山美果子 2005 『性と生殖の近世』 勁草書房

沢山美果子 2008 『江戸の捨て子たち——その肖像』 吉川弘文館

Chazal, Jean 1953 *Les droits de L'enfant* Presses Universtaires de France. 清水慶子・霧生和夫（訳） 1960 『子供の権利』 勁草書房

Swientek, Christine 2001 *Die Wiederentdeckung der Schande Babyklappen und anonyme Geburt*. Lambertus Verlag.

高橋友子 2000 『捨児たちのルネッサンス』 名古屋大学出版会

立浪澄子 1991 「越中における産児制限の歴史と子育て意識の変容(III)：加賀藩の捨子記録より」 『日本保育学会大会研究論文集』 第44号 日本保育学会

中村元・福永光司・田村芳朗・今野達（編） 1989 『岩波仏教辞典』 岩波書店

二宮弘之 1995 『全体を見る眼と歴史家たち』 平凡社

野本三吉 1998 『社会福祉事業の歴史』 赤石書店

Hügel, Franz 1863 *Die Findelhäuser und das Findelwesen Europas, ihre Geschichte, Gesetzgebung, Verwaltung, Statistk und Reform*. Wien

福永光司 1987 『道教と古代日本』 人文書院

プラトン 1978 『世界の名著——プラトンI』 中央公論社

Blanke, Dieter 1966 *Die Kindestötung in rechtlicher und kriminologischer Hinsicht*. Diss. jur. Kiel.

Pestalozzi, Johanne Heinrich　1783　*Über Gesetzgebung und Kindermord.* Klett & Balmer.［田尾一一（訳）1951「立法と嬰児殺し」『ペスタロッチ全集』第五巻　玉川大学出版部］

松尾剛次　1996『救済の思想――叡尊教団と鎌倉新仏教』角川書店

Mielitz, Cornelia　2006　*Anonyme Kinderabgabe.* Nomos

宮脇源次・村杉光一・瓜巣一美・豊福義彦　1982『児童福祉入門』ミネルヴァ書房

Lehmann, Volker　2003　Von Der Drehlade Zur Babyklappe. *Hamburger Ärzteblatt.* http.//www.aerztekammer-hamburg.org/funktionen/aebonline/pdfs/1059995102.pdf

吉田久一　1960『日本社会事業の歴史』勁草書房

吉田靖男　1986『行基と律令国家』吉川弘文館

【脚注】

（1）たとえばMielitz 2006：43、Swientek 2001：76など。

（2）太田は、嬰児殺しを「出生コントロール」とし、その起源としてこのアポテナイの淵を挙げている。「例えばギリシャ神話で障害児をアポテナイの淵に落とすという習俗として暗示されていたりする」（太田 2007：95）。そして、こうした習俗の根絶に大きな力をもっていたのが、キリスト教だとしている。

（3）それに対して、日本では、そうした胎児や捨て子をわれわれと同じ大切な命と見なし、それを食い止めようとする積極的な論理を（一部の例外を除いて）もち合わせていない、と考えることもできるかもしれない。日本を含めアジアにおける捨て子救済の論理的萌芽については、筆者の今後の課題とし、また別の機会に論じたいと思う。

（4）四世紀になってようやく、養育できない親に代わって国が子に支援するという考えの発端が生まれたと考えられている（cf：Mielitz 2006：45）。

（5）とはいえ、母親の場合は違っていた。「もし母親が自分の子どもを殺したならば、親族殺害の罪で、母親は死刑の罰を受けていた」（Mielitz 2006：43）

（6）ミーリッツは、ここでルソーの書簡を引用している。「…そういうわけで、私の三番目の子どもは、前の子どもたちと同様、孤児の家（Findelhaus）に預け入れられました」（Mielitz 2006：42）。

（7）とはいえ、筆者は歴史研究の門外漢である。ゆえに、詳細な事実については先行研究に従い、ここでは主要な歴史的認識を提示するに留めることにする。

（8）吉田は、捨て子救済のみならず、「太子を日本社会事業の始祖とする考えは古くからあり、日本社会事業の水脈を形成している」、と述べている（吉田 1960：37）。

（9）『日本後記』において、法均について、「民苦飢疫。弃子草間。遣人收養。得八十三兒。同名養子」とある。この記述から、捨て子八三人を施設に収容し、彼女の姓を与えて、育てた、という解釈がなされている。

(10) 阪本は、これを「回転箱」と訳出している。日本語訳としては正しく、このように訳出するべきかもしれない。だが、この語はこの時代に特徴的な固有名であり、また「ターンテーブル」との対応を考慮して、本書では「ターンボックス」と訳出することにした。

(11) 「バチカン近くの病院（Santo Spirito）には今もその跡が確認できるという」という指摘もある（阪本 2011：251）。

(12) 後にこのターンテーブルは中世のドイツ周辺の都市に引きつがれる。

(13) 叡尊と忍性のこうした慈善事業については、松尾剛次の『救済の思想――叡尊教団と鎌倉新仏教』（1996）で詳しく論じられている。彼は、「叡尊らは、癩病患者の救済をはじめ『民衆救済』…に従事し、鎌倉後期から南北朝期に全国的な社会救済活動を展開した」と指摘している（松尾 1996：14）。

(14) 経時の父は時氏で、祖父は泰時。泰時もまた、社会事業に大きく貢献をしたとされる。泰時らの思想や実践の背景には、華厳宗や真言宗に基づく明恵の影響があると考えられており、仏教的な救済思想をもっていたと思われる。「北条泰時の明恵に対する帰依は有名である」（吉田 1960：49）。

(15) 彼女は『江戸の捨て子たち――その肖像』の中では、その諮問の時期について、一八四四年から一八四六年頃に出されたと記述しているものの、この構想の正確な時期は不明である、としている（沢山 2008：147）。

(16) だが、このことは、逆にいえば、日本で赤ちゃんポストが広まらない理由の「説明」になってしまうかもしれない。日本では、捨て子の禁止と仏教的孤児救済までは確認できるが、乳児を置き去らねばならない存在を案じ、その乳児を保護する方法を創出する、という思考には及ばなかった、と。だが、沢山によれば、一八三一年、津山藩に先のターンボックスのような「引出附の箪笥の如き箱」をおき、赤ちゃんをそこに預けることのできる「育子館」の構想があったとされている。ゆえに、日本でも「捨て子の救済」の思想がなかったとも言い切れない（沢山 2008：143）。

(17) とはいえ、捨て子や母子救済の歴史的地平の全貌を明らかにすることは、本書の趣旨からしても、また筆者の力量からしても、困難である。この点については、今後の研究に委ねたいと思う。

第九章　日本の赤ちゃんポスト
――「こうのとりのゆりかご」と蓮田太二

序

第八章では、いわゆる時間軸における捨て子救済の流れを捉え、ヨーロッパにおける赤ちゃんポストの歴史的な連続性を確認した。そこには、キリスト教に基づく実践哲学があり、国家による児童福祉に先立つ宗教的実践の論理があった。では、時間軸ではなく、空間軸で赤ちゃんポストを比較した場合には、赤ちゃんポストはわれわれにどのように見えてくるのだろうか。

そこで、本章では、日本の赤ちゃんポストに目を向けて、赤ちゃんポストの問題を論じていくことにしたい。周知のように、日本の赤ちゃんポストは、熊本市に設置されている「こうのとりのゆりかご」のみであり、二〇一三年二月の時点ではまだ一カ所しか日本に存在していない。このこうのとりのゆりかごが本章の考察の対象となる。

なお、今日の孤児院事業の萌芽としては、一九世紀後半から主にキリスト教カトリック（さらにはプロテスタントや仏教）の人々によって行われ始めた事業が挙げられよう。一八六九年の日田養育館、一八七二年の慈仁館、一八七九年の福田会育児院、一八八七年の岡山孤児院等である（村形 1982：49）。だが、いずれの場所においても、欧州のターンボックスやターンテーブルのようなものは確認されていない。しかし、こうのとりのゆりかごの設置に先立ち、捨て子を匿名で保護する場所が存在していた。

ドイツの赤ちゃんポストに先立つ日本の天使の宿

ドイツの赤ちゃんポストが日本に伝わる以前に、さらにはそのドイツの初の赤ちゃんポストが設置される前に、日本においても赤ちゃんポストに似た匿名での預け入れを行っていた場所があった。いや、赤ちゃんポストというよりは、前章で述べたターンボックスのようなものであった。

それが、群馬県前橋市にあった「天使の宿」（一九八六―一九九二）と呼ばれた子捨て箱である。この施設では、子どもを置いた後、母親がその部屋の明かりをつけて子を置いたことを知らせる、というシステムが採用されていた[1]。この捨て子箱「天使の宿」は、品川博が設立した「少年の家」に設置されていた。しかし、乳児の発見が遅れて凍死してしまう事故が発生し、この捨て子箱は行政指導によって廃止されることとなる。このケースが示すように、母親の匿名性の保持と乳児の生命の保障を共に実現することは極めて困難なことなのである。ゆえに、前章で挙げたターンボックスやこの天使の宿と、二〇〇〇年に運用開始された赤ちゃんポストとでは、安全面や衛生面において大きな違いがあると考えてよいだろう。

こうのとりのゆりかご

では、日本の赤ちゃんポストに着目しよう。二〇〇七年五月一〇日に日本で初めて赤ちゃんポスト「こうのとりのゆりかご」（以下、「ゆりかご」と表記する）が運用開始されたが、そのゆりかごを設置し、日本中の注目を集めたのが、蓮田太二である。

蓮田は、単に赤ちゃんポストを初めて日本に設置したというだけではなく、日本の児童遺棄や嬰児殺害の問題を再び蘇らせることに大きく貢献した。彼によって、ゆりかご設置以後、日本でどれだけ緊急下の女性が多いかが世に露呈された。日本では、四年数カ月で八三人の子ども（そのうちの六四人が生後一カ月未満の新生児）がゆりかごに預け入れられた（二〇一二年五月時点）。ゆりかご一カ所でこの人数は、ドイツと比較してもはるかに多い。

では、なぜ蓮田はこの今の時代に、ドイツ発の赤ちゃんポストを日本に取り入れようとしたのか。そこに、どんな思いが込められているのか。

そこで、本章では、思想史的・人物史的に彼の思想的背景を探り、またその背景をドイツ語圏の赤ちゃんポスト論の言説と重ね合わせながら、このゆりかご設置の動機を問いたい。そこで、まずは蓮田の生い立ちを辿っていくことにしよう。

蓮田の生い立ちと熊本慈恵病院

蓮田の父は、三島由紀夫と関係の深かった国文学者で評論家の蓮田善明である。善明は、一九〇四年に現在の熊本市（旧鹿本郡植木町）で生まれた。そして、ロマン主義文学者として名声を得たものの、戦争直後の一九四五年八月一九日に、マレー半島南端のジョホール・バルで自決している。松本健一は、この善明とその次男である太二について、次のように記している。

最近『赤ちゃんポスト』を創設して、捨てられたり殺されたりする赤ん坊の生命を救おうとしている熊本慈恵病院の理事長・蓮田太二さんは、この蓮田善明の次男である。そんなことを私が知っているのは、二十数年まえ、『蓮田善明　日本伝説』を書くにあたって、当時ご存命だった蓮田善明の未亡人ばかりでなく、遺児の長男晶一さん（慈恵病院院長）と次男の太二さんとに会っているからである。人を殺めた親を持ち、同時に親を失った児という太二さん兄弟の体験と、その「赤ちゃんポスト」という発想は、どこかで繋がっているような気がする（松本 2010：12）

蓮田のこの原体験とゆりかごの発想が繋がっているかどうかはともかく、ゆりかごの設置者である蓮田の背景には、多かれ少なかれ、善明の存在があることは間違いない。幼い頃に、父親を失くした蓮田が、親子・母子の問題に強い関心を示したというのは、単なる偶然なのだろうか。現存する蓮田の言説から善明の影響を見出すことはできないが、こうした背景を踏まえておく必要はあるだろう。

一九三六年、蓮田は、善明が自決する九年前に現在の台湾で生まれる。若き日の蓮田は、もともと生き物を育てることを好んでおり、農学部への進学を目指していた、という。その後、この「育てる」という関心から医学への道を選んだ、と筆者に語ってくれた。そして、熊本大学医学部卒業後、彼は同大学産婦人科教室研究員を経て、一九六九年より医療法人聖粒会慈恵病院で産婦人科医として勤め、一九七八年から現在に至るまで、熊本慈恵病院理事長を務めている。この頃は、ステージⅠで述べた「コインロッカーベビー事件」や「赤ちゃんあっせん事件」などが話題になっていた時期である。当然、彼もこの時代の「空気」は感じていただろう。蓮田は菊田について次のように語る。「彼はすごい人だと思いました。世の中にこういう人がいるのかと驚きました。医師免許剥奪の可能性があるにもかかわらず、それでも構わない、という想いでやっておられましたね」。それ以降、蓮田は、長年にわたり産婦人科医として「母子」を見つめてきた。

蓮田が理事長を務める慈恵病院は、そもそも「マリアの宣教者フランシスコ修道会」によって明治三一年に設立されたカトリック系の私立病院（当時は施療所）である。この修道会は、「アッシジの聖フランシスコゆかりの修道会」であり、ハンセン病患者への支援にも積極的であった。ここでいうアッシジの聖フランチェスコ（Franciscus Assisiensis）は、ドミニコ会とほぼ同時期に生まれた「托鉢修道会」であるフランチェスコ会の創設者であり、日本国内でも最も、非キリスト教徒にも敬愛される人物である（今野 1981：169）。こうした背景をもつ慈恵病院だが、蓮田は、その歴史についてさらに詳しく述べている。熊本市西部にある日蓮宗本妙寺の「ハンセン病神話」に触れた後、次のように回顧している。

> 明治時代の中頃、熊本に宣教活動に来たコール神父は、ここに集まってくるハンセン病者のあまりに悲惨な状態に何とか救済の道をと考え、この山の麓にハンセン病者の施療院を設置することを思い立った。そしてローマに本部があるマリアの宣教者フランシスコ修道院に依頼し、五人の若い修道女が派遣され、一八九八（明治三一）年にハンセン病施療所『待老院』が設立された。さらに一九一五（大正四）年、俵の中に老婆が押し込まれて捨てられているのを発見し、この老婆を引きとったことから聖母の丘老人ホームが開設されることになり、その後、孤児院、幼稚園、一般の人を対象とした病院として琵琶崎聖母慈恵病院が誕生し、付属看護学校が設立された。
> （熊本県立大学 2009：38-39）

このように、慈恵病院（当時は施療所）は、そもそもキリスト教・カトリックの精神に基づいて設置された総合施設であり、あらゆる「救済の道」を探る宗教的活動の拠点であった。上に挙げられているコール神父とは、フランス出身のジャン・マリー・コール神父（Jean Marie Corre：1850-1911）のことである。現在でも、慈恵病院の理念は、「キリストの愛と献身の精神の基に、病に苦しむ方々へ高度で暖かい医療と看護を尽くし、地域への貢献と人々の幸福に役立つこと」であり、キリスト教の精神に基づく医療・看護を行う地域の病院であることがわかる。そして「当初から人工妊娠中絶は行っておらず、安全が確保できない場所への赤ちゃんの〝産み捨て〟や、安易な中絶を避けたいという思いは職員の間でも共通していた」、という（「こうのとりのゆりかご」取材班 2010：22）。

このカトリックの精神と蓮田の思想の結びつきについては、後に論じることにするが、この結びつきが報道等で触れられなかったことで、ゆりかごへの誤解や不信や批判を招いた可能性もある。ゆえに、「慈恵病院は人工妊娠中絶を認めないカトリック系の医療施設であり、その理念の趣旨と根拠を、病院のホームページやマスコミを活用してさらに周知させるべき」という意見も出されるのである（阪本 2009：28-38）。

蓮田と緊急下の女性

蓮田は、産婦人科医ということもあり、さまざまな妊娠、出産、そして子育ての現実に直面してきた。彼は、すべての子どもが愛情深く育てられねばならないということは認めつつも、実際にはそうなっていない現実を客観的に見つめている。彼の言葉に即していえば、「…もちろん、貧しくとも深い愛情をもって子供を育てられるのなら、実の親の許で育てられるのがいちばん」としながらも、「しかし、『子供に愛情をもちえない』という例も間違いなくある」（蓮田 2007：117）、ということである。この「子供に愛情をもちえない」という事実に、どのように向き合うのか、それが蓮田の大きな関心であった。

図 9-1　こうのとりのゆりかご

　熊本県立大学アドミニストレーション研究科主催で行われたシンポジウムの講演の中で、蓮田は、次のように述べている。「私は一九六九（昭和四四）年に今の病院にまいりましてから、ずっと産婦人科の仕事をやっております。お母さん方が妊娠して、そしてうつ状態、精神的に異常を来たして、子どもを殺すなどとは思いもよらないことでもあったのです」（蓮田 2007：87-88）。このように蓮田は、子どもにというよりはむしろ母親に触発されるかたちで、新たな母子支援の可能性を探り始めている。「子供に愛情をもちえない親」というのは、単に愛情に欠け、愛することを知らない冷血な親というわけではなく、さまざまな複雑な状況下にある親のことをいっているのである。

　蓮田が実際にこうした問題に着手し始めたのは、一九九八年頃だった。ちょうど彼が洗礼を受けた時期とも重なっている。産後うつの問題が学会などで取り扱われるようになり、蓮田も一九九八年から慈恵病院でこの産後うつの問題に取り組み始め、二〇〇〇年には、独自に「SOS赤ちゃんとお母さんの相談窓口」と呼ばれる二十四時間無料電話相談を院内に設置し、妊婦や母親に対する相談・支援に乗り出した。ここで使用されるSOSという言葉は、ゆりかごの前提を理解する上で極めて重要である。いわゆる公的な相談窓口との違いも、このSOSという言葉から理解され得よう。蓮田の言葉でいえば、「公的な相談窓口がいろいろあるのですが、これを知らない方が結構多い」ということと、「私たちのところに相談がある場合は、緊急な場合が多い」（熊本県立大学 2009：93）ということである。こうした緊急の相談窓口を必要とする女性は、まさに本書の主題である緊急下の女性である。

　赤ちゃんポストを必要とするこの緊急下の母親たちは、第一に、公的な相談窓口がどこにどのようにあるのか、それをどのように利用することができるのかを知らない。あるいは、知るための基本的な知識が欠落している。第二に、こうした母親たちは、出産直前になって問題の深刻さに気づき、いわば「正気を失った状態で」、何をどのようにしてよいか分からないまま、孤立した状態で、自身の出産に直面している、という緊急性をもっている。この二点こそ、蓮田の根底にある緊急下の女性への認識であり、彼が手本としたドイツの赤ちゃんポスト設置者の共通認識ともなっている。

さらに蓮田は、産後うつのみならず、母親のうつ病への関心も強くもち、うつ病の母親とその子どもへの思いを強めていく。彼は、「近年、母親のうつ病を原因とした、母の子殺し、母子の心中、また子どもの虐待死が数多く報道されるようになった」（熊本県立大学 2009：40-41）、と記している。うつ病がそのまま虐待につながるという認識はもっていないが、蓮田は、母親から子への虐待についても強い懸念を抱いており、涙を流すほどに、何ができるのかと思案していた。児童養護施設に収容された子どもが再度、親元に帰され、再び虐待されてしまうという事例を挙げて、次のように思いを述べている。「特に、家庭に帰った子どもが、自分をかわいがってくれた施設の方をお母さんと思い、家庭で虐待を受けたときに『お母さん、お母さん』と泣き叫んでいたという記事を見る度毎に、憤り、悲しみ、どうして助けられなかったのかという思いを強くし、涙が止まらなかった」（熊本県立大学 2009：41）。

この一文に、彼自身も恐らく気づいていないであろう彼自身のあいまいさがあるように思われる。それは、「どうして助けられなかったのか」の「誰を」という部分である。彼が述べた箇所の冒頭には、「母親のうつ病」が話題となっている。が、議論の焦点が徐々に子どもの方に移行してきている。文章そのものを読めば、児童養護施設から帰され、再び我が家で母親に虐待された子どもを助けたかったと理解することはできるだろう。だが、子どもと明記しなかったのは、蓮田の中に、母と子の双方を助けられなかったという視点があったからではないか。いや、蓮田の考え方に即せば、むしろ虐待する母親を助けられなかったことの方が重要だったかもしれない。

赤ちゃんポストへの道

二〇〇四年、蓮田はドイツでその当時話題となっていた赤ちゃんポストを実際に己の目で見ようと、看護部長の田尻由貴子と共に訪独し、ハンブルクにあるシュテルニパルクを視察する。この視察を終えた蓮田は、「見学したものの、私は病院に赴任して三五年経っていたが、赤ちゃんが捨てられたケースは一回だけで、果たして日本ではこのようなものが必要であろうか」、と述べている（熊本県立大学 2009：44）。だが、この視察の時期に、熊本県内で三件の遺棄事件が連続して起こり、二人の子が命を落とした。蓮田は、赤ちゃんポストが日本にあれば赤ちゃんを助けることができたかもしれないという「自責の念」に駆られ、日本に赤ちゃんポストを設置する決意を固めた。

このことは上に挙げた田尻も、北海道新聞において次のように述べている。「…蓮田太二理事長と私は〇四年、東京の市民団体の呼びかけで、赤ちゃんを匿名で預かるドイツの『ベビー・クラッペ』を視察しました。その後、〇五、〇六年に熊本で赤ちゃん遺棄事件が相次ぎ、二人が亡くなりました。理事長は、『ベビー・クラッペを見てきたのに、自分は何も踏み出していない。傍観者にすぎなかった』と悔やみ、ゆりかご設置を決めたのです」（二〇〇九年一一月六日北海道新聞夕刊）。現在、この田尻が、蓮田と共にゆりかごを支え、また上述したSOS赤ちゃんとお母さんの相談窓口を通じて、無料電話相談を行っている。専用の電話番号に電話をすると、彼女の携帯電話につながるようになっている。

ここで、日独の違いについて触れておきたい。ゆりかご設置のきっかけは、欧州の赤ちゃんポスト設置理由とも共通するが、匿名で医療機関等において出産することを認める「匿名出産の合法化」の議論に先立って赤ちゃんポスト設置が実施された点において、日独の違いがある。

赤ちゃんポストと日本のメディア

二〇〇四年に蓮田がどのようにして赤ちゃんポストの存在を知ったのかは明らかにされていないが、同年二月にNHK「テレビでドイツ語」という番組で紹介され、そのテキスト『テレビでドイツ語』（二〇〇四年二月号）の中で赤ちゃんポストに関する記事が掲載された。そこでは、「赤ちゃん箱」と訳されており、ヴァルトフリーデ病院が紹介されている。だが、この時点では未だ赤ちゃんポストは一般に知られるものではなかった。

さらに遡れば、二〇〇〇年七月二五日の読売新聞、二〇〇二年一月三〇日の朝日新聞にドイツの赤ちゃんポストの取り組みを紹介する記事が掲載されていた。蓮田がこうした放送や新聞記事を読んだかどうかは不明だが、二〇〇〇年から二〇〇四年の間に、ドイツのこの新しい母子救済の取り組みの情報が日本国内に入ってきたことは間違いない。

こうした中、蓮田を筆頭とする慈恵病院は、二〇〇六年一〇月に、市や県に相談をし始め、翌月に、熊日新聞、朝日新聞の取材を受け、設置計画を公表している。同年一二月に熊本市に設置の申請を行う。「『ゆりかご』を設置するには病院施設の用途や構造を変える必要があり、医療法上の許可がいる」からであった（「こうのとりのゆりかご」取材班

2010:22）。翌二〇〇七年四月に、熊本市の幸山政史市長（当時）より「現行法上は不許可とする理由がない」として許可が下り、同五月一〇日に運用を開始している。したがって、二〇〇七年が日本における「赤ちゃんポスト誕生年」といえよう。その運営主体は熊本慈恵病院であった。病院が名付けた名称は、「こうのとりのゆりかご」だった。これは、赤ちゃんポストを意味するBabyklappeの直訳ではなく、視察を踏まえたうえでその実質的な内容を踏まえて、独自に訳出されたものと思われる。すでに四四頁でも述べたが、ドイツの赤ちゃんポストにもさまざまな名称があり、「ゆりかご」に相当する「Wiege」を採用する地域もある。だが、熊本のゆりかごはこのWiegeの訳語ではない。

阪本は、この当時、この語を「捨て子ボックス」と訳出していた（阪本 2009）。二〇〇四年二月の時点においても、「赤ちゃん箱」と訳されている。ゆえに、二〇〇三年から二〇〇四年の時点では、まだ「赤ちゃんポスト」という言葉は一般に使用されていなかったと考えてよいだろう。

なぜ「赤ちゃんの窓」は「赤ちゃんポスト」と訳されたのか

では、いつ、誰が「赤ちゃんの扉」を意味するBabyklappeを、赤ちゃんポストと訳したのだろうか。

二〇〇六年、NPO法人「円ブリオ基金センター・生命尊重センター」（熊本県立大学 2009：18-19）によって制作された一本のビデオがある。そのビデオの題名は、『赤ちゃんポスト──ドイツと日本の取り組み』であった。このビデオの制作に携わった同センター理事の田口朝子は、二〇〇五年にドイツの施設を訪問した時の印象を次のように述べている。

> 案内板に導かれて建物の奥へ。緑と季節の花に彩られた通路をたどると、取っ手の付いた小さな扉にたどり着く。事情があって育てられない新生児の命と未来を親が託す場所。その姿形がまるでポスト（郵便受）みたいで、設置者の温い心遣いが感じられ胸が熱くなった。（熊本県立大学 2009：18）。

この彼女の印象から赤ちゃんポストという言葉が生み出され、同センターが、Babyklappeを「赤ちゃんポスト」と訳したビデオを制作した。そのビデオのタイトルから、赤ちゃんポストという語が世に広まったというのが、最も有力な説であろう。

また、ここで注目したいのが、NPO円ブリオという団体である。この団体は、胎児と妊婦の支援を総合的に行っている民間団体であり、ドイツの実践を手本に「妊婦SOSほっとライン」や「妊娠葛藤相談」などの試みも独自に行っている団体である。理事長は作家の故遠藤周作の妻であり作家の遠藤順子である。

この団体の公式サイトでは、二〇〇二年の活動の箇所に「捨て子ポスト」と書いてあり、[2] この団体がポストという言葉を使用していることがわかる。田口は、二〇〇二年七月にすでにドイツ・ベルリンの赤ちゃんポストと妊娠葛藤相談所を見学したこと、そしてこの取り組みを上述した二〇〇〇年七月の新聞記事で知ったことを打ち明けている。

二〇〇二年七月と二〇〇四年五月の二度にわたって、わたくしは日本ではほとんど紹介されていないドイツ・ベルリンの『フィンデルキント（捨て子）収容箱』と『妊娠葛藤相談所』を見学し、関係者にインタビューすることができました。この『フィンデルキント収容箱』という衝撃的な言葉を知ったのは、二〇〇〇年七月二五日付の読売新聞でした」

（遠藤他 2005：181）。

ここからも、二〇〇四年の時点で、「ポスト」という言葉が使用されていないことが分かるだろう。なお、この書には自身と障害児とのかかわりについて書いた蓮田の論稿も掲載されているが、赤ちゃんポストに関する記述はない。

その後、蓮田は、二〇〇七年七月号の「Voice」誌に一本の論文を掲載する。その表題は「『赤ちゃんポスト』設置の決意」であった。この論文は、赤ちゃんポスト開設一カ月後に書かれたものであり、なぜ蓮田が赤ちゃんポストを設置したのかということの背景を綴っている。熊本慈恵病院の歴史的背景、ドイツの赤ちゃんポストとの出会い、その赤ちゃんポストを日本に設置しようとしたきっかけ、赤ちゃんポスト設置の反対論者への反論、そして、命の大切さや尊さなど、彼の生涯や赤ちゃんポスト設置の理由などがはっきりと示されている。

医師としての蓮田

このようにして、蓮田は日本初の赤ちゃんポスト「こうのとりのゆりかご」を自身の病院に設置することに至ったのだが、いったい蓮田にはいかなる思想があり、いかなる考えに基づいて、ゆりかご設置に踏み切ったのか。その思想は、ドイツ語圏の赤ちゃんポスト実践とどのように重なりあい、いかなる相違があるのだろうか。

蓮田が自身の根底に置いている考えの一つに、――いや、一つというよりも、むしろ彼の根源において――あらゆる生命を守り、保護し、育て、尊重するという生命観がある。だが、そこには、抽象的・思弁的な生命観ではなく、産婦人科医ならではの実践的思想が入り込んでおり、極めて現実的・実際的・物理的な意味での生命が問題となっている。蓮田とゆりかごをつないだのが、「生命」という概念であったように思われるが、実はこの思想は、ドイツにおいても同様であった。ハンブルクとほぼ同時期に捨て子プロジェクトを開始し、赤ちゃんポストを設置したアンベルク－ズルツバッハ地区にある聖アンナ病院の主任、ドーデンヘフトも、匿名性との関連において、次のように述べている。「私たちは女性を助け、生命を守りたいのです。その際、私たちが関心をもつのは、医療的側面であって、母の名前ではないのです。言いかえれば、私たちは医師の守秘義務を守りたいのです」（八二頁参照）。

ドーデンヘフトもまた産婦人科医であり、蓮田同様、現実的・実際的・物理的な意味での生命を守るという「無言の義務」をもっていた。またヴィルヘルミーネン病院のリシュカもまたそのような医師であった。こうした意味での子どもの生命の保護に専心しているのが、蓮田であり、赤ちゃんポストの設置者たちなのである。

とりわけ蓮田は、生命に対する独自の考え方をもつ。彼自身の言葉で示せば、「生命の大切さとはどういうことでしょうか。生命とは、『自分の生命であって、自分の生命ではない』。それが、産科医として生きてきた私の実感です」（蓮田 2007：118）、という生命観である。蓮田は、「子どもをつくる」「子どもができた」という若者の言い回しに疑問を抱き、子どもは「いただく」という表現が望ましいと考える。なぜならば、彼は産婦人科医として、出産のリスクや出産による死の危機を常に感じ続けているからである。「生まれてくること。そして死ぬこと。それはほんとうに紙一重なのです。［…］『子供が欲しい』と切望し、何十回と不妊治療を受けても、お子さんに恵まれない方もいらっしゃいます。こういうことを日々見ていると、私にはどうしても生命は『つくれる』ものだとは思えません。やはり生命とは『いただく』ものだと思うのです」（蓮田 2007：118）。こうした蓮田の生命観は、産婦人科医であることと同時に、また以下で述べるキリスト教の思想とも連結しているように思われる。

また、蓮田は性教育についても関心を示している。朝日新聞によれば、二〇〇七年五月一〇日の記者会見の際、記者から「安易な置き去りを助長するのではないか」という質問に対して、蓮田は、「相談や中高生への性教育を通じて防ぎたい」と答えている（二〇〇七年五月一一日朝日新聞朝刊）。蓮田の生命観においては、性としての生という観点が含まれており、生が誕生する根拠となる性が彼の中心的課題となっている。実際に、彼は中学校や高等学校に出向き、性の問題、生命の問題について講演を積極的に行っている。この点については、蓮田と共に歩み、また独自の見解を示す田尻も次のように述べて、命の教育を訴えている。「性意識の変化、性行為の低年齢化、中絶の増加、自己責任意識の欠如…。どれも命と直結する問題です。中高生のわが子の妊娠に、親が気付かなかったりする。［…］命の大切さを伝える教育がもっと必要です」（二〇〇九年一一月六日北海道新聞夕刊）。

キリスト教徒としての蓮田

だが、現実的・実際的・物理的生命の保護を自らの義務とする産婦人科医であるというだけでは、蓮田の思想の全体を捉えたことにはならない。各報道機関が蓮田について語った側面は、ほぼこの産婦人科医であるということだけだった。が、熊本慈恵病院が掲げる理念の基礎になっているキリスト教カトリックの思想もまた、蓮田独自の実践思想の根底に確かにあった。蓮田自身に関していえば、一九九八年に洗礼を受けており、キリストのもとで生きていることを表明している。ただし彼は、自らがキリスト教の精神ゆえに母子救済へと向かっていったのか、母子救済という問題から洗礼へと向かっていったのかについては言明していない。

まずもって、蓮田のゆりかご設置という大胆な決断を、上述したアッシジの聖フランチェスコの伝説・逸話から考えなおしてみたい。今野の指摘に従えば、「宗教改革以後約二〇〇年間ヨーロッパのプロテスタントの論争家や神学者はフランチェスコを世を惑わす者としてののしり続け」、「一八世紀の啓蒙主義者たちに至っては［…］」、フランチェスコを一様に狂人扱いにしていた」、とされる（今野 1981：171-172）。フランチェスコは、「世を惑わす者」、「狂人」、さらには、「気違い」とされていたような人物だった。その一端を示す逸話がある。一二一〇年、フランチェスコが説教の許可をインノケンティウス三世に願い出た時、「自分の豚のところへ帰って、思う存分説教するがよい」と言われたフランチェスコは、「すぐ豚小屋に飛び込んで、豚の糞にまみれた体で再び教皇の前に現れた」という。この逸話から、今野は、「自ら進んで屈辱に身を晒すことは常人にできることではないから、確かにフランチェスコらの行動は気違いじみて見えただろう」、と解している（今野 1981：171-172）。フランチェスコが求めたのは、「ただひたすら己を空しくし、全き喜びのうちにキリストに倣うことだけ」だった。このように、ある種「気違い」にも見えるほどに愚直で、滑稽なまでに己を徹底化させる精神が、蓮田の根底に潜んでいるように思われる。

首尾一貫して、緊急下の女性を救済しようと願い、半ば強引にゆりかご設置に踏み切った蓮田の行動の根本には、このフランチェスコの精神がうっすらと見え隠れする。困窮する人々を救済する上で、こうした外部からの負の評価は避けられない。事実、ゆりかごが話題になった二〇〇七年当時、各種報道メディアでは、蓮田は「聖人」とは見なされなかった。それどころか、あたかも「狂人」、「気違い」として扱うような場面もあった。また、当時の首相であった安倍晋三が、このゆりかごに対して、「匿名でどこかに捨ててしまうことはあってはならない」と評したことはよく知られている。

赤ちゃんポストとカトリックの関連は、すでにステージⅡ

で述べたとおりである。一九九九年に匿名の母子救済プロジェクトの構想を打ち立てたのも、バイエルン州のカトリック女性福祉協会であった。同協会の代表、ヴィットマンは、自身の妊娠を隠してきた女性がこっそりとトイレで子を出産するという事実に耐えることができず、それを己の苦しみとして胸を痛め、一九九九年に「モーセ・プロジェクト」を立ち上げ、ドイツで初めて現行法に対して異議を申し立てた女性である。このヴィットマンの指揮のもと、二〇〇〇年九月には、ズルツバッハ−ローゼンベルクの聖アンナ病院の産婦人科で匿名出産が行われた。

蓮田とヴィットマンの根底には、誰にも相談できず、苦しみの果てに一人で出産し、遺棄せざるをえない極限の状況に置かれた女性へのまなざしがあり、現行の出産の在り方、法の在り方への疑念がある。蓮田もまた、こうしたキリスト教的な背景をもちながら、誰にも自身の妊娠を打ち明けられず、身元が判明することを恐れて、産婦人科を訪れない女性たちを支えるために尽力したのである。

蓮田の思想の中核は、胎児、新生児、妊婦、母親の具体的な救済であり、それはもはや医師の範疇を超えたある種の宗教的使命感に基づくものであり、制度を超えた人道主義的なものである。彼の活動において、日本における緊急下の状況にある妊婦や母親への支援の不足や欠如が示されたことの意義は極めて大きい。

総括

本章では、日本の赤ちゃんポストとその設置者である蓮田に焦点を合わせ、国内の議論をたどってきた。その結果、蓮田自身は、医師であり、またキリスト教徒であり、ドイツ語圏の赤ちゃんポストの内実を理解するための地平をすでにもっていた、ということが露になった。

それと同時に、日本国内に、そうした赤ちゃんポストや緊急下の女性を理解するための地平が欠落していることも明らかになってきた。匿名出産への無関心も、このことと関連している。日本国内の価値観と蓮田のズレ、またドイツ語圏と日本の間にあるズレ、その両者のズレの根底にあるのは、現行の母子への公的支援を前提とする日本と、そうした公的支援の手の届かない母子への民間の取り組みを重視するドイツ語圏の違いにあるように思われる。

また、宗教性や慈善性や民間性に基づく赤ちゃんポストの取り組みが制度的に規定され、法的に整備されればされるほど、その本来の意義を失っていくという矛盾もある。秘匿を求める緊急下の女性のために打ち出された匿名性が保障されないならば、赤ちゃんポストはその本来の機能を果たせなくなり、彼女たちが赤ちゃんポストを利用することはなくなるだろう。われわれは再度、「誰にも妊娠の事実を打ち明けられず、一人で苦しむ緊急下の母親と、その母親には育ててもらえない新生児をいかに守るか」という問いから出発する必要がある。

そこで、次章では、そのように親に育ててもらえない子どもを対象とする「社会的養護」の視点から、赤ちゃんポストと緊急下の女性の問題を考えてみることにしよう。

【文献】

遠藤順子・他　2005　『手間ひまかける　気を入れる』　女子パウロ会

熊本県立大学（編）　2009　『「こうのとりのゆりかご」を見つめて』　熊本日日新聞社

こうのとりのゆりかご検証会議（編）　2010　『「こうのとりのゆりかご」が問いかけるもの』　赤石書店

「こうのとりのゆりかご」取材班（編）　2010　『揺れるいのち――赤ちゃんポストからのメッセージ』　旬報社

今野國雄　1981　『修道院――祈り・禁欲・労働の源流』　岩波書店

阪本恭子　2009　「その後の『赤ちゃんポスト』」『医療・生命と倫理・社会』　大阪大学大学院医学系研究科・医の倫理学教室

村形光一・他　1982　『児童福祉入門』　ミネルヴァ書房

蓮田太二　2007　「『赤ちゃんポスト』設置の決意」『Voice』七月号　PHP研究所

松本健一　2010　『三島由紀夫と司馬遼太郎』　新潮社

【脚注】

（1）「『子どもを置いたら電気をつけて』。張り紙で呼びかけ、明かりに気づいた職員が駆けつけた」、といった対応が取られていた（二〇〇七年六月二十三日朝日新聞夕刊）。

（2）http://homepage2.nifty.com/embryo/　参照。（情報取得2011/11/04）

第十章　赤ちゃんポストと社会的養護

序

赤ちゃんポストは、「親に育ててもらえない赤ちゃん」を保護し、その赤ちゃんを養育してくれる場所（里親や乳児院等）に届ける、という意味では、「社会的養護」の一翼を担っているといえる。もちろん、赤ちゃんポストは、預けられた赤ちゃんの養育を行う場所ではなく、保護することが目的なので、社会的養護の実践そのものではない。だが、緊急下の女性と社会的養護をつなぐメディアであることは疑いえない。ゆえに、ドイツでは、ステージⅡで見たように、母子支援施設や児童養護施設にも赤ちゃんポストが設置されているのである。社会的養護と赤ちゃんポストはそもそも空間的にも、その存在意義的にも近いところに隣接している。

二〇〇〇年にドイツで運用開始された赤ちゃんポストだが、この装置は、果たして社会的養護によい影響をもたらすのだろうか。それとも、現状の社会的養護を混乱させるものに過ぎないのだろうか。もし社会的養護が、児童遺棄や嬰児殺害を阻止し、母子の安全や自立を支えるための営みであるとすれば、赤ちゃんポストは社会的養護にかかわる一つの取り組みであるといえよう。だが、安易な児童遺棄を助長する装置だとすれば、それは社会的養護における「子どもの最善の利益のために」という理念と相反するものとなる(1)。

このことをきちんと見定めるためには、社会的養護の根底を捉えなおす必要があるだろう。赤ちゃんポストは、妊娠相談、匿名出産、二十四時間匿名ホットラインなどと連動しており、いずれも緊急下の母親と赤ちゃんの救済をねらった新たな試みである。こうした一連の取り組みの地平を、社会的養護の文脈の中で捉えるとどうなるのであろうか。

そこで、本章では、その社会的養護の視点から、赤ちゃんポストの問題を考えてみることにしたい。また、赤ちゃんポストの視点から、社会的養護のあり方を問い直し、反省してみたい。本章は赤ちゃんポストと社会的養護の対話といってもよいだろう。

社会的養護とは何か

社会的養護の概念を検討する前に、まず「養護」という言葉に注目してみよう。われわれが知る限り、この言葉は、主に三つの領域で使用されている。(2) 第一に、「保健室の先生」と称される養護教諭である。養護教諭は、学校施設において児童・生徒の心身の健康に関するケア（手当て）を行い、子ども一人ひとりの健康、成長、発達にかかわる教諭である。この養護教諭が行っているのが養護という営みである。第二に「児童養護施設」の養護である。養護教諭の養護とは異なり、児童養護施設の養護においては、親に代わって持続的に子どもを育てること、すなわち一般的に想起される親の仕事を一手に引き受けることが念頭に置かれる。かつては「孤児院」と呼ばれていた施設の名に養護が使用されており、ここでは親の代わりを務めるというニュアンスが強い。里親や養父母もまたこの意味で養護者といえるだろう。第三に、「特別養護老人ホーム」の養護である。ここでは、六五歳以上の高齢者、とりわけ二十四時間介助が必要な高齢者（寝たきり・認知症の高齢者など）が想定されている。本来その高齢者の保護責任者である子に代わってその親の日常的支援を行うことを主な業務としている。

この三者に共通するものはいったい何であろうか。その共通点は、本来受けもつべき人に代わって、具体的な他者に対して「日々の生活」にかかわる支援・ケアを行なうということである。すなわち、第三者が本来の担い手に代わって生活を支える営みといえるだろう。たとえば「母親の養護」という表現は、ほとんど見られない。すなわち、本来いるべき場所（教室や家庭）に、何らかの理由でいられない人が、一時的、暫定的に、別の場所に移り、そこで何らかの支援や援助や治療を受けることである。養護教諭は、けがの手当てを行ったり、心の相談に応じたりする。そして、再び子どもたちは教室に戻っていく。児童養護施設は、何らかの理由から親と共に暮らすことのできない子どもが、親と再び生活することが可能になる日まで、ないしは成人を迎えるまで生活する場である。特別養護老人ホームは、六五歳以上の高齢者で、自宅や自室で自立した生活を行うことが困難な場合に、その人の家族や親族に代わって、必要な支援を受けながら生活する場である。この場合、医療的な処置が必要となる場合もあるが、基本的には、日々の生活（排泄、入浴、着替え、食事等）の支援を行うこととなる。ここでの養護は、一時性、暫定性が低く、長期的で永続的なものとなる。

このように養護という語はさまざまな場面で用いられているが、社会的養護は、子どもに限定して適用される言葉であり、子どもの生活にかかわっている。すなわち、「児童」と呼ばれる〇歳からおおよそ一八歳（〜二〇歳）までの間、実親に代わって子どもの生活を保障することが社会的養護である。この社会的養護の概念について、櫻井奈津子は次のように規定している。

もし、子どもの家庭的な環境が、子どもの生命や安全や健やかな成長を保障できない状況にある時、国や地域は、その子どもを保護し、その子どもにとって必要な援助を行わなければならない。このように公的責任において、子どもの成長を保障することを「社会的養護」といい、社会的養護の実践の場として「児童福祉施設」がある。（櫻井 2008：10　傍点部筆者）

この定義は、厚生労働省が定義している「社会的養護とは、保護者のない児童や、保護者に監護させることが適当でない児童を、公的責任で社会的に養育し、保護するとともに、養育に大きな困難を抱える家庭への支援を行うこと」とほぼ同義であるが、櫻井の定義は、「公的責任」の担い手が誰なのかについて言明している点で、厚生労働省の定義よりも具体的である。とはいえ、「国や地域」と述べているものの、その具体的な担い手は、ここで明らかにされてはいない。

では、その担い手とは誰か。国、厚生労働省、地方自治体等は法に従い社会的養護の責任を果たすべきであり、家庭への支援もすべきであろう。だが、社会的養護の担い手は、決して国や地方自治体等に制限されるものではない。中世のヨーロッパにおいては、修道院や修道院が運営する「捨て子の家」がその主な担い手であったし、また今日においては、ステージⅡで述べたように、公益民間団体がそれを担う場合もある。リューベックの母子支援施設は公的資金を全く受け取っていないフェアアインであった。ゆえに、櫻井が念頭に置いているかどうかは分からないが、彼女のいう「国と地域」は、分けて考えるべきであろう。もっといえば、「地域」という言葉をあまり狭く捉えるべきではなく、国や地方自治体に代表される従来の「公的サービス」と無関係、あるいは緊張関係にあるのが「地域」と考えるべきであろう。ステージⅡで挙げたドイツのカリタス会やカトリック女性福祉協会、前章で挙げた日本のＮＰＯ円ブリオがまさにその一例となる。

社会的養護の担い手は誰か

社会的養護は、命や安全や健やかな成長が保障されない環境下にある子ども、保護者に監護させることが適当でない子どもを社会的に養育することを目的とした取り組みである。では、いったいどのような環境下にある子どもたちが養護を必要とする子どもたちと見なされるのか。誰がその判断を下すのか。誰にその権限があるのか。社会的養護を捉える上でこの点も無視することはできない。

この問いに向かう前に、なぜ「親に代わって」という事態が今日なお生じているのか、ということが問われねばならない。現在の社会的養護の基盤がつくられた敗戦直後であれば、それは問うまでもなかった。敗戦直後の日本には、戦争で親を失くした戦災孤児が町中に溢れていた。その数は一二万人ともいわれている。今日なお、親を亡くした子ども、すなわち遺児は存在するし、親の死亡原因も病気、事故、災害、自殺と多岐にわたっている。二〇一一年三月の東日本大震災後には、今日では聞き慣れない「孤児」という言葉が、一時的に頻繁に使用された。だが、今日においては、敗戦直後のように多くの孤児や遺児がいるわけではない。実親はこの世界に存在している、にもかかわらず、その実親に育ててもらえない、子を育てられない、そうした状況が増大しているのである。

親――ないしは親的存在――が子を育てることは、そもそも近代社会にとっては自明のこととされ、そのことが常にその社会の前提とされてきた。だが、実親が存在しているにもかかわらず、我が子の養育を放棄したり断念したりする例が増大している。たとえば本書の主題となっている児童の遺棄や殺害といったかねてからの問題や、この十数年の間に問題とされるようになった虐待やＤＶ（ドメスティック・バイオレンス）、アルコールや薬物使用等の依存症など、子どもの命にかかわる問題がいくつも存在する。子どもを取り巻く環境は、各家庭によって異なっており、それが「格差」にもつながっている。また、家族・夫婦関係も一様ではない。離婚件数が増加し、ひとり親家庭が増え、また新たに再婚家庭＝パッチワークファミリーといった、より複雑な家族形態も生まれつつある。[3] 事実、日本では年間で二〇万組以上の夫婦が離婚という道を選択している。

こうした新たな個々の家族問題の中で、社会的養護が必要な子どもが生じているのである。二〇一二年一月の厚生労働省の発表によれば、実におよそ四万五千人の子どもが何らかの仕方で社会的養護の対象となっている。[4]

では、先の問いに戻ろう。実親が子を育てられない場合、または育てることが極めて困難な場合、その実親に代わって公的責任で社会的に子を育てることが、社会的養護ということになる。その中心的役割を担っているのが児童相談所や乳児院・児童養護施設等であり、[5] かつてであれば「地縁血縁的な扶助」がその役割を担っていた（滝川 2008：15）。

実親による養育が困難な子どもは、児童相談所（ないしはその一時保護所）を経由して、里親、ファミリーホーム、乳児院や児童養護施設といった各施設に措置されることになる。これとは別に、普通養子縁組・特別養子縁組があるが、数値的にそれほど多くはない。一九八七年に原則として六歳未満の子のために設けられた特別養子縁組は年間三〇〇～

四〇〇件程度といわれている（七五頁参照）。では、社会的養護が必要と判断された子どもたちは、児童相談所によってどのように措置されているのか。

表10-1　社会的養護の現状
（2012年１月厚生労働省発表資料[6]に基づいて筆者が作成）

カテゴリー	里親・施設数	児童数（現員）	世帯数
里親	7,669（登録里親数）	3,876人	2,971
ファミリーホーム	145	497人	
乳児院	129	2,963人	
児童養護施設	585	29,114人	
母子生活支援施設	261	5,951人	3,808
自立援助ホーム	82	310人	
小規模グループケア	650	—	
地域小規模児童養護施設	221	—	

このように、さまざまな場で社会的養護の実践が行われ、それぞれの場所に子どもたちは措置される。このデータだけを見ても、それが世界的にどのような特徴をもっているのかは見えてこないだろう。注目すべきは、里親に養育されている児童数と、乳児院・児童養護施設で養育されている児童数の比率である。欧米諸国では、里親・養子縁組が主流となっているが、日本では主に施設養護が中心となっている点で異なっている[7]。特にキリスト教文化圏では、日本ほど他人の子どもを育てることに抵抗がなく、社会的養護を要する子どもは、生まれの家ではない家庭で、里親や養父母によって育てられることが多い。逆に、日本では、地縁・血縁関係が重視されており、全くの他人の子を育てることに抵抗感を示す人も少なくない。そういった意見は確かにある。ゆえに、この点については、欧米諸国からの批判の対象ともなっている。世界水準において日本の施設養護は、里親による養護に比べてはるかに高い割合を示している（津崎 2009：182）。

　だが、そう単純に言い切れるものなのだろうか。事実、登録里親数は七六六九に至っている――潜在数はもっと多いだろう。にもかかわらず、実際の世帯数は二九七一世帯と多くない。ゆえに、里親や養父母になることを望む人が日本に少ないのではなく、誰がどのようにして誰に社会的養護を託すか（措置するか）という社会的養護のシステム全体の問題でもあるのである。ただし、この現システムの変化の兆しは確認できる。この一〇年間に、里親やファミリーホームへの委託件数はほぼ倍増しており、一九九九年の時点で二一二二人だった委託児童数は、二〇一〇年には四三七三人に増えている。

また、施設の小規模化も確実に進んでいる。社会的養護の研究者たちは、施設中心に偏る日本の社会的養護体系を反省し、いわゆる「家庭」に一番近い状態で養護されるシステムの可能性を探っている。

親業としての社会的養護と新たな方向性

では、社会的養護は実際にどのような営みなのだろうか。社会的養護を担う場においては、食事、調理、排泄、洗濯、掃除、入浴、愛着（アタッチメント）、日常会話（そして、それによる言語の獲得）など、広く子どもの衣食住、そして発育・発達にかかわる全般的な支援が求められる。つまり、「親業(Elternarbeit)」が、社会的養護の実践の中核にある(Dusolt 2001)。親業は、基本的に「再生産労働」であり、「シャドウワーク」であり、「アンペイドワーク」であり、「自分の感情を制御し、相手の感情に合わせて対応することで、対価を得る」感情労働である（諏訪 2011:14）[8]。ゆえに、親業は成果、効率、能力、技術といった諸概念にはなじまない性質をもつ。

社会的養護の担い手には、この親業が問われることになる。特にどのような環境下において正しく親業が為されるのか、ということが問われよう。現状に即していえば、乳児院や児童養護施設において親業はどの程度まで可能なのか、と。親業が可能となる条件とは一体何なのか。それは、社会的養護の世界だけの問題ではなく、親業それ自体の危機がますます深刻化している現代社会の問題でもある。

今日の社会では、親になり、その親業を全うすることは決して容易ではない。親が子に果たさねばならぬものとは、親の責任とは、親の使命とは、親の義務とは、親の存在意義とは何なのか。親業はその価値が貨幣的価値とならないシャドウワークであり、非生産的で、物質的豊かさに直結しない感情労働である。それゆえに、産業社会の論理とは別の論理で成り立っており、別の価値をもっている。産業社会を生きるわれわれもその価値を見誤っている可能性が高い。家庭や地域が親業の価値を認めなければ、その負担は国＝制度に委ねられざるを得ない。当然ながら、その負担は国や地方自治体の財政に委ねられることになる。

日本においては、保育士資格を有した保育者らが、社会的養護の現場で子どもの養護を日々行なっている。児童養護における保育士の任務は、親に代わって実質的なあらゆる親業を担うことである。だが、被虐待児が増加する今日、親の代わりを保育者が十全に果たすことは、極めて困難なことであろう——ゆえに、後に述べる「ＳＯＳ子どもの村（SOS-

Kinderdorf)」では、保育士よりもはるかに高額な給与が支給される養護者（Mutter）がその担い手となっている。また、施設養護では、どれほど心を込めて子を養育しようと思っても、同じような境遇の複数の子どもと共にいるので、一日中一人の子のためだけにいることはできない。親のように子どもに専心し、愛することは極めて難しく、実親や里親のように親密で親しい間柄——愛着関係——を築くだけの時間もゆとりもない。長時間にわたる過酷な労働ゆえに、離職者数も多く、一人の子どもを永続的・持続的に特定の他者が養育し続けることは極めて困難である。ゆえに、社会的養護の理論的用語となっている「パーマネンシー」という概念が強調されるのである。パーマネンシーとは、持続的、永続的に具体的な関係を共に生きる養護者を一人ひとりの子どもに保障しよう、とする考えである（一四六頁参照）。具体的には、

図10-1　SOS子どもの村

「里親や養子縁組による永続的ケア」を推進するためのスローガンである（山縣・林 2007：233）。

こうした養護の難問や矛盾を乗り越えようと、「SOS子どもの村」という国際的な児童福祉団体の動きが活性化している。このSOS子どもの村は、一九四九年にオーストリアのイムストという小さな村に誕生した施設である。創設者はヘルマン・グマイナー（Hermann Gmeiner）であり、当時医大生であった。彼が創設したSOS子どもの村は、すでに世界一三三カ国、五〇〇の村で事業を展開しており[9]、従来の国や地方自治体による社会的養護の枠を超える民間の共同体的非政府組織となっている[10]。「すべての子どもに愛ある家庭を（Jedem Kind ein liebvolles Zuhause）」がこの団体のモットーである。グマイナーの思想的背景にあるのが、ペスタロッチの教育学であり、子ども中心の教育学的地平のなかで、この取り組みが生まれたということは注目すべきことであろう（山縣・林 2007：279-297）。

この民間団体は、「母」を意味する「ムッター（Mutter）」という有資格者を育成し、可能な限り家庭に近い状況を実現しようとしている。二〇一二年二月に筆者が行った調査によれば、「父」を意味する「ファーター（Vater）」も数名（二〇一二年二月の時点では一名のみ）生まれつつある。ムッターやファーター養成のための専門学校もこの団体によって設置されている。

このように、社会的養護の在り方全体が見直される中、日本でも小規模のグループホーム型の養護施設は確かに増えている。だが、社会的養護そのものの前提を問う以前の段階に留まっている。すなわち、公的責任で社会的に誰が、どのような基準で、いかに子どもを養育するのかということは問われていない。親業という視点からこの問題に応える上で重要なことは、「親に代わり、実親ではない人間が他人の子どもを我が子のように愛し、育てることはいかにして可能なのか」ということであり、それが可能ならば、「どの時期まで、誰によって、それは可能なのか」ということであり、「親による養育が困難な場合、どのような環境のもとで育てられることが、最も望ましいのか」、ということである。これらの問いに一義的で明快な解答はないだろう。現代の家族形態は、実にさまざまである。子どもが育つに望ましい環境を一定の基準で語ることは難しい。だが、その一定の基準を問わなければ、社会的養護の在り方そのものを問いなおすことはできないはずである。

緊急下の女性のハードルとなる社会的養護の根本条件

すでに述べたとおり、社会的養護は、子どもの生命、安全、成長を、親に代わって国や地域が公的に保障することを目指している。その際、具体的には、あらゆる親業を担うことが求められているが、日本では、その担い手の決定が児童相談所等に委ねられており[11]、措置を経て、乳児院や児童養護施設といった施設養護に全面的に委ねられている。ゆえに、パーマネンシーが保障されず、親業の根幹である「いつでもそばに特定の大人がいる」という条件が満たされない場合が多い。こうした現状に厳しい批判の声もある。津崎哲雄は、日本の社会的養護の現状を厳しく批判し、次のように述べている。「主に民間児童施設経営者、職員研究運動組織、児童相談所、福祉系教育機関など、要保護児童の社会的養護委託に関わる大人の既得権益擁護と利益誘導を、理念と専門性とコミットメントなき中央・地方官僚が利用し、大人の既得権益保護から脱却してこなかった（ただし大人には以上のほか、中央・地方の政治家、実習で施設へ学生を送る大学教員・研究者も含まれる！）」（津崎 2009：173）。そして、彼は、たとえば児童養護施設で育った当事者たちの声、そしてその当事者が集まるグループに注目し、「社会的養護の当事者活動」に可能性を見いだしている。

現状においては、子どもが産まれた後、母親が何らかの理由で我が子を育てられない場合、児童福祉法第十二条に基づき、各都道府県によって設置された児童相談所を経由して、各児童福祉施設等に措置されることになる。また、我が子を特別養子縁組に出すこともあり得るが、世界的な基準ではこの養子縁組制度はまだ十全に機能しているとはいえない。このように日本の社会的養護の意思決定は、児童相談所に集中しており、それ以外の道は極めて限られている。だが、社会的養護は、児童相談所のような公的機関がその窓口となっていることが多く、それが、本論のもう一つの主題である「赤ちゃんポスト」の問題と深く関連するのである。

子の出産や養育の問題を抱える実親の一部には、こうした公的機関に相談できない、相談することを望まない人がいる。あらゆる子どもの問題に対応する児童相談所に相談できないとはどういったことなのだろうか。このことを問うために、「児童相談所に自身の子どものことで相談するための条件」について論じていこう。

子の出産、育児、養育のことで相談し支援を受けるための根本的な条件とは何か。第一に、母親が無事に出産することができる、あるいは無事に出産しているということである。これは自明のことと思われるが、その限りではない。社会的養護が可能となるためには、無事に出産がなされねばならない。出産直後の児童遺棄や児童殺害の場合、その新生児は、出産中ないしは出産直後に命の危機に直面する。無事に出産し保護された新生児だけが社会的養護の道を歩むことができる。新生児を遺棄したり殺害したりしてしまう母親は、社会的養護の前段階で、「犯罪者」となってしまうのである。第二に、実親に何らかの正当な理由があり、それを自覚していることである。たとえば、精神疾患、非嫡出子、経済苦、その他の理由が実親にあるということがその前提となる。だが、何らかの理由から児童相談所や医療機関等に行くことのできない親はさまざまな問題を抱えているものの、自分が支援の対象であるということに無自覚である場合が多い。そして第三に、親が実名で公的機関に相談できるということである。児童相談所に相談するためには、自身が住んでいる地域が明らかでなければならない。相談者（社会的養護を求める実親等）は、自分の住所に該当する自治体管轄の児童相談所に赴かねばならない。たとえば、望まない妊娠に悩む女性が児童相談所に問い合わせると、住所を聞かれ、その住所からどの児童相談所に行くべきかが提示される。本人が誰かということを知られたくない母親・妊婦はこの時点で児童相談所には行くことができない（山縣・林 2000：93-94）。また、それ以前に、「相談する」ということ自体が大きなハードルとなることも多い。ペスタロッチの言葉でいえば、「彼女は語ることができない」、のである。もしかしたら、実名性以前の問題かもしれない。

日本の社会的養護の場合、第一の条件がすべての前提となっている。無事に出産することのできない妊婦は現行の社会的養護の想定外の場に置かれている。出産はすべての妊婦に保障されているわけではない。自分の出産を隠し、出産直前になってパニックになる妊婦もたしかに存在する。孤立無援の状態で孤独に出産する女性は、社会的養護のはるか手前に立っているのである。また第二の条件は、より深刻である。社会的養護の手を借りる場合、自ら自分の危機を認識し、自分から動かなければならない。だが、緊急下の女性の多くは、そうした意識をもっていない。「どうしてよいのかわからない」、ただそれだけを誰にも相談せずに一人で悩むのである。そして、第三の条件である実名で相談できるという条件を満たせない者は「公的支援」を受けることができない。児童遺棄、児童殺害は、今日でも頻繁とはいわないまでも一定の頻度で起こっている。児童遺棄、児童殺害の「加害者」は、何の支援も受けることなく、誰にも相談できずに、またその多くが医療機関の外部で一人孤独に出産した母親である。

緊急下の女性は、上にみた諸条件を満たせない、あるいは満たせなかった女性たちである。もし上の条件が満たされていたならば、彼女たちは、加害者になることなく、社会的養護の支援を受けることができる。少なくとも「社会的養護の対象者」と成り得たはずである。この点にこそ、まさに赤ちゃんポストと社会的養護の連関が示されるのである。赤ちゃんポストはそれ自体単独で存在しているわけではない。社会的養護との連関の中で理解されねばならないものであり、また、緊急下の女性の支援という文脈から理解されねばならないのではないだろうか。

この緊急下の女性の救済の可能性を探るべく、ドイツで一九九九年から二〇〇〇年に開始されたのが、シュテルニパルクによる「捨て子プロジェクト（Das Projekt Findelbaby）」だった。このプロジェクトは、出産前の救済（匿名相談）、出産直前の救済（匿名出産・内密出産）、出産直後の救済（匿名での預け入れ、赤ちゃんポスト）、出産後の救済（母子支援施設）という四つの要素をもち、妊婦の置かれている時期・状況に応じた支援を可能にしている。[12] これら全てが、社会的養護へのアクセスを可能にする手段となり得る。

ここで確認しておきたいのは、「出産前から出産直後の母親の救済や支援は、社会的養護の必要性が生じる前段階にあるもので、現行の社会的養護システムに先立つものである」、という点である。本来最も愛すべき我が子を安全に産めない女性、その我が子を養育できない女性、どうしてよいのか分からずに一人で問題を抱える女性、そうした苦しみの渦中にある女性を見いだし、安心して安全に出産してもらうこと、そして、出産後に安全に乳児を保護し、母子双方の命を守ることは、その後の社会的養護を可能にするための絶対条件であり、またたとえそうした女性たちがマイノリティーの存在であるにせよ、現行の母子支援政策の在り方を揺さぶる重要な試金石となる。緊急下の女性が、安心して、誰にも自身の出産を知られずに、分娩することができたならば、その女性は救われるし、またその女性の赤ちゃんも遺棄されず、殺されずにすむはずである。そして、母親は加害者にも遺棄者にもなることなく、支援の対象者となる。こうした支援体系が存在しないからこそ、殺人者や遺棄者となる女性が後を絶たないと考えることは、決して乱暴な妄想ではないはずである。

社会的養護から見た緊急下の女性

これまでも緊急下の女性については論じてきたが、ここで、社会的養護の視点から、この問題について再度論じてみたい。

まず、確認しておきたいことは、彼女たちの学歴についてである。これまでのところ、緊急下の女性の学歴についての研究は皆無であり、児童遺棄や嬰児殺害の個々の事例に基づいて考察していくしかない。ここで参考となるのが、ある三県において実施された「一時保護児童の母親の学歴」に関する調査である。この調査では、児童相談所に保護された子どもの親のほとんどの最終学歴が中学卒業か高校卒業という結果が示されている――この調査結果を主に提示しているのが、児童相談所職員でありソーシャルワーカーである山野良一である。この調査によると、児童相談所に保護された子どもの母親の九一％が中学卒業ないしは高校卒業となっており、専門学校卒が六％、短大・大学卒が四％となっている（山野 2011：43）。このデータをそのまま全国区に適用することはできないが、学歴の低い女性の子どもが児童相談所に保護され、社会的養護の対象となっているという実態は推測できよう。

この推測から見えてくる女性の苦悩や悲劇をわれわれはどのように考えたらよいのだろうか。概して学歴はその人間の親の所得や学力や文化と大きくかかわっており、このことを示す概念として「文化的再生産」や「ペアレントクラシー」といったものがある。このことから、緊急下の女性においても、その女性の親から相続される知的文化が問題とされるべきであって、その彼女たちの学歴の低さが問題なのではない、ともいえる。生まれによって子の学歴や学力が規定されると言い切ることはできないが、親からの影響は計り知れない。離婚にせよ、虐待にせよ、貧困にせよ、いずれも親から子に受け継がれてしまうという事態は決して驚くことではなく、各方面での研究で明らかにされているところである（棚瀬 2007）。同様に、緊急下の女性においても、彼女たちの親自身の成育歴に問題があったというケースもあり、その女性の現在の家庭に問題があったという報告もある。

これと関連して考えねばならないのが、緊急下の女性の貧困であろう。彼女たちの多くが生活困窮下にある場合が多い。相手の男性の収入が極めて低い場合もあれば、就労していない場合もある。また、離婚している場合もあれば、そもそも結婚していない未婚女性の場合もある。いずれの場合にせよ、金銭面での問題が緊急下の女性を追いつめているという見立ては大きく外れてはいないだろう。アメリカでは、児童虐待による殺人と貧困の関連を示すデータもある。(13) ただし、この貧困ゆえに誰にも相談できない、児童相談所に実名で相談できないと単純に結論づけることも難しい。

以上の考察を前提とするならば、こうした女性たちを、「努力が足りない」、「わがまま」、「勝手」、「愚か」、「無責任」と罵り、非難することは、無意味といえよう。赤ちゃんポストが熊本に設置された際に、「赤ちゃんポストは無責任な親による児童遺棄を助長する」と批判されたが、その批判はこうした罵りと紙一重である。緊急下の女性は、自らが批判の対象となることをすでに知っており、それを恐れて実名で相談することを拒んでいるのである。そう考えると、シュテルニパルクが、捨て子プロジェクトを開始し、激しい批判の中で赤ちゃんポストを設置した理由がはっきりと浮かび上がってくる。シュテルニパルクがこのプロジェクトを始めたのは、次章で述べるように、ドイツ国内にある差別や偏見と対峙するためであり、かつての差別と偏見に満ちたアウシュヴィッツの悲劇を二度と繰り返させないためである。緊急下の女性は、紛れもなく、見えない差別や偏見に苦しんでいる存在である。

ゆえに、地域社会に自らの声で叫ぶことができない。彼女たちは、そうした意識的・無意識的な「負い目」の中で、妊娠や出産の道を歩むことになる。彼女たちの場合、深く語る家族や友がおらず、信頼できる大人が傍におらず、孤立状態にある。また、限られた人間関係――とりわけアルバイトを含む職場関係や限られた特殊な人間集団等――しか生きていないために、児童相談所を中心とする相談機関を知らない。あるいは、知っていたとしても、不信を抱き、嫌悪するのである――虐待の通報を受けて訪問する児童相談所職員に対する親の嫌悪の目を想像していただきたい。しかも、その奥に、負い目や劣等感、自己否定があることも考えられよう。

社会的養護と赤ちゃんポスト

従来の社会的養護とは異なるものの、赤ちゃんポストや匿名出産はその新たな補完的な試みであるといえるだろう。櫻井の「国と地域」を分断し、国を「国家行政（地方行政を含む）」とし、地域を「各地域の公益民間活動」として、これまでの議論を図式化すれば、図10-2、10-3のように示せるだろう。

赤ちゃんポストは、あくまでも母子の暫定的保護システムであり、母親から赤ちゃんを一時的に預かる装置であり、赤ちゃんの一時保護救済室といえよう。だが、赤ちゃんポスト設置組織は、母親から一時的に赤ちゃんを預かり里親等に託すだけなので、実際の児童養護実践団体ではなくその媒体でしかない。この媒体性こそが、赤ちゃんポスト実践の大きな特徴といえるだろう――児童相談所とは本質を異にする媒体である。

赤ちゃんポストに預けられた子は、個別のケースに応じて

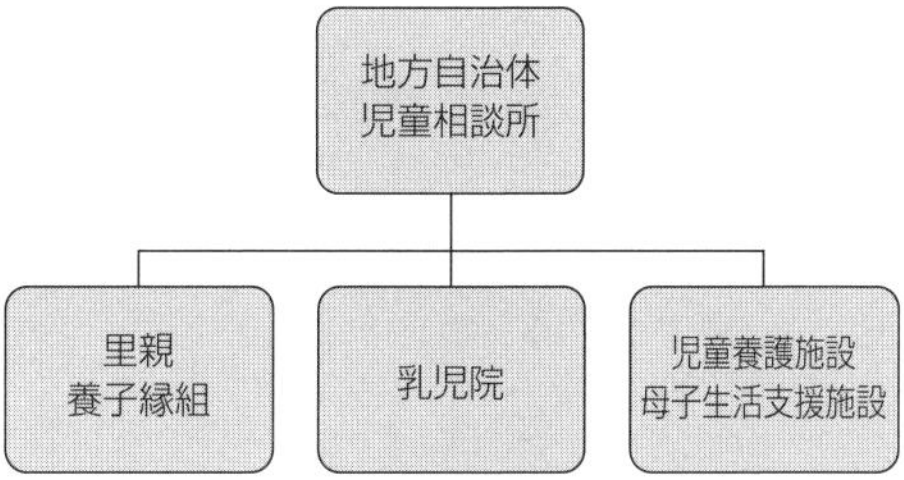

図10-2　社会的養護の基本的構造（国）

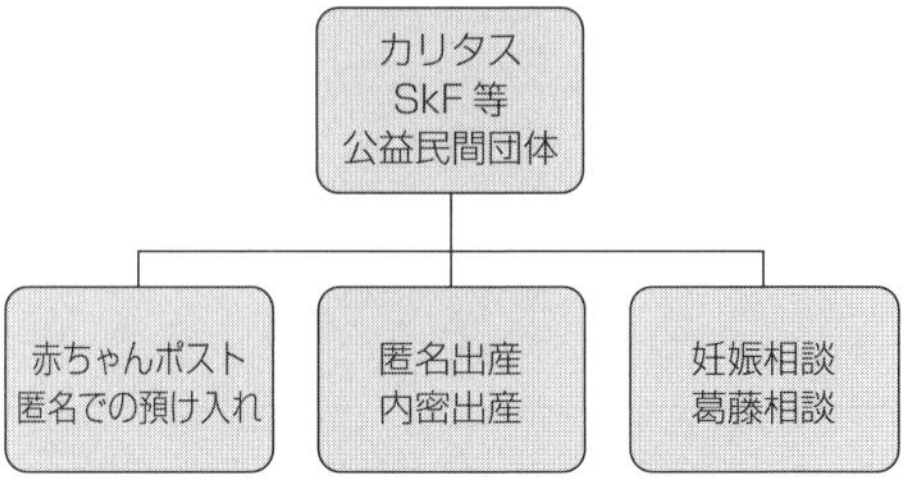

図10-3　捨て子プロジェクトの構造（地域）

母親に引き渡すことを前提としており、そのための準備もきちんと整えている。すでにステージⅡで見たように、母親は、子を捨てるのではなく、一時的に子を預けるだけであり、預かり期間である八週間以内であれば、いつでも子を連れ戻すことが可能である。このように匿名で子を預かり、その後母親に匿名、ないしは実名で引き渡すという考え方は、従来の社会的養護の発想からは得られないものであろう。こうした手続きを、行政ではなく、非営利組織である民間の教育団体が始めたということもここで思い出しておきたい――なぜそうした非営利組織の教育団体がこうした発想を思いつくにいたったのかについては次章で論じることにしたい。

以上のことから、シュテルニパルクが開始した捨て子プロジェクトは、子を匿名で預かり、そして、母の状況が改善されるのを待ち、連絡が取れ次第、その子を引き渡すという極限の「子育て支援システム」を構築したといえるだろう。たとえ母親が名乗りでなくとも、児童相談所を経由し、養子縁組や施設に措置されるので、赤ちゃんの安全が保障され、母親も殺人者、加害者になることはない――しかも、児童遺棄をしたわけでもない。このように匿名で赤ちゃんを預け入れねばならないという事態が、養育困難だということをすでに裏付けており、もはや子どもの命を保障しない環境下にあることを示しているのである。赤ちゃんポストは八週間、母親からの連絡を待つ。それでも、名乗り出てこないとするならば、その預けられた赤ちゃんは社会的養護の対象となる――ある意味で無傷の――存在なのである。

赤ちゃんポストから社会的養護を問いなおす

最後に、社会的養護の概念をめぐる問題を挙げておきたい。

「もし、子どもの家庭的な環境が、子どもの生命や安全や健やかな成長を保障できない状況にある時、国や地域は、その子どもを保護し、その子どもにとって必要な援助を行わなければならない。このように公的責任において、子どもの成長を保障することを『社会的養護』という」、というのが櫻井のいう社会的養護であった。また、「社会的養護とは、保護者のない児童や、保護者に監護させることが適当でない児童を、公的責任で社会的に養育し、保護するとともに、養育に大きな困難を抱える家庭への支援を行うこと」というのが厚生労働省の定義であった。

この両者の概念に赤ちゃんポストを適用させる場合、悩ましい問題が生じる。櫻井は「国」と「地域」を区別してはおらず、従来の思考であれば、地域は、従来の公的福祉サービス機関（たとえば地方自治体、福祉事務所、児童相談所、家庭児童相談室、各児童福祉施設等）と見なされる可能性が高い。地域福祉といえば、まずそうした機関が想定されよう。その結果、グレーゾーンに立つ赤ちゃんポストは、「地域」から排除されてしまうことになる。また、厚生労働省の定義に即すると、養育に大きな困難を抱える家庭への公的支援を行うこととあるが、その「公的」の内実が明確にされていない。ゆえに、赤ちゃんポスト（あるいは捨て子プロジェクト）やその設置団体が公的責任を果たしているのかどうか、あるいは果たし得るのかどうかは不明となる。このように、定義上、赤ちゃんポストが社会的養護の文脈の中に含まれるのかどうかは極めて不明瞭なのである。

そこで問われるのが、社会的養護と緊急下の女性をつなぐのはもっと厳密にいえば、社会的養護の担い手は誰なのか、もっと厳密にいえば、社会的養護と緊急下の女性をつなぐのは誰なのか、である。もちろん国や地方自治体がその役割を担っていることは間違いない。だが、赤ちゃんポストの設置団体も、まさにそうした存在であろうと欲しているのではないだろうか。公的責任において社会的に養育せよという要請に応えようとしているのが、赤ちゃんポストや匿名出産や妊娠葛藤相談を行う公益民間団体であった。「赤ちゃんポストは、一つの私的なイニシアティブであり、公的問題に対する人道主義的な回答の一つである」（Moysich 2004：189）。だが、第七章で見たように、ドイツでは、その公的問題に取り組む民間団体が一部で当の政府や大臣や政治家や法律家たちに非難されている——もちろん実践レベルでは、公的行政機関と公益民間団体の協働が実現している地域がほとんどであるが。(14) ゆえに、社会的な公的責任を負う公の人間と社会的な公的責任を果たそうとする私の人間との「つながり」がまさに今、問われているのではないだろうか。

このように社会的養護を赤ちゃんポストと対峙させることで、問われるべき今後の課題がうっすらと浮かび上がってくる。

第一に、たとえば児童遺棄や嬰児殺害の問題で追いつめられるのは主に母親、すなわち女性である。そのパートナーである男性が問題とされることはほとんどない。つまり、妊娠や出産や子育ては、女性のみに責任が課せられるわけではないにもかかわらず、男性側がそのことで問われることはほとんどない。社会的養護は、こうした現状を踏まえ、どう当事者である女性にアクセスすべきか。またどのようにして緊急下の女性にふさわしい支援システムを構築していくべきか。

第二に、出産前、出産直後、出産後の緊急下の女性やそのパートナーとどのようにかかわるべきかが挙げられよう。上述したように、匿名だからこそ、緊急下の女性との接触が可能となる。このことは公的行政機関の限界をも示していないだろうか。公的機関は匿名性を認めない。名前と住所が支援を受けるための条件であり、管轄内の住民として認められない者はその対象外となる。当然ながら、妊婦も同様である。既存の地域共同体が崩れ、地縁血縁による相互扶助が成り立たない中、どこにも相談できず、孤独に追い込まれているのが緊急下の女性といってよいだろう。このことは公的機関を語る側からも指摘されている。「世間の人々は、…児童相談所に代表される公的機関の活躍を期待するが、残念ながら、現状では事前にこれ（児童虐待や児童殺害等）を予防できるほどの能力を持ち合わせていない」、と山縣は指摘する（山縣 2000 : i（　）内筆者）。この山縣の指摘は、われわれに対しても反省を促そうとしている。われわれは皆、社会的養護を要する子どもたち、あるいは社会的養護を喫緊に要する女性たちを、従来の公的機関に「丸投げ」していないだろうか、と（滝川 2008 : 18）。

総括

われわれの生活世界はますます孤立・無縁化しているといわれている。そうした傾向を打開するために、孤立し無縁の状態にある女性による遺棄や殺害、さらには虐待等を未然に回避するために、われわれは何をすべきか。誰がそれを担うべきか。公的責任はいったい誰の責任なのか。公的機関に代わって（あるいは共に）公的責任を果たすのはいったい誰なのか。赤ちゃんポストが社会的養護に問いかけるのは、まさにこの点であったのではないだろうか。

赤ちゃんポストはこのように社会的養護と密接にかかわり合うものであった。が、赤ちゃんポストを創設したシュテルニパルクは、こうした社会的養護とは全く違う視点から、この取り組みを始めていた。シュテルニパルクにとっての赤ちゃんポストは、宗教、医療のみならず、社会的養護とも異なる文脈の中で生まれ、そして発展してきたのである。

【文献】

柏木恭典　2009「パッチワークファミリーとその子どもたち」『人文科学』第14号　大東文科大学人文科学研究所

こうのとりのゆりかご検証会議（編） 2010 『「こうのとりのゆりかご」が問いかけるもの』 赤石書店
櫻井奈津子（編） 2008 養護原理 青踏社
Sieger, Mirjam-Beate 2008 *Babyklappen und anonyme Geburt.* Rabenstück Verlag.
諏訪きぬ（監修） 2011 『保育における感情労働——保育者の専門性を考える視点として』 北大路書房
津崎哲雄 2009 『この国の子どもたち』 日本加除出版
滝川一廣 2008 「子どもはどこで育てられるか」『こころの科学』第137号 日本評論社
棚瀬一代 2007 『離婚と子ども』 創元社
Dusolt, Hans 2001 *Elternarbeit.* Beltz.
Moysich, Leila 2004 *Und plötzlich ist es Leben. Eine Babyretterin erzählt.* Europäische Verlagsanstalt
山縣文治（監修） 2000 『家庭児童相談室で出会った親子』 ミネルヴァ書房
山縣文治・林浩康（編） 2007 『社会的養護の現状と近未来』 赤石書店
山野良一 2011 「無縁社会と子ども虐待」『そだちの科学』第16号 日本評論社

【脚注】

（1）事実、ドイツにおいても、この赤ちゃんポストの取り組みが児童遺棄の減少に貢献しているわけではない、という指摘もある（Singer 2008）

（2）現在、「特別支援学校」と称される教育機関も、かつては「養護学校」と呼ばれていた。だが、現在は主に前者の言い回しとなっているので、本書では扱わないこととした。が、その意味内容そのものは他の三者と同様である。

（3）パッチワークファミリーとは、いわゆる「義理家族（ステップファミリー）」のことであるが、従来の義理家族とは異なり、離婚した父とその父の子、そして離婚した母とその母の子、そしてその父と母の子からなるより複合的な家族形態である。この語は英語だが、ドイツで生まれた独製英語である。またパッチワークという名称を用いた理由は、母子家庭、父子家庭以後の新たなポジティブな家族形態を描くためという説明がなされている（柏木 2009）。

（4）http://www.mhlw.go.jp/bunya/kodomo/syakaiteki_yougo/dl/20.pdf 参照。（情報取得 2012/1/28）。

（5）児童相談所以外には、保健所、保育所、地域子育て支援センター、福祉事務所、また福祉事務所に任意で設置されている家庭児童相談室などが挙げられる。

（6）http://www.mhlw.go.jp/bunya/kodomo/syakaiteki_yougo/dl/20.pdf 参照。（情報取得 2012/1/29）

（7）この点については、数多くの指摘が存在しており、ここでそれらを網羅することはできない。

（8）ゆえに養護者のバーンアウトや休職・離職といった問題も深

刻である。

（9）http://cv-f.org/sos.html　参照。（情報取得 2012/1/28）

（10）http://www.integrationsfonds.at/migrationsmanagement/downloads/masterthesis_wanker-gutmann_082009.pdf　参照。（情報取得 2012/1/28）

（11）この児童相談所に対して、津崎は次のように厳しく非難している。「日本の児童相談所はもともと恥の文化の象徴であるがごとく、アメリカにある児童社会機関を導入するに際し、すべてを一機関に統合し、資源投入が少なくてすむ見かけ倒しの社会機関として戦後六〇年存在を続けてきたのである」（津崎 2009：142）。

（12）こうした全体の無理解や誤解が、日本における赤ちゃんポストの受容の大きな弊害となったと考えることもできるかもしれない。赤ちゃんポストはそれ自体単独で語られるべきものではない。

（13）http://www.jcsw.ac.jp/kenkyu/hokoku/studysw/49_002.pdf　参照。（情報取得 2012/1/28）

（14）これを熊本県と熊本慈恵病院の関係に照らし合わせると、この両者がどれほど真剣に向き合っているかが分かる。たとえば熊本県知事潮谷義子は赤ちゃんポストについて次のように述べている。「二〇〇六年一一月九日慈恵病院の設置計画公表は、社会を騒然とさせた。胎児を含む子どもの救済のため相談と預かりをしたい、とする意は私には共感でき、蓮田先生の人格とスタッフの志の高さには頭が下がる。しかし、一方、行政のトップとしてあるいは福祉をライフワークにしてきた私にとっては、賛意を両手をあげてというわけにはいかない。児童福祉法上にはない施設、費用は…。遺棄罪では…。どこが運営管理の妥当性、安全性をチェックするのか…等々」（こうのとりのゆりかご検証会議 2010：21）。潮谷は二七年間、乳児施設で働いてきた熊本県知事だった。そんな彼女でも行政のトップとしては賛意を示すことは難しかった。

第十一章　赤ちゃんポストと教育学

序

いよいよ最終章である。これまで、赤ちゃんポストの問題を、宗教、医療、社会的養護の文脈から論じてきた。だが、ステージⅡでも述べたように、赤ちゃんポストの「扉」は、民間教育団体シュテルニパルクによってつくられたものであり、これらの文脈と異なるパースペクティブももち合わせているように思われる。いったいこの団体は何を目指し、何のために赤ちゃんポストを設置したのだろうか。本書の最後に、この問題に取り組むことにしたい。

すでに見たように、赤ちゃんポストは、二〇〇〇年四月にシュテルニパルクによってハンブルクのアルトナ地区に初めて設置された。その世界初の赤ちゃんポストは、「病院」ではなく、「幼稚園」の片隅に設置されていた。日本では、キリスト教系の医療機関が赤ちゃんポストの設置・運用を開始したが、そもそも、その始まりは民間の幼稚園・保育園運営団体によるものであった。

捨てられる子どもや殺される寸前の子どもの保護や救済は、誰が、どのようなかたちで、実施するべきなのか。誰の責任なのか。虐待される子どももまた、殺される一歩手前の子どもと考えるならば、これは、とても今日的であり、かつ論争的なテーマとなるだろう。今日においても、児童遺棄や嬰児殺害にかかわる事件は日々起こっており、またそれを防ぐ術を未だに見いだせてはいない。また、児童虐待の摘発件数も増加の一途をたどっている。誰が母子の救済、保護を担うのか、担うべきなのか。さらに本章で問うことになるが、学校は救済や保護の場になり得るのか否か。また、その根拠を教育学の内に見いだせるのか否か。

そこで、本章では、このドイツの赤ちゃんポスト設置主体であるシュテルニパルクに焦点を定め、この団体がどのような背景で、どのような思想のもとで、赤ちゃんポスト設置に踏み切ったのかを明らかにし、赤ちゃんポストと教育・保育実践の内的関連を解明することを目指したい。

シュテルニパルクの誕生――その歴史と思想

　赤ちゃんポストを設置したシュテルニパルクとは、そもそもどのような団体なのだろうか。すでにこのシュテルニパルクについては、日本でもさまざまなかたちで紹介されてはいるが、この団体の歴史的・思想的背景やいかなる教育団体なのかについては、ほとんど明らかにされていない[1]。そこで、本章では、このシュテルニパルクの歴史的・思想的背景を追い、なぜ幼稚園（Kindergarten）や保育園（Kita＝Kindertagesstätte）を運営する一団体が、教育・保育のみならず、捨て子やいわゆる「緊急下の女性」の救済活動へと向かったのか、いったいいつ、何が、いかなる背景がこの団体をそうした活動へと導いたのかを明らかにしたい。

　もともとシュテルニパルクは、社会法典（SGB）に基づいて承認された幼稚園や保育園を運営するNPOのような団体であった。「のような」と表記したのは、ドイツ伝統のフェアアインと呼ばれる公益民間団体であり、NPOよりもはるかに古くからドイツに存在するものだからである。ゆえに、熊本日日新聞「こうのとりのゆりかご」取材班が記したように「託児・保育施設を経営する社会福祉団体」と表記するのは若干説明不足であるように思われる（「こうのとりのゆりかご」取材班 2010：65）[2]。フェアアインは社会福祉団体以上の意味合いをもっている。

　現在、シュテルニパルクは、一〇〇〇人以上の子どもを受け入れている巨大な教育・保育団体となっている。シュテルニパルク初の教育保育施設は、ハンブルクのシュテルンシャンツェン公園（Sternschanzenpark）の片隅につくられた。シュテルニパルクという名前は、この当時、子どもたちがこの公園を「シュテルニパルク」と呼んだことに由来している[3]。なお、シュテルニとは、ドイツ語で、Stern（星）という名詞に語尾―iを付けたもので、小さいものや可愛らしいものに名付けるニックネームのようなニュアンスを醸し出している。ゆえに、「お星さま広場」、「お星さま公園」などと和訳することができよう。

　このシュテルニパルクは、一九九〇年、当時三〇代後半だったユルゲン・モイズィッヒとその妻ハイディ・カイザーによって設立された青少年支援団体であり、ドイツ平等社会福祉連合会（Der Deutsche Paritätische Wohlfahrtsverband：DPWV）の所属団体である。モイズィッヒは、かつて七〇年代の極左グループ、共産主義同盟（KB：Kommunistischer Bund）[4]のメンバーで、その当時から子どもの教育・保育にかかわる実践を積極的に行っていた。現在は、共産主義者ではないが、自由ハンザ都市ハンブルク（Die Freie und

Hansestadt Hamburg）初代市長であるオーレ・フォン・ボイスト（Ole von Beust）の影響を受けながら、資本主義批判の精神を保持し続けている。また、モイズィッヒの妻であるカイザーは、現在シュテルニパルクが運営する三カ所の母子支援施設（Mutter-Kind-Einrichtung）の代表となっている。この施設は、日本の母子生活支援施設と似たものではあるが、匿名のままで母子共に保護されることを望む妊婦を受け入れているという点で異なっている。(5)

シュテルニパルクの教育学――五つの教育理念

シュテルニパルクの基本的な教育理念は、自身が作成した広報パンフレット「シュテルニパルク」によれば、以下の五点に見いだすことができる。(6) 第一に、「妥協せずに、状況判断する（Zurechtfinden, aber nicht abfinden）」である。(7) これは、グローバル社会の中で子どもたち自身の問題を自らで解決する能力を育てる、というものである。ここでは、子どもたち自身の周囲や社会に対して、自立的に自分自身の判断をきちんとできる子どもになってほしいという願いが込められている。第二に、「自由と配慮（Freiheit und Achtung）」である。ここでいう自由とは、子ども自身の自由を認めると共に、他の子どもの自由を尊重することを育てるという文脈で使われている。また、この自由を学ぶプロセスにおいては、ポジティブな経験だけではなく、さまざまな諦めや葛藤や問題も経験する。その際に重要となるのが、大人たちからきちんと「固有な人格（eigene Persönlichkeit）」として認められることである。第三に、「民主主義への教育（Erziehung zur Demokratie）」である。ここで、シュテルニパルクは、一九世紀のオットー・フォン・ビスマルク（Otto von Bismarck）の造語である「市民の力（Zivilcourage：自己の信条を公にする勇気）」、という語を掲げている。寛容さ、偏見なき目、連帯感をもった市民の力をもった人間を育成しようとする市民教育的な思想がここに示されている。第四に、「個性と自己意識（Individualität und Selbstbewusstsein）」である。シュテルニパルクは、個性の前提となるのが自己意識だとし、この自己意識は、自分自身が達成した成果に満足することで生じる、と考えている。この自己意識を育てるためには、「自分自身や自分の環境に批判的にかかわる能力」が必要となる。この能力を育てることが、シュテルニパルクにとって重要な教育となる。そして第五に、「教育は決して中立ではない（Erziehung ist nie neutral）」という考えである。すなわち、「教育は尊重すること（Werthaltung）を伝達すること」であり、価値を与えることである。その際に、「強制力ではなく、手本こそが教育者にとって決定的な武器となる」。(8) すなわち、シュテルニパルクでは、子どもたちにこうした寛容さや偏見なきことや連帯を強制的に教え込むのではなく、教師自身がその手本となって、子どもたちにそれらを示す、ということが重視されている。その上で、次の三点が重視されている。すなわち、①寛容さ（Toleranz）―すなわち他者の意見や行動様式、文化や宗教を承認する構え、②偏見なきこと（Vorurteilsfreiheit）―すなわち白か黒かという紋切り型のパターンで思考しない能力、③連帯（Solidarität）―すなわち他者と共に解決策を見いだす意識、また弱者に対しては自己の利益を求めることなく手を貸す意識、である。

シュテルニパルクは、この五つのもろもろの特徴を包括して、自分たちの教育学を「シュテルニパルクの教育学（SterniPark-Pädagogik）」と呼んでいる。

第一から第三までの理念は、それほど珍しいものではないだろう。第四に掲げられた個性と自己意識において触れられている批判能力の育成はある種、独特な方向性をもっていることを窺わせる。

そして、第五の「教育は決して中立ではない」という理念こそ、人間の間や文化の間や宗教の間を念頭に置いているシュテルニパルクならではの発想ともいえ、注目に値しよう。この理念は、「教育という営みは、決して普遍や中立ではなく、常に一つのコンセプトに過ぎない」、というメッセージが含みこまれている。従来の教育学では、中立性＝平等主義が強く求められてきた。だが、シュテルニパルクでは、その平等主義でさえ一つのコンセプトに過ぎないと見なす。ヴォルペルトも、「教育は、常にそれが行われる場合には、一つのコンセプトに過ぎない、そこにはまた必ず別のコンセプトがある、ということを理解しておかなければなりません」、と語っていた。そして、この考えに基づきながら、「異なる宗教の寛容とその共生」という視点を強く打ち出す点こそ、シュテルニパルクの特徴ともいえそうである――この点において、ほぼ同時期にシュテルニパルクと同じく母子救済プロジェクトを立ち上げたアンベルクのキリスト教女性福祉協会と本質的に異なっている。

捨て子プロジェクトとライラ・モイズィッヒ

以上のことから、シュテルニパルクは、それなりに進歩的な教育実践団体、すなわち都市部に多い進歩的・先進的な私立幼稚園・保育園を運営する一団体に過ぎないように見える。だが、一九九九年、シュテルニパルクは、これまでの教育的活動に加え、①二十四時間緊急電話サービス、②赤ちゃんポスト、③匿名出産・匿名相談をその構成要素とする「捨て子プロジェクト」を計画し、それを遂行する（第四章参照）。これによって、その名が一般に知られるようになった。

このプロジェクトを計画したのは、モイズィッヒ夫妻の実娘であるライラ・モイズィッヒ（Leila Moysich）であった。ライラは、一九七九年に生まれた女性で、赤ちゃんポストを開設する二〇〇〇年以降、シュテルニパルクの「顔」となり「声」となっている。二〇〇四年には、初となる著書、『そして突然生命に——赤ちゃんを救う女性は語る』を出版し、彼女が出会ったある女性のこと、その彼女の望まれない妊娠と出産のこと、その女性の養子縁組のこと、そして、緊急下の女性の支援や捨て子プロジェクトへの思いなどが赤裸々に綴られている。[9] ライラが根本的に問題にしているのは、赤ちゃんポストではなく、それを必要としなければならない女性たちであった（Moysich 2004）。

彼女が、この捨て子プロジェクトを始めたきっかけについては、シュテルニパルクが作成したパンフレットの中で、次のように述べている。

> この捨て子プロジェクトは八年前、シュテルニパルクによって始められたものです。この捨て子プロジェクトをサポートするために、ハンブルクでは、「緊急下の母親のための捨て子財団（Stiftung Findelbaby für Mütter in Not）」が設立されました。そして、ハンブルクの州知事によって承認されました。わたしたちの目的は、母親に手を差し伸べることであり、緊急下の状況の母親を見捨てないこと、そして、命を守ることです。[10]

ライラの両親、とりわけ父ユルゲンは、当時の学生運動の影響を受けながらも、子どもの教育と保育の領域での実践を展開してきた。だが、その娘ライラは、こうした教育保育実践のみならず、「緊急下の女性の救済」に力点を置いていることが窺える。シュテルニパルクが世界的に有名になったのも、このプロジェクトがきっかけであった。ライラは、なぜこうした緊急下の女性に関心を向けるようになったのか。そこには、現代のドイツの社会的問題を映し出すいくつもの事件が念頭にあった。

> 今もまだ、赤ちゃんは密かにトイレや地下室等で産み落とされて、さらに、時にはその後ゴミ箱に捨てられています。そうしたことをしてしまう母親のほとんどが、厳しい葛藤状態を隠しています。もちろん、母親は一人で実行することになります。たとえば、イスラム教徒の父親を恐れる女子や、自分の子に後々レイプ犯を映し見ることを恐れる被害女性などがいます。けれど、また、全く普通の状況にある女性たちも多くいます。彼女たちは皆、子どもと一緒に生きていく将来に対する不安を抱いています。[11]

この彼女の発言で、見落としてはならない言葉がある。それは、緊急下の女性の「葛藤」と「イスラム」という言葉である。ライラの関心は、極めてドイツ的・欧州的なものといえるだろう。ドイツには、刑法典二一九条に基づく妊娠葛藤相談があり、人工妊娠中絶を望む妊婦は、必ずこの葛藤相談を受けなければならない[12]。だが、この公的相談制度では、赤ちゃんを捨てたり殺したりする女性の支援にはならない、というのが彼女ならではのメッセージである。また、欧州的というのは、今日のユーロ圏におけるイスラムの人々との共生問題にかかわっている。ライラは、イスラムの女性支援に対して非常に積極的である。また、この事実こそが、従来の宗教の枠を超えるプロジェクトであることを暗に裏付けているともいえよう。彼女は、人種や宗教を超え、子どもとその母親にまなざしを向ける。そして、彼女は、次のように呼びかける。

> 捨て子プロジェクトは、こうした女性に連れ添い、彼女たちを緊急下から救い出そう、というものです。緊急下にあるというのは、恥ずかしいことでも、無知なことでもありません。このようなことから、皆様にわたしたちの活動をサポートしていただき、緊急下の母親たちを支援していただけるよう、お願い申し上げます。生きることの誇り、赤ちゃんをもつことの誇りをもっていただけるよう、支援していきたいと思います…[13]。

　このように、ライラが、幼稚園・保育園を運営する一団体に過ぎなかったシュテルニパルクに与えた影響は多大である。ライラ自身の言葉で述べれば、「一九九九年以降、この捨て子プロジェクトは自分の妊娠を隠したり秘密にしたりしてきた三〇〇人の女性を支援してきた。その半数以上の母親がその後子どもと共に生きる人生を選択している[14]」のである。このプロジェクトが、シュテルニパルクの在り方を大きく変えたことはいうまでもないだろう。

　だが、父ユルゲンも、この一教育団体から特殊な団体への傾向の変化については極めて自覚的であった。パンフレット「シュテルニパルク」の冒頭には、以下のような彼の言葉が記載されている。すなわち、「幼稚園の開設を行った小さなフェアアインだった。[…]今日では、シュテルニパルクは子どもの保育以上のことを行う団体である」、と[15]。この子どもの保育以上のことを行う団体、という言い回しに、教育・保育実践を超え出ようとする新たな息吹を見いだすことができるだろう。また、ユルゲン自身、極めて伝統的な新教育の影響から、「全ての子どもが幼少期（Kindheit）を生きられることを願う」と述べ、そのためにこそ、出産の時点で困難を抱える人やその子どもを支援しようとするのである。

　ここに、シュテルニパルクの教育学と捨て子プロジェクトの連続性が確認されよう。それゆえ、たとえばこのプロジェクトの内部文書にある「捨て子プロジェクトの課題は、全ての赤ちゃんが健康に生まれ、さらにできるならば全ての赤ちゃんが望まれる子になることである」という言説も、教育思想的な背景から理解する必要があるだろう。

　とりわけ赤ちゃんポストの運用を開始した二〇〇〇年四月

以降のシュテルニパルクは、従来の教育活動の領域を超え、法-政治的にも活動を強化していく。ハンブルクのアルトナ区にドイツ初の赤ちゃんポストが開設されたのは、二〇〇〇年四月八日であった。

とはいえ、シュテルニパルクは、特定の政党や政治基盤をもっているわけではない。ユルゲンも、「シュテルニパルクは、政治的にどこにも依拠しない。教育学は保守派から左派まで広い根をもっている」[16]と述べている。

その後、二〇〇五年になると、捨て子プロジェクトのメンバーがイニシアティブをとり、「緊急下の母親のための捨て子財団」が設立される[17]。設立者は、ライラを含む五人の女性たちである。この財団のねらいは、もっぱら捨て子プロジェクトの財政支援である。設立者のほとんどが子をもつ母親でもある。ここで集められた寄付金が捨て子プロジェクトの活動資金となっている。

二〇〇九年の時点で、シュテルニパルクは、三〇〇人以上のスタッフを抱え、ハンブルク市内の幼稚園・保育園等で、生後八週間から一二歳までの子どもを一〇〇〇人以上も預かる大規模な団体と化している。具体的には、幼稚園、保育園（こども園＝Kita）、森の幼稚園、母子支援施設、青年の家など、実にさまざまな形態の施設を有しており、それに加えて、捨て子プロジェクトを独自に展開している――なお、ここで挙げた母子支援施設は、捨て子プロジェクトの後に、同プロジェクトにおいて支援の手を求めた女性とその子どものためにつくられたものである。これらすべては、一九九〇年のシュテルニパルク設立以来続く「青少年支援（Jugendhilfe）」という団体目標に基づくものであり、また従来の枠を超えて、総合的に子どもを支援しようとするシュテルニパルク独自の戦略の一つの帰結ともいえるだろう。

近年、シュテルニパルクの大規模化に伴い、新たな保育園の建設に関するもろもろの問題も生じている。たとえばレヴェントロウ通り保育園は、住民の反対によって閉園に追い込まれたという[18]。また、アイムスヴュッテルの住民たちも、シュテルニパルクが計画する三つの新たな施設の開園に反対しているといわれている。また、二〇〇六年以後、シュテルニパルクの公的資金を巡る不正疑惑も問題となっており、連邦労働社会省は、レヴェントロウ通り保育園の補助金、五〇万ユーロのほぼ全額の返金要求を行おうとしているほどである――規模の拡大と共に、公的資金に依存せざるを得なくなった背景については、さらに議論されねばならないだろう。

ヴォーラース・アルレー五八番地

前節において、シュテルニパルクがいったいどのような団体で、どのような取り組みをしているのかは明らかになった。だが、今なお解けない問いがある。それは、「いったいなぜ青少年支援を行う一団体が、捨て子プロジェクトを企図し、緊急下の女性や捨て子の救済を行おうとしたのか」、という問いである。シュテルニパルクの思想的根底には、新教育的な諸要素を確認することができるが、これまでの新教育的発想からは導き出しえない新たな母子救済という着想が見いだせる――ここでは、教育というよりはむしろ、学校の在り方そのものを問い直す契機が含まれている。それでは、なぜシュテルニパルクは、従来の教育的活動の枠を超えて、上述した捨て子プロジェクトを行うに至ったのか。そして、なぜ教育や保育を担う一団体に過ぎなかったシュテルニパルクが、赤ちゃんポスト設置、匿名出産の支援等を含む母子救済のプロジェクトを行おうとしたのか。日本の熊本慈恵病院やバイエルン州のカトリック女性福祉協会のように、博愛主義的な宗教上の弱者救済というキリスト教の思想との関連性は見いだせるのだろうか。あるいは、別の根拠やねらいがあったのだろうか。

　その問いの一つの答えを示し得る一冊の書がある。それが、『ヴォーラース・アルレー五八番地』という小冊子である。この冊子の表題であるヴォーラース・アルレー五八番地とは、一九九三年にシュテルニパルクが購入したある建物の住所である。この建物は、もともとユダヤ人居住区の建物であり、かつてユダヤ人の子どもたちのための幼稚園があった場所でもあった。この書によれば、シュテルニパルクがこの建物を所有するおよそ六〇年前の一九三九年四月に、「ユダヤ市民の家（Jüdisches Volksheim）」という公益民間団体によって運営されていた幼稚園が閉鎖されている（SterniPark 2008：5）。それまで、この幼稚園には、主に一九二〇年代に、ユダヤ教徒の貧困層の一人親家族の子どもたちが多く通っていた。だが、この団体は幼稚園のみを運営していたわけではなかった。「この市民の家は、単に幼稚園であるだけでなく、それを超えて、相談施設であり、教育施設でもあった。分かっているのは、医療業務と並んで、語学教室、夕べの読書室、成人教育も行っていた」（SterniPark 2008：15）。このユダヤ市民の家の影響がどれほどなのかは分からないが、教育・医療・福祉等を包括的に活動内容に含むこの団体の試みは、事実、幼稚園・保育園の運営のみならず、それを超えて、捨て子プロジェクトや母子支援施設や青年の家や森の幼稚園な

図11-1　ヴォーラ・アルレー通り

ども計画・実行しているシュテルニパルクと見事に重なりあっている。

このヴォーラース・アルレー五八番地の周辺には、ユダヤ人の移民が多く暮らしており、ドイツ人や他国の移民らと平和な共同生活を営んでいた。だが、シュテルニパルクは、この家を購入する一九九三年の時点では、そのことを知らなかった。知られていたのは、かつてこの建物が幼稚園として使用されていた、ということのみであった。この建物を入手した一九九三年以後、シュテルニパルクは、この建物がユダヤ人の教育や保育、ないしは児童福祉の実践と深くかかわっていたことを知ることになる。ライラは、次のように語っている。「一九九三年、シュテルニパルクは、児童保育施設（Kindertagesheim）を開設するために、ヴォーラース・アルレー五八番地にあったこの家を購入しました。その後しばらくして、この場所に二〇年代初頭から三〇年代の終わりまで、幼稚園をもち、大きなユダヤ教区の医療的・社会福祉的ケアを行うユダヤ市民の家があったことを知りました」（SterniPark 2008 : 5）。このことがきっかけとなり、シュテルニパルクの新たな目標が――子どもの教育のみならず、地域支援、あるいは母子救済の場としての役割を果たす新たな場、すなわち新たな意味での地域社会に結びついた公共空間における新たな目標が――、現在のドイツに固有な問題と重なりながら、より具体的なものとなって定まっていく。すなわち、「アウシュヴィッツ以後の教育（Erziehung nach Auschwitz）」である（SterniPark 2008 : 5）。

アウシュヴィッツ以後の教育

シュテルニパルクとユダヤ人との関連は、父ユルゲンにおいても確認することができる。この関連の中に、シュテルニパルクの新たな目標が明確に示されている。彼は、一九九八年に『ホロコースト――幼稚園や小学校のテーマか？』（Moysich 1998）という本を出版している。シュテルニパルクでは、かつてから「ホロコースト・エデュケーション（Holocaust-Education）」の取り組みを行っており、それについては、ライラも踏襲している。ユルゲンと同様に、彼女もまた、自身の教育学として「アウシュヴィッツ以後の教育」を掲げ、目を背けたくなるドイツの過去とどのように教育学的に向き合うか、あるいは、二度とアウシュヴィッツの悲劇を繰り返させないために、どのように教育してゆけばよいのか、ということを思案している――この点において、テオドール・W・アドルノ（Theodor W. Adorno）の思想との内的親和性が確認されよう。

シュテルニパルクのアウシュヴィッツ以後の教育のねらいは、「寛容さ」と「偏見なきこと」であり、決して刺激的な映像を見せることではない、とライラは述べる（SterniPark

2008：4-5)。かくして、この建物の購入、そして知られざるかつてのユダヤ人共同体の存在を知ることによって、次のことが彼女にとって大きな問題となったのである。すなわち、「あらゆる人間が平等であること」、「人は互いに関心をもち合うこと」、「他者をおろそかにしないこと（真剣に受け入れること）」、「見知らぬ他者に不安を抱く必要はなく、興味をもつことができ、興味をもつ必要があり、興味をもたねばならないということ」、さらには、「弱者への共感」のみならず、「個々の弱者を認める能力」が重要だということである――彼女自身、ルディ・ノイマンとその妻であるフローラという実際にホロコーストを経験したユダヤ人夫婦から、そのホロコーストの現実を学び、その学びを「私自身の『アウシュヴィッツ以後の教育』」と捉えている（SterniPark 2008：4)。

これらの問題意識こそが、まさに、「捨て子プロジェクト」で問題となる捨て子、子を捨てる緊急下の母親、匿名出産を望む女性たち、あるいはイスラムの女性たち、こうした存在へのまなざしへと向かわせたのだろう。このまなざしの背後にあって、ライラが立ち向かおうとしているのは、「民族主義（Rassismus）」、「不寛容（Intoleranz）」、「偏見（Vorurteil）」の三つである。この三つの概念こそ、ライラ自身が「アウシュヴィッツ以後の教育」において克服すべきと考える主題に他ならなかった（SterniPark 2008：4-5)。

かくして、シュテルニパルクを語る際、一九九〇年代の幼児教育・保育事業を中心とした取り組みと、二〇〇〇年以後の捨て子プロジェクトの「間」にあるこの「ホロコースト・エデュケーション」、あるいは「アウシュヴィッツ以後の教育」を見過ごしてはならない。というのも、これらへの視座こそが、シュテルニパルクの変容のきっかけとなっていると考えられるからである。

二〇〇〇年に、初の赤ちゃんポストの設置という衝撃的な話題で世界中の関心を集めたシュテルニパルクだが、その七年前の一九九三年にはすでに、従来の教育・保育の枠を超え、新たな実践の可能性へと向かう「転機」を迎えていたのである。それゆえに、シュテルニパルクの赤ちゃんポストは、妊娠葛藤相談や人工妊娠中絶禁止や匿名での預け入れといったキリスト教系・医療系の公益民間団体（カリタスやカトリック女性福祉協会）とは異なる論理から生まれたものだといえよう。また、捨て子の救済や保護、養子縁組の実現といった社会的養護実践とも異なる論理で動いていたのである。

ところで、このユダヤ市民の家を取り巻くアルトナという街は、かつて、ドイツ国内においても最も寛容な街として知られる場所でもあった。隣の大都市であるハンブルクと比べても、「伝統的に、ユダヤ人にとって、アルトナは移住しやすい」場所だったとされる（SterniPark 2008：9)。ゆえに、第二次世界大戦前、アルトナには、多くの移民が住んでおり、ユダヤ人がいわば包摂される仕方で、平和な共生が実現されていたのである。「一九世紀の終わり、そして二〇世紀の最初の一〇年間、ちらほらと反ユダヤ主義（Antisemitismus）が出始めたものの、さまざまな住民層の人々が平和な共同生活を過ごしていたことを、同時代の人々は報告している」（Sterni Park 2008 : 9）。つまり、アルトナは、ドイツ各地に反ユダヤ主義や極右主義が台頭していたにもかかわらず、さまざまな家族形態をもつ人々が共に一つの街で共に暮らしていたのである。当然、ヴォーラース・アルレー五八番地の建物の周辺にもユダヤ人移民たちが多く暮らしていた。「ヴォーラース・アルレー五八番地の周辺には、多様な住民が定住していた。具体的には、富裕層の市民、軍人、多くのユダヤ人家族がそこに棲家を得ていた」（SterniPark 2008 : 9）。

このようにして、アルトナは「一つの自立した街」と成り得ていたのである。このアルトナの片隅の建物を購入したシュテルニパルクは、まさにこうした過去と対峙することになった。この書の冒頭で、市長のボイストも次のように語り、シュテルニパルクとこのアルトナの歴史的な連関を示唆している。「記憶は人を再び生き生きとはさせない。だが、記憶は確かに時折、われわれがどれほど密接にかつてからその記憶と結びつき、そして歴史を通じてさらに結びつくのかをわれわれに新たに教えてくれる。フェアアインのシュテルニパルクはこうした経験をしたのだ」、と（SterniPark 2008 : 2）。そういう意味では、シュテルニパルクは、こうした過去の記憶といわば「地平の融合」を果たすことによって、自らの教育の可能性を広げていったといえるかもしれない。

赤ちゃんポストと教育学

さて、本章において問おうとしているのは、「なぜ教育や保育を担う一団体に過ぎないシュテルニパルクは、従来の教育的活動の枠を超えて、赤ちゃんポスト、匿名出産、母子救済等を行う捨て子プロジェクトを行うに至ったのか」、という その内的動因であった。その内的動因には、ヴォーラース・アルレー五八番地の忘れられし歴史との邂逅があり、また、アドルノも同様に示していた「アウシュヴィッツ以後の教育」への関心があった。

ここで、アドルノの言葉を思い出したい。「…現状のただなかにあっては、唯一学校のみが、自覚があれば人類の非野蛮化を目指して直接努力できる」、という言葉である（Adorno 1966=2011 : 121）。彼は、偏見や抑圧や民族殺戮や拷問を「野蛮」の例に挙げているが、こうした野蛮の一つの現代的な表れが、子捨てであったり、虐待であったり、嬰児殺害であったりするのではないか。殺人、殺戮、アドルノは、これに関して、次のように述べる。「…悲惨な出来事の繰り返しに反対する試みは必然的に主体の側に押しやられています。主体の側とは本質的に、そうしたことを行う人々の心理をも意味しています。永遠の価値なるものに訴えかけても、大して役に立つとは思えません。そんな悪事に手を染めやすい人々こそ、そうした価値に対してはただ肩をすくめるだけでしょうから。[…] 出来事の原因は、迫害した人間にこそ求められるべきであって、拙劣きわまる口実のもとに殺戮された犠牲者にではありません」、と（Adorno 1966=2011：126）。

こうしたもろもろの問題に関与し、立ち向かうことが唯一できるのが、もし学校という空間であったならば、われわれはもう一つの問いの前に立たされることになる。「学校とは何をすべき場所なのか」、と。アドルノは断言する。「教育の理想をめぐるいかなる論争も、アウシュヴィッツを繰り返さないというこのたった一つの理想を目の前にすれば、つまらないどうでもよいことです」、と。「アウシュヴィッツを繰り返さない」というこの一文は、あまり限定的に捉えるべきものではない。偏見、抑圧、民族殺戮、拷問等、あらゆる野蛮を繰り返さない、繰り返させない。そのことを実践していく。シュテルニパルクは、まさにこうしたことを意識しており、そうした意識から自らの実践活動の幅を広げていっているのだろう。

それ以前に、シュテルニパルクというハンブルク郊外の小さな民間教育福祉団体が、「捨て子プロジェクト」をいわば己の問題として開始している、というこの事実こそ、アドルノのいう「アウシュヴィッツ以後の教育」の新たな第一歩ともいえなくもない。シュテルニパルクは、赤ちゃんポストを設置し、緊急下の女性の存在を世に問い、捨て子プロジェクトを開始したが、それはまさに、偏見、抑圧、排除、児童殺害といった現代的な野蛮な行為を可能にさせるメカニズムを認識し、人々にそのメカニズムを示し、「そうしたメカニズムについての意識を広く一般に喚起すること」[19]で、そうした野蛮な行為をする人間になることを阻止しなければならない、というアドルノの訴えを具現化し、それを実行している、ということなのかもしれない。

しかも、シュテルニパルクは、そのプロジェクトを実際に幼稚園や保育園の子どもたちの目の届くところで実施している。これは何を意味しているのか。アドルノは、「…性格というのは総じて、後の人生において悪事を働く性格を含めて、深層心理学の知見によれば、早くも幼年時代に形成されるので、蛮行の繰り返しを阻止しようとするならば、教育は幼年時代初期に集中して行わなければなりません」、と訴える（Adorno 1966=2011：127）。これが、アドルノの「アウシュヴィッツ以後の教育」の根底にあるものである。シュテルニパルクの「捨て子プロジェクト」は、ただ単に緊急下の女性やその子どもを救うということのみならず、そうした救済の現実を、幼稚園や保育園の子どもたちに示す、という意味でも、極めて教育的なプロジェクトだといえるだろう。この幼稚園に通う子どもたちは、まさに幼年時代初期に、児童救済にかかわる深刻かつ極端な実践と共に過ごすことになる。この幼稚園の子どもたちは、彼らが意識しているか否にかかわらず、いつ誰によって赤ちゃんが置かれるか分からない新生児用のベッドの隣の部屋やその上階の部屋で遊んでいるのである。それは、生きること、そして死なせないことによりそわせる新たな教育学の実践的アプローチである。田中智志は、「教育学がとりくむべきもっとも重要な仕事は、教育という営みを生きることによりそわせることである」、と述べている（田中・今井他 2009：261）。生きることを明示的・目的的に教える（いわば道徳的・教義的な）教育学ではなく、暗に自然に生きることによりそわせる教育学、その一つの具現化されたものが、シュテルニパルクの幼稚園や保育園に設置された赤ちゃんポストであり、それを含む捨て子プロジェクトなのではないだろうか。

かくして、アウシュヴィッツ＝野蛮を示しつつ、ライラが排除しようとしている三つの概念、すなわち民族主義、不寛容、偏見を打破するための「教育的装置」として、幼稚園の片隅に常に存在しているもの、それが、シュテルニパルクの赤ちゃんポストなのである。それゆえに、といってよいかどうかは分からないが、赤ちゃんポストの広報活動の二二％が学校機関で行われている[20]（Kuhn 2005：301）。そして、未来の緊急下の女性やそのパートナーとなり得る全ての子どもたちに、赤ちゃんポストが示すものを伝えようとしている。赤ちゃんポストは、緊急下の女性がたどり着く最終目的地ではない。その出発地なのである。がゆえに、赤ちゃんポストは、単に望まれない妊娠によって生まれた赤ちゃんを保護するための装置であるのみならず、それに加え、そうした装置やプロジェクトを子どもたちに示し、「この世には、常にわれわれの世界から切り離されそうになっている人間が存在し得る」ということを伝えるツールとして、すなわちアウシュヴィッツ以後の教育を実現する一つの重要なツールとして機能する可能性をもっているといえよう。

総括

赤ちゃんポストは何を語っているのか、何を語ろうとしているのか。赤ちゃんポストは、ドイツ語圏の諸研究においては、中世のキリスト教的発想から生まれたと語られており、中世の修道院や修道院学校に設置されていたターンボックスにその根源を見いだしていた（ステージⅢ、第八章参照）。そして、多くの論者がこの赤ちゃんポストをキリスト教と関連させて論じていた。

だが、ドイツで初となる赤ちゃんポストを設置したシュテルニパルクは、そうした歴史的背景を知らなかったという。とすれば、赤ちゃんポストの源流にあるものは何なのか。また、シュテルニパルクを赤ちゃんポストへと導いたものは何だったのか。それが、本章の目的だった。

この究明を通じて明らかになったのは、赤ちゃんポストは、キリスト教的な人道主義に基づく母子救済活動からというよりは、ユダヤ人とドイツ人のいわば歴史的融合から生まれ、アウシュヴィッツ以後の教育というドイツならではの歴史的文脈から派生した教育的活動の一環にあった、ということである。なぜドイツで九九カ所以上もの赤ちゃんポストがつくられ、その多くが公益民間機関に設置されたのか、その答えとなり得る手がかりがつかめたように思う。すなわち、人種差別、排除、暴力、殺戮といったドイツ人の宿命ともいえる野蛮な過去と対峙し、その過ちを二度と繰り返さないためのツールとして、教育的装置として、赤ちゃんポストがドイツ全土に広がり、またドイツ語圏を中心に欧州各地で設置されるに至ったのかもしれない、という手がかりである――設置者たちにおいては、赤ちゃんポストが使用されるか否かはそれほど問題とされていなかった。もちろん望まない妊娠によって苦しむ女性の支援、児童遺棄や児童殺害、嬰児殺しを防止するという意味での児童福祉――社会的養護的支援の側面――を無視することも軽視することもできない。しかしながら、シュテルニパルクのねらいは、そこに留まるものではなかった。

赤ちゃんポストと教育学は、全くもって別の問題と思われているが、シュテルニパルクにおいては、この両者は密接につながり合っていた。この団体の取り組みは、これまでの従来の教育学的発想からは捉えきれない要素を有しているように思う。この取り組みは、教育の根源にかかわる課題、すなわち「アウシュヴィッツが二度とあってはならないということは、教育に対する最優先の要請」、だとする課題を乗り越えるための大きな第一歩でもある（Adorno 1966=2011：124）。

赤ちゃんポストに最も愛すべき新生児を置き去る母親たち、すなわち、緊急下の女性たちは、ギリギリのところで踏みとどまり、児童遺棄や児童殺害という犯罪から逃れることができた存在である。そんな彼女たちを責め、非難し、嘲り、侮蔑する者、あるいは彼女たちの存在に無関心な者こそ、アドルノが非難する最も野蛮な存在者なのではないだろうか。

【文献】

Adorno, Theodor, W.　1966　*Erziehung zur Mündigkeit*. Suhrkamp Verlag.［原千史・小田智敏・柿本伸之（訳）　2011　『自律への教育』　中央公論新社］

「こうのとりのゆりかご」取材班（編）　2010　『揺れるいのち――赤ちゃんポストからのメッセージ』　旬報社

Kuhn, Sonja　2005　*Babyklappen und anonyme Geburt*. MaroVerlag.

熊本県立大学（編）　2009　『「こうのとりのゆりかご」を見つめて』

熊本日日新聞社
SterniPark　2008　*Wohlers Allee 58.* SterniPark e.V.
田中智志・今井康雄（編）　2009　『キーワード現代の教育学』　東京大学出版会
Moysich, Jürgen　1998　*Der Holocaust. Ein Thema für Kindergarten und Grundschule?.* Krämer Hamburg.
Moysich, Leila　2004　*Und plötzlich ist es Leben. Eine Babyretterin erzählt.* Europäische Verlagsanstalt.

【脚注】

（1）それは、ドイツ語圏における赤ちゃんポスト研究においても同様である。シュテルニパルクの教育・保育実践から赤ちゃんポストを読み解こうとする研究は、筆者の知る限り、存在しない。

（2）また、米澤和彦も「社会福祉団体」と記しており、シュテルニパルクの特徴を示しきれていないように思われる（熊本県立大学 2009）。

（3）シュテルニパルク広報用資料「Das Projekt Findelbaby」より引用。

（4）後に、その当時最大組織であったK-Gruppe（1968-1991）に吸収され、一九九一年に消滅した。この組織も六〇年代の学生運動（Studentenbewegung）の中で生まれた組織であり、毛沢東主義（Maoismus）の流れを汲んでいた。

（5）また、児童相談所の「措置」というかたちを取っておらず、この施設独自の判断で受け入れることができるという点で、日本の母子生活支援施設とは本質的に異なっている。それゆえに公益かつ民間の団体なのである。

（6）シュテルニパルク広報用資料「SterniPark」より引用。又はhttp://www.sternipark.de/stiftung-findelbaby/downloads/Findelb_Falter_low.pdf　参照。（情報取得2008.12.08）ただし、2012.10.01現在、閲覧不可。

（7）この語は実に多義的である。直訳すれば、「しかるべきかたちで（zurecht）見いだし、他人を模して（ab）見いださない」となろうか。後者は、模倣したり距離をとって第三者的に何かを習得することの否定に与している。

（8）前掲（6）

（9）ライラは、筆者自身との対談においても、終始毅然としており、隙のない自立した強い女性という印象を受けた。

（10）シュテルニパルク広報用資料「Findelbaby-Stiftung Findelbaby für Mütter in Not」より引用。又はhttp://www.sternipark.de/stiftung-findelbaby/downloads/Findelb_Falter_low.pdf　参照。（情報取得2012.10.08）より引用。

（11）前掲（10）

（12）前掲（10）

（13）前掲（10）

（14）シュテルニパルク広報用資料「Projekt Findelbaby」より引用。

（15）前掲（10）
（16）http://www.bild.de/regional/hamburg/lage/woher-das-geld-fuer-so-feine-villen-2-7437556.bild.html　参照。（情報取得2011.12.29）
（17）前掲（3）
（18）前掲（10）
（19）前掲（10）
（20）クーンによれば、主な広報の場は、学校二二％、医療機関一九％、児童福祉施設一七％、公共施設一二％、その他一二％、薬局一一％、ディスコ七％となっている（一三四頁表5-1参照）。

ダイアログ

シュテルニパルクとの対話

二〇〇八年一〇月、筆者は、ドイツのシュテルニパルクでインタビューを行った。一九九〇年に設立された団体であるシュテルニパルクは、二〇〇〇年四月八日に、世界で初めて「赤ちゃんポスト」を設置したフェアアインであり、また民間教育福祉団体である。すでに日本においても、シュテルニパルクは各報道機関を通じて紹介されているが、この団体がいったいどのような団体であるのかについては、全くもって知られていない。

そこで、シュテルニパルクのユディト・シュティース(Judith Stieß)に行ったインタビューをここで掲載したい。シュテルニパルクの捨て子プロジェクトに実際にかかわる彼女のインタビューを通して、赤ちゃんポストとその取り組みをさらに理解したい。なお、このインタビューは筆者自身が直接アポイントを取り、その後、二〇〇八年秋にハンブルクの、シュテルニパルク本部を訪れた際に行われた。

インタビュー日:二〇〇八年一〇月二九日(水)
K:筆者(柏木)
S:ユディト・シュティース

K:こんにちは。今日はこちらに来ることができて、とても嬉しく思っています。昨年、ウィーンにある赤ちゃんポストを訪れました。けれど、こちらの赤ちゃんポストが世界初の「赤ちゃんポスト」ですよね。
S:そうです。シュテルニパルクがドイツで初の赤ちゃんポストを設置しました。二〇〇〇年の四月、ゲーテ通りです。
K:二〇〇〇年四月ですか。
S:そうです。設置した後、すぐに活動が始まりました。そして、多くの人がこちらを訪れるようになりました。
K:その当初、二〇〇〇年ですね、ドイツには二つの赤ちゃんポストが登場しています。こちらと、バイエルンのアムベルクですね。
S:はい。その通りです。モーセ・プロジェクトですね。そうこうする間に、ドイツ全土で九四の赤ちゃんポストが設置されました。私たち、シュテルニパルクも三つの赤ちゃんポストを有しています。一つ目は、ゲーテ通りの赤ちゃんポスト、二つ目は、ヴィルヘルムスブルクの赤ちゃんポストです。ここは保育園に併設されています。三つ目はザトルプホルムの赤ちゃんポストです(1)。こちらは大規模な母子支援施設に併設されています。こちらは、昨年九月につくられました。

K：全部で三つも設置しているのですか。

S：そうです。全部で三つの赤ちゃんポストと三つの母子支援施設です。一つ目がこちらのハンブルク、二つ目がザトルプホルム、こちらは最も大規模です。六〇人が生活できます。

K：六〇人も、ですか。

S：はい。母親とお子さん、合計で六〇人まで生活可能です。

K：では、たとえば三〇人のお母さんと三〇人の子どもが生活できる、ということですよね。

S：たとえば、そうですよね。でも、たいていのお母さんは、複数の子どもを抱えていますから、六〇人は決して多くはないのです。

K：では、父親というのはどうなのでしょうか。母と子が収容されるというのは分かりますが、父親というのは…

S：父親というのは非常にまれです。というのも、たいていの場合、妻が夫と別れる時、夫はほとんど何も聞かされておらず、妻が妊婦だということも、妻自身が秘密にするからです。だいたいいつも、妻は自分が妊娠していることを隠しているのです。

K：たいていの妻が妊娠のことについて秘密にしている、と言いますが、夫に対してだけですか。親や親族の方とか、そういう周辺の人々に対して言うことはないのですか。

S：そうですね。周囲の人全員に隠していることが多いです。自分の両親にも、知り合いにも秘密にしていますね。ですから、私たちは、二十四時間対応可能な緊急連絡先を用意しています。女性たちが私たちのこのオフィシャルな電話番号を知れば、ここに電話をかけるチャンスを手にすることになります。たとえば、赤ちゃんが生まれてくる前に、連絡を入れることが可能となります。最もよいケースの話ですが。そうしたら、私たちも彼女たちを助けることができます。

K：そのSOS緊急電話は、こちらの事務局に来るんですよね。あなたも受け取るんですよね。

S：そうですよ。

K：本当ですか？　こちらでですよね。二十四時間ですよね？

S：そうですよ。スタッフの時間帯はさまざまですけどね。シュテルニパルクのこの事務所には、だいたい一〇人から一二人くらいのスタッフがいます。たいていの場合、六時間制のシフトです。そして、シフトがあります。たいていの場合、六時間制のシフトです。緊急電話はこの事務所の携帯電話につながります。なので、いつでも誰かが電話を取ることができます。夜も大丈夫です。そういうわけで、女性がこちらに電話をかけてきて、陣痛が始まって、「病院に行きたい」と言ってきても大丈夫なのです。そういう時は、準備が整っているこちらのスタッフが出向いて、その女性に付き添います。

K：では、シュティースさんも同様に、その電話の相手である母親に付き添うわけですね。

S：はい。でも、いろいろなケースがあります。まず、電話でその方と話します。そして、受理します。一人はそのまま電話のそばにいます。その後、少なくとも三人、車の運転手、女性、それからその女性の匿名の出産に連れ添うもう一人の女性の三人が揃います。つまり、緊急下の女性の、たいていは緊急下の母親ですが、そうした母親を救うさまざまな援助の手続きをとり、その上でその母親のところへと行き、そこで彼女に付き添うのです。その女性に再度、二、三のことを聞いて、彼女が望むなら、彼女と一緒に病院へ行き、「匿名の分娩」を行います。

K：「匿名出産」ですね。つまり、こちらでSOSのサインをキャッチして、手続きをして、母親が望むことを提供する、と。そういうわけですね。

S：そういうことです。私たちのところには、いつも、あらゆる手続きをするスタッフがいます。だいたい五、六名がここにいます。緊急の連絡が入ると、二人が動きます。一人が電話で手続きをとり、一人がその人のもとへと向かいます。私たちにとって、根本的にとても重要なことは、そうした女性たちに、匿名の分娩というチャンスを与えることです。そして医療を受けるチャンスを与えることです。

K：匿名の分娩のチャンス、ですか。それ以外にもいろいろなチャンスを与えていると思うのですが。たとえば、誰かに聞いてもらうチャンスだとか、相談のチャンスとか、手続きのチャンスとか。

S：私たちは、相談業務も行っています。まずは電話で話を聴きます。それから、私たちの母子支援施設に来てもらうよう、お願いします。そこで、カウンセリング、妊婦に関する相談、その他、さまざまな相談業務も行っています。

K：それはとても興味深いです。日本では、公的機関がそうした相談窓口になっています。役所ですね。それから、児童相談所や子育て支援センターなど。けれど、ハンブルクでは、あなたたちが、あなたたちはフェアアインですよね、そういう民間のあなたたちが相談業務を行っている、と。

S：そうです。私たちのところへは、女性たちは匿名で問い合わせることができます。多くの場合、女性たちはインターネットで私たちのことを知ります。

K：インターネットですか。

S：そうです。インターネットなら誰にも気づかれませんし、誰にも問われません。直接ここにやってくる人はほとんどいません。むしろ、最初は私たちのところではないどこか別のところに問い合わせてしまいます。妊娠のことを誰にも知られたくないので。ですから、私たちのインターネットサイトに、緊急の問い合わせ先を載せてあるのです。これを見て、女性は私たちのところに電話をかけてくるのです。

K：これはすごく新しい考えですね。

S：女性が匿名のままで問い合わせすることができるよう、サービスを整えることが第一の段階ですね。ほとんどの場合、問い合わせてくる女性の状況は極めて悲惨です。それに、誰にも相談できない状況なのです。そこで、私たちが、彼女たちを守るのです。何も話さなくてもいいですよ、私たちが施設の方にいらしてください、と伝えるだけです。まずは、いてくれるだけでよいのですから。もし望むなら、医療的な支援も受けられますし、相談による支援なども行います。それから、次の段階へと進みます。女性たちにこう尋ねるのです。「あなたは匿名のままでいたいですか?」、「あなたは匿名のままで子どもを出産したいですか?」と。で、ある女性は、「内密（vertraulich）にしていただけたら」と言ってきます。その女性は、住民登録課に対して、自分の情報を告げるわけですが、そうすると、健康保険組合（Krankenkasse）やその他の機関での重要な書類や文書が出てきます。親に郵便などで知られてはならないのです。また、親族や親戚などにも知られてはなりません。それでも、生まれてくる子どもには、住民登録が必要なのです。

K：あなたは、実にさまざまな母親がいる、とおっしゃいました。一方で、母親は匿名のままでいたいというわけですが、他方で、子どもの住民登録を行いたい、というわけですよね。

S：それが、私の伝えたかったことです。私たちは、一九九九年以降、これまで三〇〇人以上の女性の支援を行ってきました。およそ三二〇人です。その半分以上の女性、つまり六〇パーセント以上の女性が、子どもと共に暮らす生活を望んでいます。それから、匿名出産、ここに来る女性の多くは匿名の分娩を望んでいるわけですが、その匿名の出産は、昨年、一件ありました。その他の女性は、内密に出産をします。そして、こちらで住民登録を行います。一人ひとりすべてに対応します。もちろん私たちは匿名性を重視します。それが、内密出産です。

K：なるほど。では、実際のところ、昨年は何人くらいの赤ちゃんがこちらの赤ちゃんポストに預けられたのですか?

S：昨年のですか…ちょっと待ってください。詳しいことが知りたいでしょう。

K：ありがとうございます。

S：どこかにデータがあったと思うのですが…九九年以降、データを取っていますが、預けられる赤ちゃんの数は減ってきていますね。少なくなりました。でも、昨年のデータは……。

K：結構ですよ。こちらで調べますので。それより、もっとシュテルニパルクの思想や哲学についてお伺いしたいと思います。

S：こちらに、これまで行ってきたプレゼンテーションがあります。また、こちらには、緊急連絡先を載せたパンフレットもあります。赤ちゃんポストに関するパンフレットも作りました。

K：ところで、そもそも「匿名出産」と「赤ちゃんポスト」の違いは何なのですか？

S：匿名の出産というのは、女性が安全に出産することです。私たちと一緒に病院に行き、分娩します。そして、きちんと治療を受けます。その際、匿名性がきちんと守られなければなりません。それに対して、赤ちゃんポストというのは、たいてい自分の力で赤ちゃんを産んだお母さんが問題となるわけです。そのお母さんが赤ちゃんを預ける場所が赤ちゃんポストですね。

K：とすると、両者の違いというのは、産む前の援助か、あるいは産んだ後の援助か、ということになりますよね？

S：そうです。ですから、私たちは、母親が予め私たちに問い合わせるように促そう、という試みを行っているのです。

K：なるほど。

S：その際、三つの要素があります。第一に、緊急用のSOS電話です。それから、第二に、里親（Pflegeeltern）ですね。最初の八週間養育のお手伝いをする里親です。そして、第三に、この八週間が重要となります。八週間を過ぎると、養子縁組の法律が有効になるので、八週間なのです。この八週間の間、赤ちゃんはその里親のもとに預けられ、そこで養育されるのです。

K：その里親というのは、ボランティアですか。それとも公的なものなのですか？

S：公的なものです。里親は赤ちゃんを受け入れますが、私たちがベビーカーやおむつや乳児用食品などを里親に提供します。でも、それ以外のことはすべて里親に行ってもらいます。

K：なるほど。その八週間の間、母親は考えるんですね。自分で育てるべきかどうか、と。

S：その通りです。母親は、私たちのところに滞在する機会も与えられます。考える時間もできます。それに、いつでもお子さんに会うこともできます。里親のところに行くこともできますし、また里親に連れてきてもらうことも可能です。そして八週間後、母親は、決めなければなりません。子どもを引き取るのか、それとも子どもを養子縁組に委ねるのかを。

K：では、もし母親が子どもを引き取らないと決断するとどうなるのですか。いったい誰が子どもを引き取ることになるのですか。

S：そうすると、八週間後には、里親の家は出なければなりません。そして、児童相談所の人たちと共に、養子縁組の手続きが開始されます。そして、子どもを養子として引き取る養父母が決まります。それから私たちは、実の母親からの要望を聞きとるよう努めます。そして、一年間、新たな養父母が適任かどうかを検討します。つまり、その子にとってふさわしい養父母であるかどうかを一年間チェックします。その後、母親のサインで養子縁組が締結します。

K：とすると、あなたたちも、子どもの実の父母が誰であるかは分かるわけですね。

S：そうです。私たちも実父母の方と会いますね。いずれにしてもシュテルニパルクが親を選び出すわけではありません。それは、養子縁組の調停課が児童相談所と共に、養子を引き取る養父母を選び出すのです(2)。

K：でも、分かりません。赤ちゃんポストの場合、子を預ける親は「匿名」ですよね？　そうすると、やはり実親のサインはもらえないのではないですか。というのも、親が誰だか分からないから。その場合は、サインもいらないのですよね？

S：そうです。問い合わせがない場合は、母親からのサインをいただくことはありません。その点についてもっと詳しくいえば、これまで私たちの赤ちゃんポストでは、三五人の赤ちゃんが預けられましたが、その中で、再度、八人の母親からの問い合わせがありました。

K：八人の母親ですか。この八～九年の間に、ですよね。

S：そうです。

K：三五人の赤ちゃんが預けられ、八人の母親がその後問い合わせてきた、と。それ以外の母親は匿名だったということですね。

S：そうです。匿名です。

K：では、その残りの二七人のお子さんが里親に預けられた、と。そして、その後、その二七人は皆、八週間を経て、養父母の下に引き取られた、と。そういうことですよね。つまり、養子縁組で。すべてのお子さんが養子になったんですか？

S：すべてではないですね。子どもとの共同生活を考えることがもうできないという母親の子どもだけです。

K：なるほど。ところで、ハンブルクには、児童養護施設（Kinderheim）はあるのですか？

S：はい。ありますよ。

K：こちらで預かったお子さんには、そういう養護施設に入所する可能性というのはあるのですか？

S：そういう可能性があるのかどうか、分かりません。私たちができるのは、養子縁組制度に子どもを委ねるところまでです。だから、そこまでは分かりません。

K：そうですか。日本では、養子縁組はそれほどポピュラーではありません。何か子どもに問題があれば、児童養護施設に入所することになります。当然、さまざまな複雑な状況の子どもたちがいるので、争いやケンカ、摩擦も絶えません。とてもストレスの多い場所となっています。

S：日本の養護施設でも、子どもたちは家族のような形態で共同生活をしているのですか？

K：はい。それを目指しています。

S：そこはドイツと同じですね。SOS子どもの村(3)などもそうですよね。日本では、養子縁組の需要が少ないのでしょうか。ドイツでは、一人の子どもに対して、およそ二六組の養父母たちが申し込みをしてきます。たくさんの需要があるのです。

K：では、ドイツには、子どもが欲しい大人というのが実に多いのですね。

S：子どもができなくて養子を求める人もいます。また、ドイツでは、養子を求めて海外に行く人も多いのです。たとえば、ロシアやその他の国に行くのです。なぜかというと、そちらの方が、簡単に養子がもらえるからです。

K：そうなのですか。それで、ドイツに連れてきてしまうのですか？

S：そうです。というのも、ドイツでは、養父母になるための条件が非常に厳しいからです。適した年齢であるかどうか、きちんと結婚しているかどうか、経済状況はしっかりしているかなどなど、条件が厳しいのです。ですので、養子をもらうことはとても難しいのです。もちろん、このようにきちんと養父母として適任かどうかをチェックすることはとても大切なことです。それは明らかです。日本ではどうですか。養子縁組は行われているんですよね。

K：はい。特別養子縁組制度はありますが、ヨーロッパ圏に比べると、多くはありません。

S：そうなんですか。需要もないのですか。

K：需要は、ないことはないのです。ただ行政上の問題や文化的な問題もあって、なかなかうまく機能していないというのが実態だと認識しています。日本人もたしかに子どもが欲しいと思っています。さまざまな状況があり、中には子どもに恵まれない夫婦もたくさんいます。ですから、需要はあるはずなのです。しかし、それにもかかわらず…

S：それにもかかわらず…？

K：にもかかわらず、うまくいかないんですね。だからこそ、日本にもこうしたシュテルニパルクのような団体が必要なのだと思っているのです。それから、興味深いことがあります。日本でも「赤ちゃんポスト」はとても有名になりました。日本人の誰もが、その名を知っています。にもかかわらず、まだ一か所しか赤ちゃんポストがないのです。私はその理由を知りたいのです。どうしてドイツではこれほれほどまでに広まったのか。その理由は何だったのか。どうしてこどまでに、九四カ所（当時）まで増えたのか。どうしてこれほどまでに広まったのか。その理由は何だったのか……。

S：どうしてか。…やはり、使われたから、利用されたからでしょうね。本当に、どの赤ちゃんポストにも子どもが預けられているのですよ。それに、きっと結局は赤ちゃんポストが緊急の解決策としてよかったんだと思います。私たちは、前もって女性たちと連絡を取ることができますし、医療サポートも提供できます。私たちは、前もってさまざまな可能性を女性たちに提供することができるのです。女性たちの差し迫った要求を受け止める最後の場所なのですね。たいていの場合、女性たちは自分一人で赤ちゃんを産み落とします。へその緒も自分で切るのです。このように、女性と子どもの間にはいろいろなことが起こるのです。私たちとしては、そうなる前に、私たちのところに来てもらいたいですし、また、女性が望むならば、きちんと匿名性は守りたいと思っています。

K：なるほど。

S：そして、私たちのシュテルニパルクには、母子支援施設があります。ザトルプの母子支援施設についてご紹介しましょう。こちらの二階に、母親と子どもが暮らす生活スペースがあります。また、（写真を見せながら）こちらがその建物です。ここに彼女たちは暮らしています。ゲーテ通りに行くと、赤ちゃんポストがあります。もうすぐ一〇年になります。こちらは、基本的に捨て子プロジェクト（Findelbaby Projekt）ではなく、幼稚園（Kindergarten）なのです。

K：そうでしたね。シュテルニパルクは、幼稚園、森の幼稚園、保育園などを所有していますよね。

S：全部で九施設、運営しています。

K：これは非常に興味深いです。私は日本で幼稚園教諭や保育士の養成校に勤務しています。ですから、幼稚園や保育園に強い関心をもつ学生を相手にしています。幼稚園と赤ちゃんポストが関連しているというのはとても興味深いことです。そして、一〇年前にシュテルニパルクのみなさんがそうしたことに関心をもたれた、というのはとても興味深いです。モイズィッヒさんもそうですよね。でも、一番初めに「赤ちゃんポスト」のために動いたのは、現場の幼稚園の先生だったのではないでしょうか。

S：そうです。

K：つまり、そうした施設を作るために動いたのは、幼稚園の先生たちだった、と。

S：はい。それに、幼稚園ではいつも必ず誰かが働いているので、幼稚園に併設するのが望ましいと考えたのです。すぐに誰かが駆けつけられます。すぐに見つけることができますし、またすぐに病院に連れていけます。

K：それに思ったのですが、シュテルニパルクはそもそも子どもたちのための団体ですよね。幼稚園ができて、そして、母子支援施設を設置し、赤ちゃんポストという流れですか？
S：いいえ、幼稚園ができて、赤ちゃんポストができて、最後に母子支援施設という流れですね。
K：あ、そうでしたか。誤解していました。
S：最初に幼稚園ですね。それから、赤ちゃんポスト。そして、その赤ちゃんポストとの関連の中で、母子支援施設が生まれました。赤ちゃんポストと母子支援施設は、いってみれば共に一体となっているものなんですけどね。
K：つまり、赤ちゃんポストの延長線上に母子支援施設があるということですね。あと、森の幼稚園もありますが、いつ頃、森の幼稚園は作られたのですか？
S：結構古くからありますよ。九六年だったと思います。
K：根本的には、モイズィッヒ夫妻がこのシュテルニパルクを設立したんですよね。いったい何人の人がこちらのシュテルニパルクで働いているのですか？
S：合計で、三五〇人が働いています。
K：三五〇人ですか！
S：そうです。私たちは、母子支援施設が三施設、ここハンブルクとザトルプとハレの三カ所です。それから、幼稚園が九園あります。それから、広大な敷地のフェーリエンホフという休暇施設ももっています。
K：フェーリエンホフとはどのような施設なのですか？
S：子どもたちがたとえば夏休みなどを過ごす施設です。少年の家ですね。遊んだり、何かの講習会をしたりします。社会教育施設ともいいます。社会教育士（子どもの教育・福祉にかかわるソーシャルワーカーに類するドイツ伝統の専門職）の指導もあり、ゼミナールをしたり、展示会をしたりしています。ハイキングもその近くでたくさんできます。もちろん子どもの養育もそこで行います。
K：そんな施設も運営されているのですね。すごい数です。
S：そうですね。比較的大きな団体だと思います。今回はあなたのために、ここにあるさまざまな資料をもってきましたので、是非読んでみてください。
K：ありがとうございます。それから、もう一つ、この機会に聞いておきたいことがあります。日本では、赤ちゃんポストは、「子どもを捨てる箱」と理解されています。「捨て子箱」ですね。そのため、日本人の多くは、赤ちゃんポストをあまり良く思っていません。「あんなのはだめだ」、「日本には必要ない」といった声も聞こえます。それでも、日本でも毎年児童遺棄や嬰児殺害が起こっています。高校生の女の子が妊娠し、親に隠したまま、一人で出産し、そのままその子どもを置き去りにして、死なせてしまい、逮捕され、といった事件もありました。ですから、私たちも、あなたたちのいう「緊急下の女性（Frauen in Not）」という概念を理解すべきなのです。ただ、この場合、いったいどんな女性が緊急下の女性なのでしょうか。いろいろな女性、いろいろな母親がいるとは思いますが。

S：実にさまざまな母親がいます。最も「緊急下」の状態にいるのは、やはり経済的に厳しい女性です。深刻です。たとえば、すでに二人のお子さんがいたとします。経済的に保証されていなかったとしましょう。とてもじゃないですが、三人目は無理です。それでも、妊婦になってしまった。でも、中絶はしたくない。そういう時はどうしたらよいのでしょう。きっと、ずっと出産するまでの長い間、家族や自分の夫には秘密にしておくでしょう。そして、自分で何とかしなければいけなくなるでしょう。そういうわけで、その女性は自宅で、たとえば浴室などで自ら赤ちゃんを産むか、あるいは、その前に私たちのところに問い合わせるかどちらか、ということになるのです。こうしたシチュエーションは何度も繰り返し起こります。このように、女性一人で出産するというシチュエーションでは、もちろんすでに何かが起こっているものです。というのも、ずっと、その当事者であれば誰もが抱くであろう生活上の不安を抱えているからです。赤ちゃんが生まれたらどうしよう、赤ちゃんをどこに託せばよいのだろう、次の「赤ちゃんポスト」はどこにしよう、などなど。こういう人はとても大変です。

K：それは若い人ですか？

S：いえ、それもさまざまです。もちろん若いお母さんもいますが、ごく少数です。たいていのお母さんは、二〇歳以上ですね。職業もあって、大人として自立していて、それなりに自分で生計を立てている人ですね。若い女性の場合は、だいたいその女性の家族が助けてくれますね。一七歳の娘さんだったら、その家族が支援してくれます。

K：若い女性なら家族が助けてくれ、二〇歳以上の若い成人女性が助けを必要としている、ということですか。

S：緊急下の女性の多くは、自身の家族との関係がよくありません。信頼できる知人もほとんどいないのです。そういう知人が一人もいない人もいます。私たちはそういう女性をたくさん見てきました。もちろんケースはさまざまです。夫から暴力を受ける女性もいます。また、自身の妊娠のことを家族に話せないイスラムの女性もいます。

K：たしかシュテルニパルクのサイトで読んだのだと思うのですが、イスラムでは未婚の母や女性の中絶に対してはとても厳格で厳しいとか……。

S：また、イスラム的な背景からすれば、女性に対する家族の抑圧というのもとても強いのですね。そのため、当然、妊娠や出産のことが秘密にされることが多いのです。でも、こちらに来るのも非常に困難のようです。

K：ハンブルクには、どれくらいのイスラムの方が住んでいるのですか？

S：どのくらいか…分からないですね。でも、ずいぶん多いですよ。

K：カトリック教徒の場合はどうですか。赤ちゃんポストに対してどう考えているのでしょう。

S：赤ちゃんポストや緊急下の女性の救済といったテーマについては、カトリックもプロテスタントも非常にオープンです。このテーマに対して、教会は、非常にオープンに捉えてくれています。たとえば教会的な背景を強くもつカトリック女性福祉協会のように、赤ちゃんポストを併設する施設もたくさんあります。そういった施設の担い手は教会ですからね。

K：なるほど。ところで、赤ちゃんポストに預けられる子の中には、白人の赤ちゃんのみならず、有色人種の赤ちゃんもいますか。

S：もちろんいます。けれども、大部分はやはり白人の子ですね。

K：そうなのですか。…あともう一つお聞きします。いったいどこから、赤ちゃんポストという発想を得たのですか？モチーフというか、手本というか。

S：モイズィッヒ夫妻が考案した、と私は聞いていますが、それ以上は分かりません。

K：たとえば、イタリアにターンボックスというのがかつてありましたね。

S：そうですね。知っています。九世紀のイタリアにあった中世のターンボックスですよね。私はもともと大学で司書の勉強をしていて、本で読んだことがあります。こちらのシュテルニパルクに来て八カ月ですが、それ以前から赤ちゃんポストについてはよく本で読んでいました。

K：長時間、ありがとうございました。

【脚注】

（1）「ヴィルコーアシュタイン赤ちゃんポスト」と呼ばれている。

（2）欧州では、養子縁組制度が非常に整っている。たとえば「婚外子」の数は、明らかにアジア諸国とヨーロッパ諸国の間に開きがある。桁が一つ違うというのが実情であろう。日本では、「非嫡出子」という用語の差別性がようやく指摘されるようになってきた程度である。「未婚の母」に対する偏見はまだまだ根強いと考えてよいだろう。スウェーデンではほぼ二人に一人が「婚外子」である、ということを念頭に置くと、実子の概念を一つ取ってみても実にさまざまなのである。

（3）英語名“SOS Children's Villages International”。オーストリアに拠点をもつ国際的な児童支援組織。

おわりに

筆者は、二〇〇五年、赤ちゃんポストの存在を知り、強い関心を抱いた。いや、というよりはむしろ、ただただ惹きつけられたといった方がよいかもしれない。教育と福祉の間をさまよっていた筆者にとって、赤ちゃんポストは、無視することのできないものだった。子どもの成長や学びの前提となる「母子」を守る最終手段となる赤ちゃんポストとは、いったい何なのか。なぜドイツでこうした装置が作られたのか。そこに、どんな人間のどんな思いがあるのか。また、そこにどんな哲学や思想があるのか。

その後、実際にドイツやオーストリアに出向き、何度も調査を重ね、赤ちゃんポストに関する文献を集め、そのつど学んだことを論文等で論じてきた。すでにドイツでは、膨大な量の赤ちゃんポストに関する文献や論文が公刊されている。本書を書き上げる上で、可能な限り多くの文献や論文と対峙してきた。だが、それにもかかわらず、赤ちゃんポストの是非をめぐる答えは未だに見いだせていないというのが、本書を書き終えた現時点での筆者の率直な見解である。ゆえに、赤ちゃんポストの是非については、読者の判断に委ねたいと思う。

ただ、赤ちゃんポストは、われわれに何か大切なことを伝えようとしているのではないか。これまでにわれわれが見落としてきた重要な問題を提起しているのではないか。筆者はそう確信している。そこで、本書を通じて、筆者が赤ちゃんポストから考えたことや学んだことを、そのまま日本の読者に投げかけたいと思った次第である。赤ちゃんポストの是非を問う前に、赤ちゃんポストの歩みをきちんと示し、ドイツでの赤ちゃんポストをめぐる議論を日本語で示したかった。ドイツでも、実に多くの人々がこの問題に向き合っている。その一端は示せたと思う。それほど、赤ちゃんポストは論争的なのである。

二〇一二年現在、日本での赤ちゃんポストに対する公式見解は、「認めないという理由はない」という結論に至っており、「YESとはいえないが、NOでもない」とされている。とはいえ、公的資金による支援は行なわれていない――この点はドイツでも同様である。赤ちゃんポストは、未だに国や法による「お墨付き」をもらっているわけではないという点では、グレーゾーンにある。しかし、それは、裏を返せば、議論の余地がまだまだある、ということでもある。ゆえに、赤ちゃんポストは、「未完のプロジェクト」なのである。その必要性は、徐々にではあるが、確実に高まりつつある。

本書の原稿を完成させる直前、またもや赤ちゃんの遺棄殺害事件が起きた。生後間もない女児が用水路に浮いているのが発見された。この事件はすぐに報道され、全国に伝えられた。インターネット上のニュース記事のコメント欄に目を向けると、多くのネットユーザーたちによる遺棄した親（二〇一二年一〇月二〇日現在、未だに親が遺棄したという確証は得られていない）への罵倒が並んでいたが、中には、「赤ちゃんポスト」（あるいは赤ちゃんボックス）という言葉を使ってコメントしている人が多数いることに気づいた。「育てられないのなら、赤ちゃんポストに入れろ」、「こんな事件を聞くと、赤ちゃんボックスの何が悪いって思っちゃう」、「どんな事情があるかわからないが、せめて赤ちゃんポストに入れて、命だけは助けてあげろよ」、「赤ちゃんポストの宣伝をちゃんとやれ」、「生んだ赤ちゃんを育てられないのなら、赤ちゃんポストという最後の手段を思い出してください」、「こんなに辛いことが多いなら、赤ちゃんポストみたいなものがもっとあってもよいのではないか」、「こんな事件を見る度、赤ちゃんポストには存在意義があると思う。殺すよりマシだろうって」、「設立された時は赤ちゃんポストには反対していたがこんな事があると悲しい」、「赤ちゃんポストができた頃はなんでこんなものが出来るんだろう、ここに置き去りにする神経がわからないとか思ったけど、もう今じゃ赤ちゃんポストに出す人の方がマシなんだね…　虐待、投棄までするなんて…」。

このように、日本でも設置数こそ増えないものの、赤ちゃんポストという言葉自体は今や一定の市民権を得ていることが窺えよう。その用語の使われ方も間違ってはいない。上のコメント欄の中には、「こういう親はいったいどのような状況なのだろう」という本書に通じる問いもあった。まさにこの問いの通りで、われわれは、無力な赤ちゃんを捨て、殺めてしまう人間について、実は何も知らなかったのではないだろうか。しかし、今や「どうしてなんだろう」、という問いが出されるに至っている。これこそが、これからの赤ちゃんポスト論の契機となるだろう。

ここで、問いの矛先は、赤ちゃんポストから緊急下の女性へと向かうことになる。本書のねらいはここにあった。日本では赤ちゃんポストという装置ばかりが話題となったが、すでに本書で述べた通り、問題の核心は、赤ちゃんポストにではなく、緊急下の女性にあったのである。われわれは今や、新たな問題領域に立とうとしている。いかにこの緊急下の女性を支援するのか。そして、誰がどのようにして緊急下の母子を保護し、いったいどうすることが最善の策となり得るのか。その担い手は、他でもないわれわれ自身であり、決して他人事ではないのである。とするならば、いかにしてわれわれはその担い手たり得るのか。そのための論理はいかなるものなのか。

緊急下の女性とその赤ちゃんのために設置された赤ちゃんポストの担い手は、本書で述べたように、児童相談所職員や医師のみならず、看護師、助産師、保育士、教師、司祭、公益民間団体職員等、実に多岐にわたる人々であった。中には、児童相談所と公益民間団体の協働で生まれた赤ちゃんポストもあった。だが、ドイツの赤ちゃんポストを考案し、設置に踏み切ったのは、幼稚園や保育園を運営する一民間教育団体だった。教育学を専門とする筆者にとって、これは大きな驚きだった。「なぜ教育者が赤ちゃんポストを考案したのか」、「赤ちゃんポストがなぜ教育団体から生まれたのか」、「どのような教育的意図があるのか、あるいはそうした教育的意図がそもそもあるのか」、筆者の心を捉えて離さなかった。そして、そこには、緊急下の女性の児童遺棄や嬰児殺害を防ぐ、という一般的に知られる意味だけでなく、アウシュヴィッツ以後の教育の実践というもう一つの文脈が存在した。この両者は、当の団体においてはそれほど意識化されているわけではなかったが、その内実には深い関連があった。緊急下の女性もまた、不寛容や抑圧、偏見、差別等に苦しむ当事者である。そんな彼女たちを救済し、保護することは、「二度とアウシュヴィッツを繰り返さない」というアウシュヴィッツ以後の教育の課題と決して無関係ではないだろう。それに、彼女たちを救済し、保護することは、「すべての児童は、心身ともに、健やかにうまれ、育てられ、その生活を保障される」という児童憲章の条文とも合致する。

子どもの育ちや学びに携わる教育者・教育団体が赤ちゃんポストを考案し、その実施に踏み切ったというのは、決して不自然なことではない。むしろ、そこにこそ今日の教育の希望が秘められているのではないか、と筆者は思う。

未完の母子救済プロジェクトは、この日本という国においては、まだまだ始まったばかりである。このことを改めて指摘し、本書の終わりの言葉としたい。

さて、本書を出版するにあたり、実に多くの方にお世話になった。日頃から筆者に厳しい意見や助言を与えてくれる研究仲間、先輩諸氏はもちろん、多くの赤ちゃんポスト関係者からの特別な支援を受けることができた。本書でも触れた「シュテルニパルク」のライラ・モイズィッヒ氏、シュティース氏、ヴォルペルト氏、「アガペーの家」のガルベ氏、ポラト氏、「アーデルハイドの家」のヤンセン氏、「聖家族」のエッペルト氏、シュタムマイアー氏、「ゲルセンキルヒェン子どもの家」のシュトライベル氏、ボンズィーペン氏、「ヴィルヘルミーネン病院」のリシュカ氏、カトリック女性福祉協会の現場で働く方々、そしてヴィンケルマン氏からは、調査・インタビューのみならず、貴重な資料や冊子やパンフレットを多数提供していただいた。また、熊本慈恵病院理事長の蓮田太二氏と看護部長の田尻由貴子氏には、本書の原稿をご高覧いただき、筆者に多くの助言をくださった。この場で、心より感謝申し上げたい。若い学生たちから寄せられた赤ちゃんポストについての率直な意見や感想も、筆者の知的な刺激となった。

そして、本書の解説を、学生時代より長年にわたり筆者を支えてくれた井出孫六先生に執筆していただいた。赤ちゃんポストの話を先生に初めてした時に、「それは実に興味深いから、もっと聴かせてほしい」、と筆者に語りかけてくれたことがきっかけとなって、この研究を本格的に始めることになった。ここで厚くお礼申し上げたい。

なお、本書の研究においては、文部科学省研究振興局・独立行政法人日本学術振興会による科学研究費の支援を受けたことも付記しておく。

最後に、赤ちゃんポストと緊急下の女性という扱いにくい本書の主題に理解を示し、発刊にいたるまで筆者を支えていただいた北大路書房の奥野浩之氏と北川芳美氏に心より感謝申し上げたい。

すべてのお母さんと赤ちゃんが守られんことを願いつつ。

柏木恭典君と赤ちゃんポスト

井出　孫六

一九九五年四月から、わたしは東京国際大学で3コマの講義を持つことになった。「特任」と肩書についていたため、「日本の文化と歴史」という講座は比較的自由で、初年度は民俗学の柳田国男を扱うことにした。

二百人ほど入る広い教室に集まった新入生の大半は民俗学という耳馴れない文字にとまどっているふうな中で、最前列に数人の眼の輝く若者がおり、その中に柏木恭典君がいたことは、あとでわかった。

播州辻川で八人兄弟の六番目に生まれた柳田（旧姓松岡）国男は高等小学校を終えるとまもなく、利根川べりの布川で医院を開いた長兄に引き取られる。温暖な瀬戸内とは異なる筑波颪しの吹く関東の農村に放りこまれた国男が八人兄弟の六男坊だというと、「どうするつもりだ」とまわりのお百姓衆にあきれられる。周囲に注意を向けると、大抵の農家が一男一女制《ツワイ・キンダー・システム》になっていることに、子供ながら漠然と気づく。そんなある日、利根川に臨む中世城址に祀られた地蔵堂に奉納されている一枚の絵馬《えま》に国男少年の目が釘づけとなる。

——その図柄が、産褥の女が鉢巻を締めて生まれたばかりの嬰児を抑えつけてゐるといふ悲惨なものであった。障子にその女の影絵が映り、それには角が生えてゐる。その傍に地蔵様が立って泣いてゐるといふその意味を、私は子供心に理解し、寒いやうな心になったことを今も憶えてゐる。——

わたしの講義ノートに柳田の『故郷七十年』から取ったこの文章があることからして、講義の際にこれを引用したに違いない。その時の教室に柏木君がいたかどうかはわからないが、絵馬に描かれた鉢巻姿の婦人は、本書に登場する「緊急下の女性」に他ならない。

またもう一つ、一九九五年の夏の忘れられない思い出がある。八月の初旬、統合されてまもないドイツから元西独大統領ヴァイツゼッカー氏が来日し、新聞社主催の講演会で「ドイツと日本の戦後五十年」と題する講話を聴く機会があった。海に囲まれて国境を持たない孤独な日本、一方、ヨーロッパのほぼ中央にあって九カ国と国境を接する西ドイツ、この日独両国の対照的な政治環境を説明した上で、ドイツが隣接する九カ国との間でナチスの戦争犯罪に関してどのような謝罪を行なってきたかについて、ヴァイツゼッカー氏は明解な説明を行なった。たとえば、北に隣接するポーランドに対して、当時の西独首相は十二月の厳寒の中、ナチスドイツのホロコーストについて雪中に身をひれ伏して心から謝罪するとともにそれと見あうだけの賠償を支払うことでポーランド人の心に凍りついていた怒りを溶《と》かすことができたと語った。

ヴァイツゼッカー西独大統領は第二次大戦終了から四〇周年に当る一九八五年五月八日「過去を学ばざるものは、また同じ過ちを犯す」という有名な演説を行なったが、五〇周年の八月の来日は、四〇周年演説をさらにリアルに友邦に伝えに来てくれたものと、わたしは深い感銘を覚え、東京国際大学の私設ゼミの場でもその時の感想を伝えたものであった。

大学に入ってドイツ語を選択した柏木君の耳にもヴァイツゼッカー元大統領の来日ニュースは伝わっていたに違いない。彼はドイツ語を学んで三年。一九九八年自らドイツ留学の道を探りあてたのも、ナチスドイツの蛮行を克服する西ドイツの戦後の真摯《しんし》な思想的営みに関心を向けたがためだったと、わたしには思える。

一年間のドイツ滞在を終えて帰国した柏木君がわたしの研究室に顔を出して、こんなことを言った。「ドイツで日本のことを質問されたとき、柳田国男のものを多少とも読んでいたのが役に立ちました……」そのことばがわたしには喜ばしく心に残った。

思うに、彼のドイツ留学とドイツにおける赤ちゃんポストの波及現象との間には、一、二年の時差があったのは残念だったが、やがて彼が研究者の道に入って、教育と福祉をテーマとして、その接点に赤ちゃんポストを置くに至った背後には一年のドイツ体験があったことはまぎれもない事実だ。

わたしが初めて柏木君の口から赤ちゃんポストの概要を伝えきいたのは、東京国際大学で知りあった数名の仲間たちがわが家に集まるようになった私設ゼミの席でのことだった。たぶん、ドイツから飛び火したように、熊本慈恵病院に「こうのとりのゆりかご」という温《ぬく》もりのある名を持つ日本版赤ちゃんポストが蓮田太二氏らの手でつくりだされてまもなくの頃、二〇〇七年秋口に入ってのことだった。あれから六年近い歳月をへて、難産の果に本書が生み出された。ドイツに竹林の筍のように九十九の赤ちゃんポストが誕生した背後にHolocaust の歴史がありそうなこと、過ぎ去れない過去に因循しがちな日本には、六年たちながらわずか一つの赤ちゃんポストしか生まれていないことも、われらの大きな課題であることを本書からわたしは教えられた。

（いで・まごろく　作家）

【初出一覧】

ステージⅠ

第一章　妊娠と出産、その光と影　書き下ろし。

第二章　赤ちゃんを捨てる女性たち　書き下ろし。

第三章　緊急下の女性と赤ちゃんポスト　原題「『赤ちゃんポスト』とコミュニティ」『人文科学』第一三号、大東文化大学人文科学研究所、二〇〇八、一四一－一七七頁をもとに改稿。

ステージⅡ

第四章　ドイツの赤ちゃんポストの歩み　原題「ドイツにおける『赤ちゃんポスト』の地平」『千葉経済大学短期大学部研究紀要』第七号、千葉経済大学短期大学部、二〇一一、四三－五二頁をもとに改稿。

第五章　ドイツ語圏の赤ちゃんポストの現実　書き下ろし。

第六章　赤ちゃんポストを必要とする女性たち　原題「『緊急下の女性』の心理」『日本心理学会第五七回大会発表要旨集』日本理論心理学会、二〇一一、二一頁をもとに改稿。

第七章　赤ちゃんポスト批判を問う　書き下ろし。

ステージⅢ

第八章　赤ちゃんポストの歴史的地平　柏木恭典、上野正道、藤井佳世、村山拓（共著）原題「修道院と児童救済」『学校という対話空間』北大路書房、二〇一一、二一七－二二九頁を加筆修正。

第九章　日本の赤ちゃんポスト　書き下ろし。

第十章　赤ちゃんポストと社会的養護　原題「赤ちゃんポストと社会的養護」『千葉経済大学短期大学部研究紀要』第八号、千葉経済大学短期大学部、二〇一二、一五－二一頁をもとに改稿。

第十一章　赤ちゃんポストと教育学　原題「赤ちゃんポストと教育学」『教育学研究紀要』第三号、大東文化大学大学院文学研究科教育学専攻、二〇一二、八三－九六頁をもとに改稿。

ダイアログ　シュテルニパルクとの対話　『千葉経済大学短期大学部研究紀要』千葉経済大学短期大学部　第六号、二〇一〇、一一五－一二三頁をもとに改稿。

【資料１】 ドイツ・日本での赤ちゃんポストの実態比較

	ドイツ	日本
初の赤ちゃんポスト設置年	2000年	2007年（但し，その先駆けとなる「天使の宿」は1986年に創設，1992年に閉鎖）
主な運営主体	公益民間団体	医療機関
設置数	99（2012年12月末現在）	1（2013年２月末現在。熊本慈恵病院のこうのとりのゆりかごのみ）
設置場所	医療機関・保育園・幼稚園・母子支援施設・児童福祉施設	医療機関
預けられた子どもの人数	278人（1999～2010年）	83人（2007年５月～2012年５月）
運営費用	主に寄付金と運営者の負担	病院内での設置・運営費用は病院からの補填費と寄付金。 預けられた子どもの保護・援助にかかる費用は国・県
匿名出産の実施	有	無
母親の相談窓口	有	慈恵病院で24時間電話無料相談
警察への通報	有／無	有
赤ちゃんポストの法制化	無	無
預かり入れ後の子ども	おおよそ８週間短期里親の元で保護。 その後養子縁組あるいは児童福祉施設へ	主に児童相談所を経て児童福祉施設等へ

【資料 2】 ドイツ・日本での緊急下の母子救済施策と関連事件

ドイツ		日本	
		1970年	東京・渋谷のコインロッカーで嬰児の死体が発見される
		1973年	菊田医師による「赤ちゃんあっせん事件」
1974年	妊娠 3 ヶ月以内の人工妊娠中絶禁止		
		1986年	「わらの会」が群馬県前橋市にて「天使の宿」を設立
1992年	妊娠葛藤相談法の制定・施行	1992年	「天使の宿」閉鎖
1995年	人工妊娠中絶が違法となる		
1999年～2000年	モーセプロジェクト・捨て子プロジェクト開始		
2000年	・ハンブルクのフレンスブルク病院でドイツ初の匿名出産 ・シュテルニパルクにドイツ初の赤ちゃんポスト設置		
		2006年	熊本慈恵病院にてこうのとりのゆりかご設立
		2007年	奈良県で救急搬送中の未受診妊婦が死産
2009年	ドイツ倫理評議会から匿名性の出産の廃止呼びかけ（内密出産の法制化へ）	2009年	こうのとりのゆりかご検証会議最終報告
		2011年	妊娠の悩みを匿名でも相談できるよう，各地の女性センターや児童相談所に窓口を設置・周知するよう厚生労働省が自治体に通知
		2012年	こうのとりのゆりかご専門部会が「専門部会検証報告書」をとりまとめ

人名索引

フロイト，ジークムント
(Sigmund Freud)　145

■へ
ペスタロッチ，ヨハン・ハインリッヒ
(Johann Heinrich Pestalozzi)
39, 182, 209, 211
ベンナー，シュテファニー
(Stefanie Benner)　159

■ほ
ボイスト，オーレ・フォン
(Ole von Beust)　223, 231
北条経時　181, 188
ボウルビィ，ジョン（John Bowlby）
146
ボット，レグラ（Regula Bott）　66
ポラト，ユリア（Julia Porath）
104-106, 109
ボンズィーペン，メーテ・ウェーバー
(Methe Weber-Bonsiepen)
118

■ま
マーリエ，ヘルツェ（Herzen Mariä）
111
前田津紀夫　23
マザー・テレサ（Mother Teresa）
8, 109
松尾健一　190
松尾剛次　188
松平済民　185

■み
ミーリッツ，コルネリア（Cornelia Mielitz）
63, 175, 176, 187
三島由紀夫　190

■む
村上龍　27

■も
モイズィッヒ，ユルゲン
(Jürgen Moysich)　101, 102, 106, 130, 131, 133, 222, 223, 225-227, 229, 244, 247
モイズィッヒ，ライラ（Leila Moysich）
224-227, 229, 233, 235, 244
モーセ（Moses）　27, 175, 185

■や
山縣文治　165, 166, 169, 217
山野良一　213
ヤンセン，エヴァ・ヴィンクラー
(Eva Winkler-Jansen)　110, 111

■よ
吉田久一　177
米澤和彦　235
ヨハネ・パウロ二世
(Giovanni Paolo Ⅱ)　65

■ら
ラメツァン，フェルディナント・アドリアン・フォン
(Ferdinand Adrian von Lamezan)
183

■り
リシュカ，アンドレアス（Andreas Lischka）
44, 125-128, 166, 198

■る
ルソー，ジャン-ジャック
(Jean-Jacques Rousseau)　177, 187

■れ
レネーセ，マルゴート・フォン
(Margot von Renesse)　80

■ろ
ローゼンフェルト，ハイディ
(Heidi Rosenfeld)　69, 70, 72, 73

■わ
和気清麻呂　178
和気広虫（法均）　178, 187

事項索引

Inhaltsangabe und Danksagung：本書の概要と謝辞

Babyklappen in Japan und Deutschland?

In Japan gibt es eine Babyklappe in Kumamoto seit 2007, die Kounotori no Yurikago (Klapperstorch-Wiege) heißt. Der Gründer dieser Einrichtung war ein katholischer Gynäkologe, der der Vorsitzende vom Jikei Krankenhaus Kumamoto war. Damals gab es einen "Babyklappen Boom." Aber der Boom war relativ kurz. Es gibt heute nur noch eine Klappe in Japan, obwohl insgesamt 83 Babys bis heute (März 2012) in Babyklappen abgegeben worden sind. Warum wird die Zahl der Babyklappen in Japan nicht erweitert?

Auf diese Frage wird im Buch eingegangen. Gleichzeitig wird die Frage beantwortet, warum im Gegensatz zu Japan die Anzahl der Babyklappen in Deutschland bundesweit zugenommen hat.

Babyklappen sind eine Wiederentdeckung der Drehlade, die im Mittelalter Europas für Frauen in Not angelegt war. Auch heute gibt es noch Findelbabys in Notlagen, allerdings wesentlich seltener als früher. Vor der Errichtung der Babyklappe in Kumamoto waren die Debatten über Findelkinder und Frauen in Not sehr selten in Japan, obwohl es noch oft Kindesmorde und Kindesaussetzungen gab. Das ist der Problemhorizont der japanischenr Babyklappe.

In Japan gibt es die Perspektive des privat-öffentlichen Findelbaby-Projektes wie die des SteniPark.e.V in Deutschland nicht, obwohl eine staatlich-öffentliche Wohlfahrt durch die Modernisierung Japans durchgesetzt wurde. In unserer japanischen (oder asiatischen) Denktradition hat das Wohl des Findelbabys keinen großen Wert gehabt, weil es nicht als Mensch gegolten hatte. Wir hatten von je her keine Vorstellung von Nächstenliebe, dass Findelbabys von der Hand Anderer gerettet werden sollen. Deshalb sollten wir von neuem nach Möglichkeiten suchen, Säuglinge von Müttern in Not anonym retten zu können, um ihre Aussetzung und die strafrechtliche Verfolgung der Mütter durch die Polizei zu verhindern. Allerdings ist es nicht leicht, optimale Lösungen in Japan zu finden.

Seitdem die erste (und mittlerweile letzte) Babyklappe in Japan eingerichtet wurde, benutzen wir langsam mehr und mehr diesen neuen Begriff "Babyklappe" , wenn eine Kindesaussetzung oder ein Kindermord geschehen ist. Der alltägliche Gebrauch dieses Begriffes ist nun in Japan selbstverständlich geworden. Deshalb ist es eine dringende Aufgabe, durch öffentlichkeitswirksame Maßnahmen ein breites Verständnis für Frauen und ihren Babys in Not zu erzielen.

Ich danke Frau Moysich, Frau Stieß und Frau Wolpert von SterniPark, Frau Garbe und Frau Porath vom Agape-Haus Lübeck, Frau Jansen vom Haus Adelheid in Köln, Herrn Eppert und Herrn Stammeyer von der Einrichtung "Heilige Familie", Frau Streibel und Frau Bonsiepen vom Kinderhaus Gelsenkirchen. Mein herzlicher Dank gilt auch Herrn Prof. Dr. Lischka und Herrn Winkelmann in Hamburg für die freundliche Unterstützung. Ohne ihre Hilfe hätte ich dieses Buch nicht schreiben können. Herren Prof. Dr. Uwe Uhlendorff und Frau Susanne Strobach MSc danke ich herzlich für die konstruktive und freundliche Betreuung und für die anregenden Gespräche.

Chiba, den 13. April 2013

Yasunori Kashiwagi

[著者紹介]

柏木　恭典（かしわぎ・やすのり）

1975年　三重県に生まれる
2004年　東京大学大学院教育学研究科博士課程中退
現　在　千葉経済大学短期大学部こども学科准教授
主　著　「福祉教育と教材について――福祉教育実践における学びの成立への一考察」
　　事実と創造　4 月号　一莖書房　2003 年
「『実践』と『理論』に関する解釈学的研究――1970年代のH. G. ガダマーの解釈学に基づいて」 理論心理学研究　第 7 巻　第 2 号　2005年
「『赤ちゃんポスト』とコミュニティ――欧州におけるBabyklappeの地平とその実際」 人文科学　第13号　大東文化大学人文科学研究所　2008年
「ラーメン職人の学びに関する研究」 千葉経済大学短期大学部研究紀要　第 5 号　2009年
「ケアリングと教育学――専心と専心没頭に基づいて」 教育学研究紀要　第 2 号　大東文化大学大学院文学研究科教育学専攻　2011年
『離婚家庭の子どもの援助』(訳)　同文書院　2007年
『学校という対話空間――その過去・現在・未来』(共著)　北大路書房　2011年

赤ちゃんポストと緊急下の女性

――未完の母子救済プロジェクト―

2013年 5 月10日　初版第 1 刷印刷　　定価はカバーに表示
2013年 5 月20日　初版第 1 刷発行　　してあります。

著　者　柏木恭典
発行所　㈱北大路書房

〒603-8303　京都市北区紫野十二坊町12-8
電　話 (075) 431-0361㈹
ＦＡＸ (075) 431-9393
振　替 01050-4-2083

制作／ラインアート日向　印刷・製本／創栄図書印刷㈱
検印省略　落丁・乱丁本はお取り替えいたします。
ISBN978-4-7628-2805-8　Printed in Japan